AGRADECIMIENTOS

Los orígenes de *Las conspiradoras* se remontan a un proyecto sobre escritura y transmisión oral de la cultura, por el cual recibí una beca Guggenheim. Deseo dar las gracias a la Fundación Guggenheim por su ayuda en una obra cuya versión final fue tan distinta del propósito original. Debo un agradecimiento a Kathleen Myers por haberme prestado generosamente su tesis, *Becoming a Nun;* a Ruth Lewis por su autorización para consultar los archivos de Oscar Lewis, y al Archivo General de la Nación de México, uno de los lugares más propicios para el estudio. Vaya mi agradecimiento también a todos los que leyeron el manuscrito e hicieron sugerencias: a Emilee Bergman, Mary Louise Pratt, Nancy Miller, Beatriz Sarlo, Josefina Ludmer, Kathleen Newman. Elena Urrutia y los participantes de los diversos seminarios de investigación sobre la mujer en El Colegio de México se mostraron siempre dispuestos a discutir conmigo. Francine Masiello y Tununa Mercado me dieron hospitalidad cuando la necesité. Cynthia Steele y Electa Arenal fueron generosas con su material. Debo especial agradecimiento a Carlos Monsiváis por poner a mi disposición *Enamorada* y por incontables sugerencias útiles, y a Marilyn O. Lubetkin por la autorización para utilizar la reproducción del *Moisés* de Frida Kahlo.

COLECCIÓN TIERRA FIRME

LAS CONSPIRADORAS

Traducción de
MERCEDES CÓRDOBA

JEAN FRANCO

LAS CONSPIRADORAS

La representación de la mujer en México

VERSIÓN ACTUALIZADA

EL COLEGIO DE MÉXICO

FONDO DE CULTURA ECONÓMICA

MÉXICO

Primera edición en inglés, 1989
Primera edición en español, 1994

Título original:
Plotting Women. Gender and Representation in Mexico
© 1989, Columbia University Press, Nueva York
ISBN 0-231-06422-5

D. R. © 1993, EL COLEGIO DE MÉXICO
Camino al Ajusco, 20; 10740 México, D. F.

D. R. © 1993, FONDO DE CULTURA ECONÓMICA, S. A. DE C. V.
Carretera Picacho-Ajusco, 227; 14200 México, D. F.

ISBN 968-16-4290-2

Impreso en México

A la memoria de Alaíde Foppa, Fantina, Ángel Rama, Joseph Sommers, Marta Traba y Paco Urondo.

INTRODUCCIÓN

El tema de *Las conspiradoras* es la lucha de la mujer por el poder de interpretar, una lucha que se capta no en el nivel abstracto de la teoría, sino, muchas veces, en géneros no canónicos de la escritura —en cartas, historias de vida o en denuncias—.

En un principio me propuse que el libro fuera un estudio sobre las escritoras modernas de Latinoamérica; pronto me topé con interrogantes que no podían contestarse leyendo textos contemporáneos ni examinando a ojo de pájaro todo el continente. En primer lugar, en tanto inglesa que escribía sobre Latinoamérica, yo deseaba resistirme a la tentación de adoptar lo que Gayatri Spivak llama el procedimiento de "recuperación de la información" de la literatura del Tercer Mundo, es decir, seleccionar y recuperar textos aislados que pueden utilizarse como muestras de una economía cultural diferente.[1] Ésta es una de las razones por las que adopté el punto de vista histórico que más abarcaba, el cual permite comprender las diferentes posiciones discursivas que adopta la mujer en una sociedad mexicana cuya historia ha sido marcada por la discontinuidad y la violencia. Mi idea no es concentrarme exclusivamente en el discurso del Estado sobre las mujeres, ni postular otra tradición de escritura femenina, sino señalar los momentos en que aparecen temas disidentes en el texto social y estalla la lucha por el poder interpretativo. Así como los críticos actuales de la literatura del Renacimiento han tratado de reconstruir la interacción dinámica de los temas, géneros del discurso y limitaciones políticas que ya no forman parte del repertorio del lector moderno, de la misma manera este estudio trata de constituir un terreno común para una comprensión feminista de la cultura mexicana.[2] De hecho, uno de los argumentos de *Las conspiradoras* es que para la intervención del feminismo moderno en la esfera de la discusión pública, es menester una reflexión

---

[1] Gayatri Chakravorty Spivak, *In Other Worlds: Essays in Cultural Politics* (Nueva York y Londres, Methuen, 1987), pp. 179-180.
[2] Me parece especialmente sugerente la obra de Peter Stallybrass y Allon White, *The Politics and Poetics of Transgression* (Ithaca, N.Y., Cornell University Press, 1986). Véase un repaso de lo que suele llamarse "el nuevo historicismo" en la obra de Jean E. Howard, "The New Historicism in Renaissance Studies", *ELR* (1986), pp. 13-43

crítica sobre las diferencias entre las culturas y sobre las distintas configuraciones de la lucha por el poder interpretativo.

Hay otras razones que hacen imperiosa la inclusión de la cultura del Tercer Mundo en los estudios feministas, pues al analizar la variedad de las expresiones (según el género sexual y el individuo) en las sociedades formadas mediante la conquista y la colonización, nos enfrentamos a un problema que rara vez se ha planteado en las teorías modernas de la ideología, y es el de la incorporación violenta de una población a "formas de vida" que aquella población no puede considerar orgánicas o naturales.[3]

Desde luego, la continuidad no constituye mi mayor preocupación, sino más bien las transiciones violentas desde el Imperio azteca hasta la colonial Nueva España (colonia que abarcaba la inmensa zona que va de California a Panamá), desde la Nueva España colonizada hasta el México independiente, y desde el México revolucionario, que luchó por su autonomía, hasta una sociedad cada vez más acosada por las crisis y que ha sufrido una violenta modernización. La religión, el nacionalismo y por último la modernización constituyen narraciones hegemónicas y sistemas simbólicos que no sólo consolidaron la sociedad, sino que asignaron a las mujeres su lugar en el texto social. Estas narraciones no son fijas sino que se constituyen en el contexto de la represión y la violencia que estalla a consecuencia de la Conquista, luego de las guerras de Independencia, la Reforma, la Revolución.

Las conspiradoras principia con la primera de estas narraciones hegemónicas —la religiosa— en su momento más pujante, en la Nueva España del siglo XVII, cuando la sociedad colonial ya estaba bien establecida y en la ciudad de México el pequeño círculo de la clase dirigente parecía dominar la situación. Debemos recordar que los conquistadores provenían de una sociedad preocupada por la pureza de sangre. España, que se había "limpiado" al expulsar a los judíos y que después expulsaría a los moros, se enfrentó al vasto problema de la sujeción y conversión de un Nuevo Mundo racialmente heterogéneo. El problema era tanto más grande cuanto que el número de habitantes indígenas, mestizos y esclavos importados era superior al de españoles y criollos. Los españoles trataron de mantener las poblaciones indígenas separadas del resto de la sociedad; la ley prohibía que los españoles y

---

[3] Jürgen Habermas se refiere a ello en una entrevista en que habla de la sociedad de esclavos en el sur de los Estados Unidos. Véase, de Peter Dews, comp., *Habermas: Autonomy and Solidarity: Interviews with Jürgen Habermas* (Londres, Verso, 1986), pp. 209-210.

las castas vivieran en los pueblos de los indios. No obstante, la población mestiza aumentó constantemente a lo largo del periodo colonial, a tal punto que un viajero del siglo XVII pudo pensar que la mayoría de la población de México era de negros y mulatos.[4] En esta sociedad heterogénea, las mujeres de raza blanca fueron privilegiadas y al mismo tiempo devaluadas. En 1529, un juez escribió a un amigo que tenía en Sevilla: "Si debes enviar mercancía, envía mujeres, pues constituyen el mejor negocio en este país".[5] Las mujeres de la clase alta contaban al menos con la posibilidad de entrar al convento, donde a veces podían estudiar y practicar sus devociones particulares. Dadas estas circunstancias, la lucha por el poder de interpretación cristalizó alrededor de problemas que también inciden en la discusión feminista contemporánea, pues se centran en la cuestión de la racionalidad. La subordinación de la mujer, sin embargo, se basaba en argumentos diferentes de los que se usaban respecto a los indios y los negros.[6]

A fin de proteger los límites entre la racionalidad y lo irracional, la Iglesia se valía del púlpito y del confesionario y de ciertos géneros de discurso —el sermón, por ejemplo— vedados a la mujer. El sacerdote tenía el poder de instruir, denunciar y vigilar a la población. En esto, México no se diferenciaba de los demás países católicos. La "debilidad" natural de las mujeres era el eje ideológico del poder. La separación de los géneros sexuales con base en su mayor o menor racionalidad implicaba también otras dicotomías: entre lo permanente y lo efímero, entre la esfera pública y la privada. Por otro lado, la situación de la mujer criolla se diferenciaba en muchos aspectos de la de la mujer europea. Como miembros de una minoría, en un país en que el selecto grupo blanco temía la contaminación ideológica de las sojuzgadas razas indígenas, las mujeres criollas eran objeto de una vigilancia cuidadosa, por lo menos en las zonas urbanas. Al mismo tiempo, dependían de los criados negros e indígenas, cuyas prácticas mágicas adoptaban muchas veces. Se consideraba que las negras, las mulatas y las indias — y también los hombres de estas razas—

[4] Gemelli Carreri, *Viaje a la Nueva España: México a fines del siglo XVII*, prólogo de Fernando B. Sandoval, 2 vols. (México, Libro-Mex Editores, 1955), I:45. Citado por Jacques Lafaye en *Quetzalcóatl and Guadalupe: The Formation of Mexican National Consciousness, 1531-1813*, tr. de Benjamin Keen (Chicago, University of Chicago Press 1976), p. 13. [Hay edición en español en el FCE.]
[5] Citado por James Lockhart y Enrique Otte, comps. en *Letters and People of the Spanish Indies: The Sixteenth Century* (Cambridge, Latin American Studies, 1976), p. 202
[6] Véase una breve discusión al respecto en *Quetzalcóatl and Guadalupe*, sobre todo en las pp. 18-50. [Véase nota 4.]

eran peligrosos iniciados en las artes eróticas, tanto más peligrosos cuanto que, como criados y esclavos, tenían acceso al hogar.

Sin embargo, fue el convento, no el hogar, el que produjo una forma distinta de cultura femenina.[7] Fue allí, en el siglo XVII, donde el misticismo fue aceptado como una forma de conocimiento para el que estaban dotadas especialmente las mujeres. La experiencia mística no se adquiría por la erudición y no se captaba en el discurso. No había posibilidad de diálogo. Aunque el sacerdote podía atestiguar los quejidos, los suspiros, las señales en el cuerpo, nunca podía aquilatar la autenticidad de la experiencia mística. De allí el problema de interpretación. Por un lado se había excluido a la mujer del estudio profundo de la religión cediéndole el terreno de los sentimientos. Aquí docenas de mujeres encontraban un poder que parecía trascender el de los mismos confesores y sacerdotes. Debilitadas por los ayunos, castigados sus cuerpos por el cilicio y la flagelación, postradas ante las imágenes rutilantes, no sólo trascendían la vida monótona del convento y su inferioridad en la jerarquía de la Iglesia, sino que vivían momentos de intensidad más allá de las palabras. Para el confesor, el problema era grave. ¿Cómo saber si se trataba de un don de Dios o de una parodia satánica? Esta duda dio origen a una forma singular de escritura: el "testimonio", en que, a petición del sacerdote, la monja se esforzaba por describir sus sentimientos.

Las historias de las vidas de las monjas místicas representan no sólo un testimonio sino una singular clase de literatura fantástica, literatura que logró hacer acopio del material de los sueños, las visiones y la fantasía, excluido del discurso oficial por "ficticio". En el Nuevo Mundo estaban prohibidas las novelas (lo que no significa que no se leyeran) por el temor de que sus invenciones descarriaran a los indígenas; por otro lado la historia de las vidas de las monjas místicas, en especial la historia paradigmática de Santa Teresa de Ávila, proporcionaba un repertorio imaginario, un lenguaje y una estructura de comportamiento muy parecidos a los de la novela romántica o gótica de la Europa protestante. Las mujeres, que no aparecían como protagonistas de los relatos épicos de la Reconquista y la Conquista, se imaginaban a sí mismas en el papel de heroínas: tenían fantasías de escape en las que casi siempre se alejaban de sus familias e iban a vivir a un desierto como ermitañas, o morían como mártires en tierras de infieles.

[7] Sobre las mujeres de la sociedad colonial, véase, de Asunción Lavrín, "In Search of the Colonial Woman in Mexico: The Seventeenth and Eighteenth Centuries", en su obra *Latin American Women: Historical Perspectives* (Westport, Conn.; y Londres: Greenwood Press, 1978), pp. 23-59.

Separadas de sus familias, sometidas a la Iglesia, las monjas se refugiaban en la imaginación y se convertían en protagonistas de una aventura que las conducía directamente a Dios. No es de sorprender que el clero las vigilara tan de cerca, y que castigara duramente a las que no podían demostrar una obediencia absoluta. Es más: la fábula mística la figuraban como protagonistas aunque la experiencia mística, por esencia, trascendía la palabra oral o escrita.

Si me explayo en el misticismo es porque ha sido considerado el espacio de lo femenino en algunas teorías contemporáneas, sobre todo en las francesas, según las cuales la mujer no puede estar presente en el discurso. Al aceptar el silencio y la negación de sí mismas, las monjas místicas del siglo XVII sancionaban el poder institucional de la racionalidad masculina, y la exclusión de las mujeres de los terrenos públicos del discurso.

La otra posibilidad para la mujer —aunque más difícil— era entablar la lucha en el terreno de la racionalidad. Este atrevimiento no sólo era mal visto, como bien lo sabía Sor Juana Inés de la Cruz, sino que también conducía a un enfrentamiento directo con la institución de la Iglesia, en particular con los confesores. Es verdad que Sor Juana utilizó con mucha habilidad todos los espacios que le permitían los discursos de la corte y de la religión. Para ella, la literatura se transformó en un juego de máscaras que le permitía adoptar cualquier identidad, cambiar de sexo o volverse neutra. Sin embargo, su libertad era precaria, pues en cualquier momento podía intervenir la Iglesia para censurar y supervisar sus escritos. La importancia de Sor Juana estriba en que defendió la racionalidad de la mujeres. Su *status* devaluado de mujer y la facultad que le daba la escritura la llevó a comprender que muchos de los argumentos sobre la mujer no eran más que una racionalización de los intereses masculinos. Esto la conduce a separar con gran penetración el "verdadero" conocimiento de su uso práctico, penetración tanto más asombrosa cuanto que la logró por sí sola. En contraste con esta racionalización masculina, contrapuso la figura femenina de la Virgen, que dio a luz al Verbo, considerando a una mujer como el origen de la razón cristiana.[8] Esto ofrecía un símbolo y la posibilidad de una sabiduría femenina. La historia de los últimos años de Sor Juana (su capitulación ante el clero, el sacrificio de sus libros e

---

[8] Véase, de Electa Arenal, "And I Asleep: Where Woman Is Creator of the Wor(l)d, or Sor Juana's Discourses on Method", en la obra de Stephanie Merrim, comp., "*Y yo despierta*": *Towards a Feminist Understanding of Sor Juana Inés de la Cruz* (Ann Arbor: Oxford Books, 1987).

instrumentos musicales, su renuncia al conocimiento en favor de las obras pías) puede considerarse una derrota no sólo para ella sino para todas las mujeres de la Colonia. Sor Juana no pudo fundar escuela: no tuvo discípulas. Sin embargo, como lo mostraré, su defensa de la razón como algo distinto de la racionalización patriarcal era, potencialmente, un camino mucho más productivo para las mujeres que el camino de las místicas.

Las críticas francesas Luce Irigaray y Julia Kristeva señalan a la mística y a la Virgen en su papel de madre como las formas femeninas investidas e investidoras de poder. Luce Irigaray afirma que el misticismo es "el único territorio de la historia occidental en el que la mujer habla y actúa de modo público".[9] El balbuceo de la mística la pone al margen del sentido común, de lo racional y del valor del trabajo: "La desgarran el dolor y el temor, los gritos, las lágrimas y la sangre, y esto es superior a cualquier otro sentimiento. Empiezan a faltarle las palabras. Siente que *algo queda por decir* que se resiste a las palabras, que acaso sólo puede tartamudearlo". Por otra parte, a Kristeva le interesa más la Virgen como Madre, y comenta que "con frecuencia se sugiere que el florecimiento del feminismo en los países protestantes se debe, entre otras cosas, a que a las mujeres se les permite mayor iniciativa en la vida y en el ritual social. Sin embargo, nos preguntamos si ello no se debe también a que el protestantismo *carece* de cierto elemento necesario de lo Maternal que en el catolicismo fue elaborado con el mayor refinamiento por los jesuitas (y que hace que el catolicismo sea muy difícil de analizar).[10] Ambas críticas valoran formas de subjetividad radicalmente distintas del individualismo burgués. Por otra parte, al sacar de contexto la experiencia mística y a la Virgen Madre para alinearlas con los argumentos antirracionales y antiautoritarios de la crítica contemporánea, pasan por alto los aspectos del misticismo que permiten que el patriarcado logre recuperarlo.[11] Lo que es más importante: rechazan la posibilidad —que con tanto empeño defendió Sor Juana— de que existan formas de razón que no sean meras racionalizaciones de la autoridad masculina.

Sin embargo, había otras luchas menos visibles, sobre todo en-

[9] Luce Irigaray, "La Mystérique", en *Speculum of the Other Woman*, tr. de Gillian C. Gill (Ithaca, N.Y.; Cornell University Press, 1985), p. 191.
[10] Julia Kristeva, "Stabat Mater", en la obra de Susan Rubin Suleiman, comp., *The Female Body in Western Culture* (Cambridge, Harvard University Press, 1986).
[11] Desafortunadamente, Michel de Certeau, que se proponía efectuar una exposición del discurso místico en relación con la tradición intelectual del catolicismo, sólo terminó un volumen de esta obra. Véase *La Fable Mystique: XVI-XVIIe siècle* (París, Gallimard, 1982).

tre las mujeres de clases inferiores que eran empujadas a "ese conocimiento discontinuo e ilegítimo" que, según Foucault, constantemente tropieza con "las afirmaciones de un conjunto de teorías que las filtraría, jerarquizaría y ordenaría en nombre de algún conocimiento auténtico o de alguna idea arbitraria de lo que constituye una ciencia y sus objetos".[12] Aquí, los límites impugnados se encontraban entre la verdad y la ficción, el conocimiento y la superstición, y, de nuevo mediante la escritura, se mantenían vigilados, pues del otro lado se encontraban las múltiples creencias de la cultura oral. Las culturas populares quedaban marginadas de los discursos controlados del Palacio o de la Iglesia (pertenecían a la vida callejera de las ciudades).[13] A pesar de los esfuerzos de la Iglesia por encerrar a las mujeres en sus casas, en los conventos o en casas de recogimiento (que albergaban a prostitutas, mujeres separadas de sus maridos y huérfanas), había una población flotante de mujeres solas que de alguna manera tenían que valerse por sí mismas.[14] La Iglesia consideraba especialmente peligrosas a algunas de ellas porque impugnaban de manera directa el poder del clero: por esta razón la Inquisición las estigmatizó como "ilusas": eran las que decían profecías en público, caían en éxtasis y declaraban tener experiencias místicas. Las "ilusas" se encontraban fuera de la vigilancia del convento (a diferencia de las monjas místicas favorecidas por la Iglesia), con frecuencia eran solteras y no huían de la publicidad. Además, empleaban sus cuerpos con gran pericia: amamantaban al Niño Jesús, regresaban a un comportamiento infantil, hablaban como niñas y había que alimentarlas como si de verdad lo fueran; se embadurnaban de sangre menstrual, expresando así, *públicamente*, la sexualidad femenina, e incluso se apropiaban de terrenos exclusivamente masculinos, como el púlpito (véase el capítulo III).

Es evidente que todas estas luchas (en defensa del conocimiento intuitivo e incomprobable, en defensa del derecho de las mujeres a la racionalidad, o de la reglamentación de su comportamiento público) se originaban en las tensiones peculiares de la situación

[12] Michel Foucault, "Two Lectures", en *Power/Knowledge: Selected Interviews and Other Writings, 1972-1977*, comp. de Colin Gordon (Nueva York, Pantheon Books, 1980), p. 83.

[13] Juan Pedro Viqueira Albán, "¿Relajados o reprimidos?", *La Jornada Semanal*, suplemento de *La Jornada* (3 de enero de 1988), núm. 155, pp. 5 y 6. [Hay edición en el FCE.]

[14] Mucho dependía de la clase social, pues las mujeres trabajaban de costureras, hilanderas, tejedoras y sombrereras. Véase, de Julia Tuñón Pablos, *Mujeres en México: Una historia olvidada* (México, Planeta, 1987), p. 56.

colonial. Con la Independencia y la secularización de la sociedad, que tuvieron lugar durante el siglo XIX, cuando se destruyeron los conventos y se dispersó a las órdenes religiosas, el catolicismo perdió la hegemonía, si bien permaneció como una "forma de vida" integral importante, sobre todo para las mujeres. Al mismo tiempo, con el nuevo discurso hegemónico del nacionalismo, los protagonistas de la lucha cambiaron de manera fundamental: una clase intelectual, cuyas bases eran la prensa y las casas editoriales, iba a ser la principal fuerza para definir la nación y su futuro.

Las mujeres habían desempeñado un papel importante en el movimiento de Independencia; esto, junto con el gran interés de la nueva clase intelectual en la educación de las mujeres y de los niños, y con la proliferación de diarios y periódicos para la discusión de las ideas, parecería allanar el camino a la plena participación de las mujeres en la vida política y cultural, por lo menos para las de clase más alta. Empero, no fue así. Parece como si un viento helado hubiese caído sobre la escritura de las mujeres del siglo XIX: el viento helado del nacionalismo. Para explicarnos esto tenemos que observar el lugar de la mujer dentro del sistema de significados del nacionalismo, que vino a incrustarse en las formas del discurso en instituciones educativas y judiciales, y en la especialización y la práctica de la vida diaria. El nacionalismo exigía un nuevo tipo de sujeto investido con autoridad para definir lo auténtico y lo real. Y, sin embargo, la clase intelectual laica que surgió con la Independencia era una clase letrada cuya tribuna era la prensa periódica, desde la cual arengaba a quienes seguían siendo infantes (es decir, *in-fans:* sin habla). Como no podía desarrollar un pensamiento científico (obstáculo que no tiene nada que ver con sus capacidades y sí mucho con la dependencia de Latinoamérica de los países industrializados), esta clase intelectual laica tuvo que concentrarse en los campos del conocimiento para los que no era necesaria una preparación profesional:[15] esto es, la cultura en el sentido más amplio de la palabra. Lo que distinguía a los intelectuales latinoamericanos de esta época de los intelectuales europeos era que estaban conscientes de su retraso frente a los avances científicos, al tiempo que se erigían en la vanguardia en sus propios países, pues fungían como maestros y apóstoles de una población de negros, indios y mujeres en su mayoría analfabetos.

[15] Para un análisis más amplio sobre la constitución de la *intelligentsia* en Latinoamérica en la época colonial, véase Ángel Rama, *La ciudad letrada* (Hanover, N. H.; Ediciones del Norte, 1984).

No obstante, la Mujer (que no coincide necesariamente con las mujeres) desempeñó un papel ambiguo en la formación de la identidad nacional. La Virgen cósmica de Guadalupe (una Virgen que no está representada como madre, sino más bien como la mujer apocalíptica que aplasta a la serpiente y protege desde el cielo a sus elegidos) era el icono simbólico del nacionalismo criollo.[16] Con todo, la formación nacional en el siglo XIX no podía evitar el problema de las etnias. El tema de la raza domina el discurso, pues las etnias constituían para muchos el obstáculo al progreso. Querían una nación más homogénea y como no podían alcanzar la homogeneidad racial, confiaban a la educación la tarea de transformar a los habitantes en ciudadanos modernos. La mujer casi no entraba en la discusión salvo como madre de futuros ciudadanos o, como en el caso de la Malinche, como chivo expiatorio.

En el momento actual, la escritura de mujeres ha podido aprovecharse del pluralismo que, sin embargo, conlleva otros problemas explicitados en algunos textos contemporáneos mencionados en el último capítulo.

"Uno de los misterios del destino es que *todas las naciones* deben su caída e ignominia a una mujer", diría en 1886 Ignacio Ramírez.[17] La historia de la perfidia femenina es particularmente necesaria para la épica nacionalista, sobre todo si la épica se origina en una conquista y una derrota. Por fortuna existió una persona histórica que saldara esta cuenta: doña Marina, también conocida como Malintzin y Malinche. Como en el culto de la Virgen María, la escasez de pruebas documentales no constituyó un impedimento para que se desarrollara el mito. Lo cierto es que se trató de una mujer que pasó por muchas manos, que nació en un territorio donde se hablaba náhuatl, que fue cedida a unos mercaderes que se la llevaron a Tabasco, donde aprendió el maya y, ahí (junto con otras mujeres), le fue obsequiada a Cortés. Fue amante e intérprete de Cortés, tuvo un hijo de éste y siguió desempeñándose como su intérprete después de cambiar una vez más de dueño y casarse con uno de los capitanes del conquistador. En los relatos de la Conquista, la Malinche es la que ayuda al héroe, y como tal ocupa un lugar significativo en la crónica de Bernal Díaz del Castillo. Los indígenas la asociaron con el poder mágico de los españoles y la pintaron en los códices como una traductora a través de cuyo cuerpo transparente las palabras

---

[16] Véase, de Lafaye, *Quetzalcóatl and Guadalupe*. [Véase nota 4.]

[17] Citado por Rachel Phillips, "Marina/Malinche", en la obra compilada por Beth Miller, *Women in Hispanic Literature: Icons and Fallen Idols* (Berkeley, University of California Press, 1983), pp. 97-114.

pasan, en forma de gotas, de la boca de Cortés a los oídos de Moctezuma. La escasez de documentos permitió que se transformara en una función literaria (la "ayudante" en la historia del héroe), en el medio traductor (traidor) de la conquista y en el origen mancillado (la madre) de una nación que haría de ella el símbolo de la división esquizofrénica entre los europeos y los indígenas. Octavio Paz escribe en 1950, en *El laberinto de la soledad*, sobre la "enfermedad mexicana", y la sitúa precisamente en esta ambigua subjetividad de los hijos de la Malinche, avergonzados por su violación (la conquista) y por ello forzados a rechazar la parte femenina como lo devaluado, lo pasivo, lo rajado y maltratado, como la chingada, la violada, la que ha sido cogida y, con todo, es al mismo tiempo la traidora.[18]

El nacionalismo mexicano se constituyó mediante un largo proceso que tuvo sus raíces en el nacionalismo criollo antes de la Independencia, y que recibió un nuevo ímpetu durante la Revolución mexicana de 1910 a 1917, revolución en la que desempeñó un importante papel el campesinado. Al principio, la sociedad posrevolucionaria se vio galvanizada por el nacionalismo populista, cuya retórica tendía a oscurecer la verdadera naturaleza del Estado mexicano como instrumento de modernización capitalista. Entre 1917 y 1953, cuando por fin las mujeres tuvieron derecho al voto en todo el país, la emancipación de las mujeres formó parte de una importante campaña contra el oscurantismo de la Iglesia, y algunos líderes revolucionarios la apoyaron porque veían en el "fanatismo" religioso de las mujeres un obstáculo para la ideología revolucionaria. Entre quienes apoyaron la emancipación femenina estuvieron hombres como Venustiano Carranza, el primer presidente del México posrevolucionario, y dos gobernadores de Yucatán: el general Salvador Alvarado y Felipe Carrillo Puerto. Este último dio a las yucatecas el derecho al voto y auspició las asociaciones feministas que luchaban contra las drogas y defendían el control de la natalidad. Carrillo Puerto creía en el amor libre y definía el matrimonio como "una unión voluntaria basada en el amor con el propósito de fundar un hogar" y defendía su disolución cuando así lo deseaba cualquiera de las partes.[19] Con todo, las posturas radicales sobre el amor libre y el control de la natalidad no sólo no lograron movilizar a las mexicanas, sino que tampoco impidieron que apoyaran la resisten-

---

[18] Octavio Paz, *El laberinto de la soledad*, FCE, 1993.

[19] Véase, de Anna Macías, "Yucatán and the Women's Movement", en *Against All Odds: The Feminist Movement in Mexico to 1940* (Westport, Conn.; Greenwood Press, 1982), pp. 59-86.

cia católica frente al Estado secular militante. Cuando el presidente Calles cerró las escuelas religiosas en 1926 y ordenó que los sacerdotes se registraran ante las autoridades civiles, las mujeres participaron en el boicoteo organizado por la Iglesia y en los posteriores levantamientos. Cuando estalló el conflicto armado (el movimiento cristero), se formaron las Brigadas Femeninas. Las mujeres ocultaron al hombre que intentó matar al general Obregón en noviembre de 1927, y cuando José de León Toral lo asesinó en 1928, la madre María Concepción Acevedo fue sentenciada a 20 años en las Islas Marías como autora intelectual del asesinato.[20] Por otra parte, las mujeres participaron como maestras en la formación de las nuevas sociedades y en las campañas contra el analfabetismo. Durante la presidencia de Lázaro Cárdenas (1934-1940) se fundó una organización oficial de mujeres, el FUPDM (Frente Único Pro Derechos de la Mujer).

Con todo, la ideología oficial nuevamente proponía la idealizada familia patriarcal, ahora diseminada por los medios informativos y el cine, que la transmitían a una población que nunca había sido alcanzada por la literatura. Hay que subrayar sin embargo que la brecha entre las representaciones de la familia y la realidad era considerable, sobre todo en la cultura de masas. Esta disonancia condujo a las mujeres a luchar de nuevo por interpretar su propia historia.

Debido a la amplitud de esta batalla, sobre cuyos aspectos políticos han escrito otros autores, me he concentrado en determinadas situaciones sintomáticas, y en particular en dos mujeres que subvierten el discurso del nacionalismo mesiánico. Se trata de dos ejemplos dispares, Antonieta Rivas Mercado, compañera del líder mesiánico José Vasconcelos, que se suicida "inexplicablemente", y Frida Kahlo, que exhibe su cuerpo mutilado para impugnar un sistema de representación que seguía identificando a la mujer con la naturaleza.

La lucha también se entabla, aunque quizá de manera menos dramática, en la institución literaria, y sobre todo alrededor de la novela, como alegoría de la formación nacional. Escritoras como Rosario Castellanos y Elena Garro, que trataron de incluir a las mujeres como protagonistas en esta alegoría, no pudieron dejar de encarar el hecho de que la identidad nacional era esencialmente masculina.

Con todo, cuando Rosario Castellanos y Elena Garro empezaron a escribir, existían fuerzas nuevas y pujantes en México: por

---

[20] Véase una versión literaria de este juicio en *El juicio*, de Vicente Leñero (México, Joaquín Mortiz, 1972).

una parte la modernización, que incluía la migración de grandes segmentos de la población hacia las ciudades y a través de la frontera con los Estados Unidos; por la otra, el crecimiento de una industria de la cultura (sobre todo el cine y la literatura popular) que, aunque al principio el nacionalismo se apropió de ella, también sirvió para desestabilizarlo.[21]

Las conspiradoras termina con dos ensayos que se centran en diferentes aspectos de esta situación. El primero es un examen de películas y relatos etnográficos que captan el momento de transición en que aparecen en escena nuevos individuos sociales: los delincuentes y el lumpen, que se resisten al nacionalismo modernizador. El segundo señala el surgimiento del feminismo moderno en la arena de la discusión pública. Sin embargo, el feminismo mexicano de los años setenta fue un movimiento de la clase media que tenía como premisa la necesidad de alianzas con las clases subalternas. Estas alianzas se reflejan sobre todo en los escritos de Elena Poniatowska, de los que hablo en el último capítulo. Al mismo tiempo, la crítica del nacionalismo oficial, sobre todo después de 1968, abrió un espacio para la escritura femenina, que fue aprovechado plenamente: primero para contar su propia versión de la historia del romance familiar, y, segundo, para demostrar la articulación entre el patriarcado y el nacionalismo.

Queda claro que *Las conspiradoras* debe mucho a las teorías de Foucault sobre el discurso, y a escritos como los de Stallybrass y White (derivados de Mijail Bajtin), que tratan de la política y la poética de la transgresión.[22]

Las conspiradoras tiene una deuda para con las teorías de Foucault, sobre todo en lo que concierne a las formaciones discursivas, pero también el estudio de instituciones deja de lado lo que Michel de Certeau ha llamado el aspecto nocturno de la sociedad. Las ideas de Foucault nos ayudan a entender de manera general los procesos de exclusión y discriminación y las prácticas institucionales que los acompañan. Aunque las ideas de Foucault

---

[21] Véase, de Jean Franco, "The Incorporation of Women: A Comparison of North American and Mexican Popular Narrative", en Tania Modleski, comp., *Studies in Entertainment: Critical Approaches to Mass Culture* (Bloomington, Indiana University Press, 1986), pp. 119-138.

[22] Stallybrass y White empiezan *The Politics and Poetics of Transgression* con una crítica de la visión excesivamente elogiosa que Bajtin tiene del carnaval; luego recurren a la teoría antropológica al discutir los sistemas simbólicos. Quizá lo importante de Bajtin es su insistencia en la naturaleza siempre inacabada y heterogénea de los procesos sociales y en el carácter dialógico de los textos. Véase, de Katerina Clark y Michael Holquist, *Mikhail Bakhtin* (Cambridge, Harvard University Press, 1984).

son muy sugerentes cuando discute el proceso general de exclusión y discriminación que se presenta en las formaciones del discurso, y cuando identifica los terrenos del discurso y las prácticas institucionales que apoyan estas formaciones,[23] en su teoría falta algo, y la mejor manera que conozco de indicarlo es la palabra "experiencia", o tal vez sea mejor "estructuras de sentimiento", como dice Raymond Williams, o formas de vida, según la expresión de Habermas.[24] Desde luego la teoría foulcaultiana nos permite descartar la unicidad de una continuidad histórica y pensar en historias, más que en Historia. Sin embargo, lo que me ha interesado aquí no es tanto el discurso institucionalizado como sus límites, los débiles, los espacios en que se forman otros discursos que, si no llegan a ser resistencias, por lo menos explicitan para el individuo "lo disfuncional" de las cosas.[25] Antes de los movimientos modernos feministas, la escritura de las mujeres muchas veces nace de estas experiencias seriadas en los márgenes.[26]

La teoría feminista, sobre todo en los países anglosajones y en Francia (aunque de manera diferente), se ha preocupado por estas cuestiones de la subjetividad y la disidencia.[27] No quiero repetir argumentos que han sido tratados exhaustivamente por Michèle Barrett, Toril Moi y Alice Jardine entre otras.[28] Los estudios

[23] El texto del caso es *History of Sexuality*, de Michel Foucault, vol. I, tr. de Robert Hurley (Nueva York, Pantheon Books, 1978).

[24] Véase, de Dews, *Habermas: Autonomy and Solidarity* y, de Raymond Williams, *Marxism and Literature* (Nueva York, Oxford University Press, 1977), pp. 128-155. Se utilizan varios términos que tienen puntos de coincidencia para describir las disposiciones y actitudes que cristalizan con la experiencia vital. Los teóricos rechazan "experiencia" por varias razones y emplean varios términos para indicar la combinación de la experiencia personal unida a la social. La crítica feminista Teresa de Lauretis prefirió volver a definir la experiencia basada en la semiótica peirciana; véase, de esta autora, *Alice Doesn't: Feminism, Semiotics, Cinema* (Bloomington Indiana University Press, 1984). La definición "habitus", de Pierre Bourdieu, es más sociológica; véase en *Outline of a Theory of Practice*, tr. de Richard Nice (Cambridge, Cambridge University Press, 1977), pp. 76-78. Véase también, de Jean-Paul Sartre, *Critique of Dialectical Reason*, tr. de Alan Sheridan Smith (Londres, New Left Books, 1976), donde el autor define el campo de lo "práctico-inerte *como los restos que ya no son dinámicos de la praxis pasada*".

[25] Citado en la obra de John Rajchman, *Michel Foucault: The Freedom of Philosophy* (Nueva York, Columbia University Press, 1985), pp. 35-36.

[26] "Serialización" es el término que emplea Sartre en *Critique of Dialectical Reason*, pp. 256-306. Los ejemplos que da Sartre de las formas seriadas de colectividad incluyen la línea de autobús, escuchar la radio y el mercado libre.

[27] Véase la crítica que hace Toril Moi a la crítica feminista en los Estados Unidos, en *Sexual/Textual Politics*.

[28] Véase, de Michèle Barrett, *Women's Oppression Today* (Londres, Verso, 1980); de Moi, *Sexual/Textual Politics;* de Alice A. Jardine *Gynesis: Configurations of Woman and Modernity* (Ithaca, N. Y.; Cornell University Press, 1985).

de Teresa de Lauretis han sido particularmente valiosos por el análisis de la simbolización de la mujer en las grandes narraciones.[29] Sin embargo, en los últimos años, se han criticado las tendencias de las teorías feministas orientadas a tratar a las mujeres del "Tercer Mundo" como víctimas, o a considerarlas en formas estereotipadas.

Los movimientos de mujeres y los movimientos feministas de los últimos años son, en muchos aspectos, muy diferentes de los movimientos de los Estados Unidos o de Europa. En la América Latina hay un debate muy importante sobre la relación entre el feminismo y los movimientos sociales, y se han encontrado muchas maneras de unir la política feminista a otras formas de lucha, sin subordinar las cuestiones feministas ni caer en el separatismo.

Quizá los ensayos incluidos en *Las conspiradoras* pertenezcan a la prehistoria de este proceso, pues se centran en la lucha de mujeres aisladas. Sin embargo, aunque hablo de mujeres que actuaron solas, sus actos no terminaron con ellas. La humilde Ana de Arámburu confunde a los inquisidores; el "yo" de Sor Juana se multiplica vertiginosamente; la pistola de Antonieta Rivas Mercado explota en el centro mismo de la cultura occidental: la catedral de Nuestra Señora de París; el cuerpo mutilado de Frida Kahlo ocupa el lugar del desnudo clásico; Jesusa, la heroína de Elena Poniatowska, rompe con los estereotipos de la subalternidad.

Estos actos y estas intervenciones, si bien solitarios, no pueden considerarse baladíes ni aislados, puesto que demuestran, mediante el disimulo y la sorpresa, lo previsible del discurso oficial. En el cuento de Borges "Tlön, Uqbar, Orbis Tertius", un grupo de filósofos inventa un planeta imaginario con su propio idioma, historia y ciencia, para confundir a la gente. ¿No han funcionado así los relatos hegemónicos del patriarcado, como invenciones que, a pesar de esto, ejercían un gran control sobre la interpretación? Hace tiempo que las mujeres han reconocido la naturaleza imaginaria de las narraciones hegemónicas. Sin el poder de cambiar la historia ni de participar en el diálogo, han recurrido a los subterfugios, a la digresión, al disfraz o a la muerte. Las situaciones

---

[29] Véase, de Teresa de Lauretis, "Issues, Terms and Contexts", en la introducción a su obra *Feminist Studies: Critical Studies*, pp. 1-19, así como *Alice Doesn't...*, de la misma autora. Dos de las críticas que escribieron *Feminist Studies: Critical Studies* apremian concretamente a las mujeres para que luchen por el poder interpretativo y de autoría. Véase, de Tania Modleski, "Feminism and the Power of Interpretation", pp. 121-138, y de Nancy K. Miller, "Changing the Subjet: Authorship, Writing and the Reader", pp. 102-120.

descritas en este libro pueden considerarse prefeministas en la medida en que el feminismo supone que las mujeres ya participan en la esfera pública del debate. Esto hace que sea todavía más importante encontrar los contactos y continuidades ocultos, los retos aislados y la discontinuidad de los relatos sociales que atestiguan una historia de luchas e interrupciones. No se trata de una derrota, pues en esas luchas se constituyeron nuevos sujetos sociales: desde la monja mística hasta la ilusa, desde la bohemia hasta la escritora.

Más que tratar de escribir la historia de las mujeres y su escritura en México, en *Las conspiradoras* traté de descubrir los momentos incandescentes en que se iluminan fugazmente distintas configuraciones de la lucha por la interpretación. Al escribir sobre los indios mashpee, James Clifford comenta: "Los mashpee quedaron atrapados en los cuentos que podían contarse acerca de ellos". Y agrega que estos cuentos siempre están definidos por "el progreso tecnológico y las relaciones culturales nacionales e internacionales. ¿Existe otro tipo de cuentos?"[30] Precisamente esto es lo que trato de trazar en *Las conspiradoras:* otras narrativas posibles, a veces sumergidas, pero siempre recurrentes... como es inevitable cuando se trata de burlarse de los discursos dominantes.

---

[30] James Clifford, *The Predicament of Culture: Twentieth-Century, Ethnography, Literature, and Art* (Cambridge, Harvard University Press, 1988).

PRIMERA PARTE

LA NARRATIVA RELIGIOSA

I. ESCRITORAS A PESAR SUYO: LAS MONJAS MÍSTICAS DEL SIGLO XVII EN MÉXICO

> *Me ordenó que escribiera todo el tiempo y sólo me permitía*
> *dormir una hora por la noche; y eso sólo para que yo*
> *pudiera dormir y todo el demás tiempo tenía que pasarlo*
> *escribiendo. En esto lo obedecí.* [1]

EN LA Nueva España del siglo XVII, los confesores solían obligar a las monjas místicas, que escuchaban la voz de Dios y tenían visiones celestiales, a poner por escrito todo lo que habían visto y oído. Como es natural, se mostraban renuentes a reproducir en una prosa laboriosa lo que para ellas habían sido sublimes escapes de su cuerpo. Escribir no les causaba ningún placer; era un imperfecto recuerdo, una tarea desagradable que seguía al rapto. Con frecuencia demostraban escaso interés en sus anotaciones y en las que otros asentaban en su nombre sobre su comportamiento. No tenían derechos de autor, pues sus anotaciones pertenecían a los confesores y se utilizaban años después como materia prima de una biografía escrita por un sacerdote. Si todo esto nos parece un lugar común es porque los marginados siempre han sido utilizados como materia prima para la escritura.[2] Siempre hay

---

[1] María de San Joseph, citada por fray Sebastián de Santander y Torres en *Vida de la Benerable Madre María de S. Joseph, Religiosa Augustina Recoleta: Fundadora en los conventos de Santa Mónica de la Ciudad de la Puebla y después en el de la Soledad de Oaxaca* (Sevilla, 1725), p. 164. María de San Joseph vivió entre 1656 y 1719. Kathleen Ann Myers transcribió algunas de las anotaciones de María de San Joseph que sirvieron para esta biografía, y aparecen en "Becoming a Nun in Seventeenth-Century Mexico: An Edition of the Spiritual Autobiography of María de San Joseph", vol. I (tesis para el doctorado en filosofía, Brown University, 1986). Agradezco a Josefina Muriel que su libro *Cultura femenina novohispana* (México, UNAM, 1982, pp. 320-321) haya llevado mi atención a este material. Véase también la antología de Electa Arenal y Stacey Schlau sobre escritos de monjas hispanas: *Untold Sisters* (Albuquerque, University of New Mexico Press, en prensa); de Julia Tuñón Pablos, *Mujeres en México: Una historia olvidada* (México, Planeta, 1987); y de Pilar Gonzalbo Aizpuru *Las mujeres en la Nueva España. Educación y vida cotidiana* (México, El Colegio de México, 1987).

[2] Véase, de Michel de Certeau, *Heterologies: Discourse on the Other*, tr. de Brian Massumi, vol. 17 de *Theory and History of Literature* (Minneapolis, University of Minnesotta Press, 1986).

alguien: un sacerdote, un psicólogo o un sociólogo para aprovechar sus palabras torpes, vacilantes o francamente disparatadas.[3]

En realidad, los procedimientos no eran nuevos, ni se trataba de motivos misteriosos. No sólo los sacerdotes creían que era importante hacer acopio de ejemplos edificantes para combatir la herejía, sino que muchos pensaban que Dios no podía haber concedido tal riqueza material a las Indias si no tuviera el propósito de igualarlas con una riqueza espiritual. En el prólogo a la vida de María de Jesús Tomelín, el padre Diego de Lemus escribió que la Nueva España no sólo había enriquecido a la monarquía con tributos en forma de metales, "sino con el oro de ejemplos celestiales". Don Diego de Victoria Salazar utilizó el mismo ejemplo: Dios había pronunciado el *fecit* cuando dio minas y tesoros al Nuevo Mundo. Ahora otorgaba el *dixit*, pues había colocado "ahí a esta Virgen para comunicarle su Verbo espiritual a su espíritu".[4] Así, la mujer, como la plata oculta en la tierra, debía ser explotada para volverla productiva y, como era conveniente, esta tarea le había sido asignada al clero.

¿Cómo se efectuó esta división sexual entre la materia prima y la producción? Por supuesto, el misticismo no era privativo de las mujeres; por ejemplo, don Pedro de Arellano y Sosa, a pesar de su considerable tamaño, levitaba durante la misa.[5] Con todo, las manifestaciones de fervor religioso eran más frecuentes entre las monjas, y como sus éxtasis podían ser mal entendidos, eran vigilados muy de cerca por los confesores, que tenían el poder de interpretar, aprobar o reprobar. Además, en la Nueva España, donde estaba prohibida la novela, el "misticismo" constituía un lenguaje del ser y del cuerpo mediante el cual podían expresarse las mujeres y, si eran afortunadas, podían hacerlo legítimamente. Al reservar la discusión y la teología escolástica al clero, la Iglesia les cedió a las mujeres el terreno del sentimiento: aunque no les

[3] La práctica de tomar notas sobre las experiencias de las beatas y luego utilizarlas como base para una vida de santa se remonta a la Edad Media. Véase, de Rudolph M. Bell, *Holy Anorexia* (Chicago, University of Chicago Press, 1985), p. 24. Las anotaciones estaban relacionadas con la práctica del confesionario. Véase, de Michel Foucault, *History of Sexuality*, vol. I, tr. de Robert Hurley (Nueva York, Pantheon Books, 1978), pp. 58-59. Véase, de Ángel Rama, *La ciudad letrada* (Hanover, N. H., Ediciones del Norte, 1984), sobre el desarrollo del alto estilo en la burocracia.

[4] Diego de Lemus, *Vida, virtudes, trabajos, favores y milagros de la Venerable Madre Sor María de Jesús, angelopolitana religiosa, en el insigne convento de la Limpia Concepción de la Ciudad de los Ángeles en la Nueva España y natural de ella* (León, 1683). Las páginas del prólogo no están numeradas. Don Diego de Victoria Salazar escribió la "aprobación" que introduce la biografía.

[5] Véase, de Fernando Benítez, *Los demonios en el convento: Sexo y religión en la Nueva España* (México, Era, 1985), pp. 107-110.

estaba prohibido estudiar, en la práctica encontraban innumerables obstáculos para hacerlo, pues incluso se supervisaban sus lecturas.[6] No se esperaba que supieran mucho latín, el idioma de los eruditos; tampoco se les permitía intervenir en los debates, por medio de los cuales se afirmaba y propagaba el conocimiento. No podían hablar en público de temas eruditos, pues no les estaba permitido predicar. En estas circunstancias, no sorprende que muchas hicieran caso omiso de la racionalidad y entraran en comunión mística con Dios, charlaran directamente con los santos y con la Virgen y siguieran los dictados de sus voces interiores. Las monjas místicas de la Nueva España no produjeron una literatura como la de San Juan de la Cruz o la de Santa Teresa de Jesús; con todo, el lenguaje coloquial que suele irrumpir a través de la aséptica prosa de las hagiografías abre un espacio que traspasa los límites de lo racional, un espacio para el deseo femenino potencialmente subversivo.

Empero, el camino del misticismo también encerraba peligros, y la mujer mística a veces terminaba en las cárceles secretas de la Inquisición,[7] pues incluso el clero favorable al conocimiento místico (por ejemplo, el jesuita Miguel Godínez, autor de un *Tratado de Teología Mística*) se mostraba cauteloso ante las "manifestaciones externas" de fervor religioso y las aspiraciones a la santidad, sobre todo cuando llamaban la atención. El misticismo estaba demasiado cerca de las prácticas de los herejes "alumbrados", cuyas visiones embriagadoras nutrían un orgullo satánico.[8] Por esta razón se sometía la humildad y la obediencia de las monjas místicas constantemente a la vigilancia del confesor, y se reprimía cualquier demostración de malsanos deseos de notoriedad. Anto-

---

[6] Véase, de Muriel, *Cultura femenina novohispana*, p. 21. Sobre la censura a las novelas, véase, de Irving A. Leonard, *Books of the Brave: Being an Account of Books and of Men in the Spanish Conquest and Settlement of the Sixteenth-Century New World* (Cambridge, Harvard University Press, 1949).

[7] Sobre el destino de algunas místicas españolas, véase, de Claire Guilhem, "La Inquisición y la devaluación del verbo femenino" en Bartolomé Benassar, comp., *Inquisición española: poder político y control social,* 2a. ed. (Barcelona, Editorial Crítica, 1984), pp. 171-207.

[8] Véase, de Miguel Godínez (Godínes o Wadding), *Práctica de la Theología Mystica* (Sevilla, 1682), impresa bajo el patrocinio de Manuel Fernández de Santa Cruz. Godínez es el nombre españolizado del jesuita irlandés Michael Wadding, quien enseñaba teología en el colegio de San Pedro y San Pablo de la ciudad de México. El padre Godínez dedica todo un capítulo de su libro (pp. 327-331) a las creencias heréticas de los alumbrados. También escribió notas sobre la vida de la madre María de Jesús, que utilizó el padre Félix de Santa María en *Vida, virtudes y dones sobrenaturales de la Venerable sierva de Dios la madre María de Jesús, religiosa profesa en el monasterio de la Puebla de los Ángeles, en las Indias Occidentales* (Roma, 1756).

nio Núñez de Miranda aconsejó a todas las monjas que cumplieran con sus tareas diarias sin tratar de llamar la atención con mortificaciones excesivas: su obediencia religiosa debía hacerse en silencio, pues a diferencia de los hombres, acostumbrados a discutir sobre sus asuntos, y por ende con capacidad para pronunciar las oraciones, "las mujeres carecían de esta habilidad y les convenía más la contemplación".[9]

Empero, cuanto más amenazada se sentía la Iglesia por las nuevas teorías científicas europeas, más buscaba en el sentimiento religioso la manera de reavivar su debilitada espiritualidad. Hasta los grandes príncipes de la Iglesia, como el arzobispo de México, Francisco Aguiar y Seijas, se mortificaban con severidad ayunando, flagelándose y usando cilicios.[10] Esta austeridad, por cierto, coexistía con el lujo, si hemos de creer a Thomas Gage, quien describe a los galanes en sus carruajes, acompañados por séquitos de negros africanos "con libreas ostentosas y galanas, cuajadas de encajes de oro y plata, con medias de seda sobre sus negras piernas y con rosas en los pies y espadas a los costados".[11] Sin embargo, un porcentaje asombroso de la población criolla elegía el celibato, ya fuera tomando el hábito o la sotana: porcentaje que contradice las teorías funcionalistas de formación social, puesto que este encierro voluntario disminuía el número de nacimientos de la población blanca. El encierro de las mujeres en los conventos aseguraba la pureza ideológica; fuera del palacio y de la Iglesia no existían espacios independientes, limitación que afectaba tanto a los hombres como a las mujeres; la diferencia era que los hombres gozaban de la facultad y la libertad de ocupar puestos públicos. En tales circunstancias no es de sorprender que el viaje místico, que podría sacarlas de su encierro, ejerciera tanta atracción en ellas, al menos en su imaginación.

A pesar de las reservas de algunos miembros del clero y a pesar de los aspectos potencialmente heterodoxos del misticismo, tenía resueltos defensores que afirmaban que constituía una forma de conocimiento más elevada e inmediata que la teología escolástica. Aun así, les era difícil explicar por qué las mujeres tenían ese don más que los hombres. Según Miguel Godínez, ésta era la ma-

---

[9] Antonio Núñez de Miranda, *Distribución de las Obras Ordinarias y Extraordinarias del día, para hazerlas perfectamente, conforme al Estado de las Señoras Religiosas: Instruida con doze máximas substanciales, para la vida Regular y Espiritual, que deben seguir* (México, viuda de Miguel Ribera de Calderón, 1712), p. 20.

[10] José de Lezamis, *Breve relación de la vida y muerte del Ilmo. y Revmo. Señor Doctor Don Francisco Aguiar y Seijas* (México, 1699).

[11] J. Eric S. Thompson, comp., *Thomas Gage's Travels in the New World* (Norman, University of Oklahoma Press, 1958), p. 73.

nera en que Dios, "siendo las mujeres incapaces del sacerdocio, predicación apostólica y otros semejantes favores, las honra con estos favores de las visiones, raptos y revelaciones".[12]

La vida imaginaria de la mística solía ser rica en sensaciones: no sólo le comunicaba Dios sus secretos, sino que la transportaba a lugares lejanos (paralelo sagrado con el vuelo de las brujas) y le permitía tener visiones y alucinaciones. La mística no sentía la necesidad de comunicar la unión mística a los demás, salvo cuando Dios se lo indicaba. Sólo los signos externos, los fuertes suspiros, el estado de trance y las señas en el cuerpo revelaban a los otros lo que sucedía. ¿Era ésta una *jouissance* que, como lo sostiene Luce Irigaray, también feminizaba a los hombres que tomaban parte en ella?[13] Si así era, el potencial de éstos para la subversión había quedado integrado al sistema de la Nueva España del siglo XVII. Esta facultad "femenina" tan amenazadora para la autoridad masculina, en realidad servía para fortalecer a la Iglesia.

En el centro de su mundo estaba el confesor. El confesionario, cuya importancia había crecido después de la Contrarreforma del siglo XVI, era el eje del poder de la Iglesia y llegaba a todos los aspectos de la vida, incluso los pensamientos íntimos. El confesor era mucho más que el mediador entre la monja y la institución eclesiástica: en palabras de Núñez de Miranda, era un "Oráculo celestial" que tenía el monopolio de la "cura de almas", así como las sociedades psicoanalíticas quisieran poseerlo en nuestros tiempos. Núñez de Miranda advirtió de manera expresa que las monjas no debían recurrir "a ninguna otra forma de gobierno del alma, salvo cuando se les ordenase lo contrario, o en caso de necesidad y obligación muy clara y muy seria".[14] Así, el confesor

[12] Véase Godínez, *Práctica de la Theología Mystica*, pp. 92-98. En este libro, el padre Godínez plantea cuestiones sobre el misticismo y les da respuesta. En este caso, la cuestión es por qué las mujeres, que de manera natural son más santas que los hombres, reciben más favores. Godínez da varias respuestas: 1) su naturaleza es más blanda, y el espíritu se acomoda con más facilidad; 2) como son más débiles, necesitan este vehículo para poder llevar a cabo el difícil trabajo de la vida espiritual: "porque como las mujeres en lo temporal, aunque sean muy pobres, gastan de ordinario más galas que los hombres, lo mismo sucede a veces con lo espiritual, donde las mujeres se llevan la gala; y como Dios es tan amigo de honrar a sus amigas, siendo las mujeres incapaces del sacerdocio...".

[13] Irigaray, "La Mystérique", en *Speculum of the Other Woman*, tr. de Gillian C. Gill (Ithaca, N. Y.; Cornell University Press, 1985) pp. 191-202. Véase también a De Certeau, *La Fable mystique: XVIᵉ-XVIIᵉ siècl*ᵉ (París, Gallimard, 1982), p 24.

[14] Núñez de Miranda, *Distribución*, p. 55. Obviamente, éste es el caso de las reglas de las órdenes religiosas, que también hacían hincapié en la obediencia. Por ejemplo, véase la *Regla dada por nuestro padre San Agustín a sus monjas: Constituciones que han de guardar las religiosas agustinas recoletas de Santa Mónica de la Ciudad de Puebla: Aprobadas por los M. SS. PP. Paulo V y Urbano VIII y ampliadas por el Illmo. Se-*

se colocaba firmemente en el centro de la maraña que las místicas tejían movidas por misteriosos impulsos, y desde su panopticón examinaba cuidadosamente cualquier pensamiento descarriado. El confesor decidía sobre la diferencia entre la astuta imitación de las ilusas, posesas del demonio, y las verdaderas místicas, pues contaba con reglas establecidas y probadas para interpretar los actos y las palabras.

En la "Opinión" que aparece al principio de la vida de María de San Joseph escrita por Sebastián Santander y Torres, el doctor Luis de la Peña, examinador de la Inquisición, explicaba cómo decidía si las visiones eran auténticas: no debían contener nada contrario a las Escrituras y nada intrínsecamente malo, no debían incluir novedades que la Iglesia no hubiera predicado, y así sucesivamente. También se tomaba en cuenta la personalidad de quien tenía las visones: no debían ser "frenéticas ni furiosas", debían gozar de buena salud y ser lacónicas y no locuaces. No debían ser viejas, pues en este caso las visiones podían deberse a la senilidad. Las revelaciones de las mujeres eran las más peligrosas, "pues no sólo son más débiles y susceptibles, sino húmedas, torpes y viscosas por naturaleza, porque debido a su temperamento no sólo son víctimas de impresiones lunáticas, sino que con facilidad son presa de las pasiones del odio, el amor, la felicidad y la tristeza".[15]

Los escritos eran un instrumento importante en este escrutinio, porque la Iglesia vigilaba todo comportamiento anormal. Cuando María de San Joseph ingresó al convento de Santa Mónica en Puebla de los Ángeles en 1687, su conducta extravagante pronto llamó la atención del obispo Manuel Fernández de Santa Cruz, quien le ordenó que pusiera por escrito todas sus experiencias: "Porque como buen Pastor quería reconocer muy de espacio los passos y sendas por donde caminaba esta Oveja; porque no es fácil reduzir a la que anda descarriada, o perdida, si el Pastor no se haze Argos para observarle los movimientos".[16]

Sin embargo, es una paradoja que acaso el confesionario incitara a las mismas transgresiones que tenía por objeto impedir y controlar, por la manera en que regulaba la subjetividad con respec-

ñor Doctor D. Manuel Fernández de Santa Cruz, 2a. ed. (Puebla, México, 1753). Myers habla sobre la influencia que tuvo la Regla en María de San Joseph, en "Becoming a Nun", pp. 25-27

[15] Cf. "Parecer del doctor Don Luis de la Peña, Juez Comissario de la nueva información para la Curia Romana, sobre la Aparición de la Milagrosa Imagen de nuestra Señora de Guadalupe de México, Rector del apostólico Colegio de N. S. Pedro, y Calificador (con exercicio) del Santo Tribunal de la Inquisición de esta Nueva España", en las páginas sin numerar del prólogo de Santander y Torres, Vida.

[16] Véase la obra de Santander y Torres, Vida, "Prólogo al lector", páginas sin numerar.

to a lo sexual. Desde luego, cuando trataban con indígenas conversos, los confesores sometían a los penitentes a una verdadera "tecnología" del sexo, que debió de cambiar por completo toda la conciencia que tenían de sus cuerpos.[17] La enumeración de pecados carnales que se hacía durante la confesión volvía al confeso hipersensible a todas sus sensaciones corporales; los dedos se cargaban de erotismo; una monja no se tocaba con las manos por temor a la descarga libidinosa que podía provocar.[18] El arte barroco de los conventos, arte preferido por los jesuitas, era otro estímulo para la imaginación, pues subrayaba tanto los sufrimientos como el éxtasis. Las iglesias eran increíblemente suntuosas: "Muchas tienen los techos y las vigas enteramente cubiertos de oro. ¡Cuántos altares tienen pilares de mármol! Otros están decorados con palo de Brasil en forma de puntales sobrepuestos, con retablos para una serie de santos trabajados en colores dorados, de modo que es común que muchos valgan veinte mil ducados. Esto provoca admiración entre el común del pueblo, y la admiración provoca la diaria adoración ante estos gloriosos espectáculos e imágenes de santos".[19] No es de sorprender que los ojos de los místicos, fijos en estas escenas dramáticas, se cerraran en éxtasis ante estas vívidas representaciones de heridas abiertas, cuerpos traspasados y ojos en trance, que luego formaban la materia de los sueños. A veces era difícil separar el castigo de la sexualidad: María de San Joseph, que más tarde tomó los velos en el convento de Santa Mónica, en Puebla, durante años se sometió a la flagelación ayudada por una de las criadas de su propia casa. Una de sus hermanas la acusó de actos indecentes y despidió a la criada, revelando la conciencia que se tenía del riesgo de los "extremos".[20]

Sin embargo, las místicas corrían otros riesgos, pues sus experiencias eran exclusivamente subjetivas, sin pruebas externas, y por lo tanto estaban fuera del control del clero.

Michel de Certeau ha afirmado que el acto de habla mística se origina en una persona predispuesta, deseosa de vivir la experiencia y dispuesta a buscarla activamente. El "yo quiero" del deseo místico constituye un verdadero acto de expresión cumplido que sólo es elocuente cuando el "yo" se embebe en la voluntad del otro, o sea Dios. "La actuación consiste en establecer un lugar (para el sujeto) y la autonomía de una introspección (mística por

---

[17] Serge Gruzinski, "La 'conquista de los cuerpos'", en *Familia y sexualidad en Nueva España* (México, Fondo de Cultura Económica, 1982), pp. 177-206.
[18] Lemus, *Vida*, p. 79.
[19] Thompson, comp., *Thomas Gage's Travels in the New World*, p. 71.
[20] Myers, "Becoming a Nun", p. 155-156.

definición, y que escape del laberinto del control social), más que en establecer una convención dialógica." En este discurso, el "yo" no tiene autoridad institucional más allá de la experiencia subjetiva: "Sin la legitimidad que le otorgaría una autoridad social (jerárquica, erudita, etcétera), el autor o la autora se presentan en nombre de quien habla a través de sus personas: lo Real (en el discurso místico) o la Palabra (en el discurso profético)". Este discurso no procede de fuentes autoritarias "aunque con frecuencia manifiesta el mismo espíritu".[21] En este caso el místico es, estrictamente hablando, un *medium* que tiene conciencia de sí mismo solamente en los momentos de privación y vacío, de los que ansía escapar. Por ello, la afirmación de que el lenguaje místico es particularmente "femenino" puede resultar problemática, cuando menos para las feministas interesadas en lo consciente.

La feminista Luce Irigaray ha celebrado sobre todo el discurso místico porque subvierte lo simbólico y porque queda fuera de la lógica del sistema lingüístico: "La mística es herida en lo vivo en este material refulgente y clandestino que ha sido siempre, aunque no lo sepa. Y nunca lo sabrá, ni se conocerá ella misma con claridad cuando se encienda en una dulce confusión cuya fuente no puede captarse al principio. La desgarran el dolor y el temor, las lágrimas y la sangre, lo que supera cualquier otro sentimiento".[22] No hay palabras para esto: "Todas parecen débiles, gastadas, y no sirven para traducir sensatamente nada". Irigaray llama *mistéricas* a las mujeres que salvan los límites del ser y de la identidad, en claro juego de palabras: el misticismo, misterio del continente oscuro y el calificativo dado por los hombres a esto como discurso histérico.

Aun así, la afirmación de que la mistérica tiene una facultad subversiva merece examinarse cuidadosamente, pues, de diversas maneras, las monjas místicas se comportaban como se esperaba que se comportaran las mujeres. No es que su discurso fuera esencialmente femenino, sino más bien que era femenino de *manera estratégica*. Aprovechaban que su experiencia no podía verificarse y que el clero estaba convencido de que el conocimiento femenino constituía una manera de sentir y experimentar, más que un pensamiento abstracto. Por ejemplo, María de Jesús Tomelín afirmaba que había visto el cielo y el purgatorio y nadie podía contradecirla, pues había hecho el viaje durante un trance. Este acceso directo a lo sobrenatural concedía a la monja mística la misma autoridad irrefutable de que goza el periodista, que inves-

---

[21] De Certeau, *La Fable mystique*, p. 248.
[22] Irigaray, "La Mystérique", en *Speculum of the Other Woman*, p. 193.

tiga y siempre puede decir: "Yo lo presencié". Sin embargo, la *escritura* era lo que finalmente sacaba del arrobamiento a la mística para hacerle regresar a la maraña de la racionalidad. La escritura cumplía varios propósitos a la vez: permitía que más de un confesor examinara a la mística, lo que aseguraba que quedara registrado cualquier nuevo conocimiento adquirido durante sus conversaciones con Dios, y precisaba la experiencia como historia de un caso que, desde la perspectiva del clero, tenía el propósito de recuperar información.

El género que se adoptaba para este propósito solía ser el de la historia de vida que, para los confesores, tenía la ventaja de situar en un contexto estas oleadas de éxtasis y organizarlas como la historia de una conversión. Estas historias les permitía a los confesores juzgar si estaban tratando a una mujer que había sido señalada durante mucho tiempo por Dios para recibir sus favores, o si se trataba de casos aislados de "ilusiones". Estas historias de vidas, que con frecuencia la monja mística asentaba por escrito o dictaba con renuencia, utilizaban una serie de metáforas consagradas por la tradición: fuego, sed, herida, sangre. Este lenguaje muy convencional sólo permite algún acento original cuando se trata de los asuntos cotidianos de la vida del convento. El lenguaje rústico de la mujer, tan distante del lenguaje de los letrados, se quedaba sin embargo en manuscrito. En los casos en que se publicaba, el manuscrito tenía que ser editado y pulido por un sacerdote.

Para comprender la producción de las monjas místicas en la Nueva España, me concentraré en dos casos de especial interés: el de María de Jesús Tomelín (1574-1637), del convento de la Concepción de la Virgen María de Puebla, cuyas experiencias fueron asentadas por una hermana también monja, sor Agustina; y el caso de María de San Joseph (1656-1736), recoleta agustina del convento de Santa Mónica de Puebla, que escribió y reescribió la historia de su vida en un lenguaje coloquial muy expresivo. Este texto constituye hoy una valiosa fuente documental, pues ofrece muchos detalles de su vida antes de que tomara los velos.[23]

Estas dos mujeres tuvieron relaciones difíciles con miembros de sus familias antes de ser aceptadas en las órdenes religiosas. El padre de María de Jesús Tomelín se enfureció de tal manera cuando ella rechazó un buen partido matrimonial, que la atacó con una daga..., sin duda porque así perdía una posesión que

---

[23] María de San Joseph escribió diferentes versiones de su vida a petición de sus diferentes confesores. La más completa es la que escribió para fray Plácido, en dos volúmenes, después de haber pasado catorce años en el convento. Véase *Becoming a Nun*, de Kathleen Myers, pp. 21-24.

tenía cierto valor.[24] Aunque la vocación de María de San Joseph
quedó decidida en el momento en que un rayo cayó cerca de ella
cuando estaba jugando en el patio, y mató a uno de los animales
de la granja, requirió años para que la aceptaran en el convento.
Era mística autodidacta, pues pasó los primeros treinta años de su
vida en la hacienda de la familia, donde hasta confesarse era difícil para ella. En esta hacienda inventó sus propias penitencias: llevaba un cilicio; su hermana Leonor le enseñó a tejer las cerdas
que usaba en las piernas y los brazos. María de San Joseph explica
que estas prendas de mortificación le pusieron negras las manos,
cortándole la piel y atrayendo pulgas: "sentía que corrían como
hormigas por las heridas que tenía en la cintura, y casi me
comían las costillas. Por la mañana había charcos de pus donde
yo había dormido, formados con la sangre de mis heridas puru-
lentas".[25] Usaba ropas burdas y su dieta era de hierbas y tortillas.
Se rapaba la cabeza, y esto, más los ayunos y las penitencias que
se infligía, hacían que se viera tan demacrada que la superiora
del convento de Santa Clara la rechazó como novicia porque
parecía sufrir alguna enfermedad. Cuando supo que el obispo de
Puebla, Manuel Fernández de Santa Cruz, iba a fundar una escuela para jóvenes pobres y virtuosas dedicada a Santa Mónica,
trató en varias ocasiones de que la admitieran, pero el obispo la
rechazó sin miramientos (volveremos a encontrarnos con este
obispo cuando reprenda a Sor Juana): en voz alta y desde el confesionario le ordenó que dejara de importunarlo. María de San
Joseph aceptó el regaño con ejemplar humildad.[26] Por fin la ad-
mitieron en el colegio, que posteriormente pasó a ser el convento
de las Recoletas Agustinas, y María de San Joseph fue una de las
fundadoras de otro convento que la orden abrió en Oaxaca.

En el caso de estas dos mujeres, la separación de sus familias de
este mundo fue el preludio necesario para su vida mística. Desde
niña, María de Jesús Tomelín había reconocido a la Virgen como
su verdadera madre,[27] y María de San Joseph, aunque sentía mucho apego por su familia, se empeñó en desprenderse del afecto
filial.[28] Como los fundadores del Imperio británico, que en las
public schools se educaban para vivir en lugares remotos, estas mujeres rompían sus lazos afectivos con la familia para liberarse y

[24] Véase Lemus, *Vida*, p. 26.
[25] María de San Joseph, citada por Myers en "Becoming a Nun", pp. 104-105. En
su introducción, Myers recalca la influencia que tuvieron las vidas ejemplares en
María de San Joseph, sobre todo la vida austera de San Pedro de Alcántara.
[26] Véase Santander y Torres, *Vida*, p. 113.
[27] Lemus, *Vida*, p. 10.
[28] Santander y Torres, *Vida*, pp. 130-131.

poder seguir su verdadera vocación. Entonces vivían en la imaginación hasta donde les era posible: en un mundo irreal en el que tanto las palabras como el silencio estaban cargados de extraordinaria intensidad. Como veremos en el último capítulo, esta separación de la familia tiene paralelos en los textos modernos.

Sin embargo, una vez en el convento, las dificultades de las monjas aumentaban, pues vivían bajo la mirada vigilante de las demás monjas y de los confesores. Cuanto más "gracias" recibían, más las vigilaban. Cierto día, la superiora de María de Jesús Tomelín le prohibió que comulgara; entonces, la hostia salió del cáliz y voló hasta el fondo de la iglesia, donde estaba sentada María de Jesús. El vicario del convento, don Antonio de Servantes Carvajal, "aviéndole advertido una de aquel convento, digno de todo crédito, cómo nuestro Señor le comunicaba a la vener. Madre muchos secretos y particulares fabores: juzgó que era conveniente que se conservasse alguna memoria de ellos para lo que su majestad dispusiesse en adelante".[29] A partir de entonces, María de Jesús estuvo constantemente vigilada y la examinó personalmente el experto en conocimientos místicos, don Miguel de Godínez.[30] Su amiga Agustina de Santa Teresa recibió la orden de escribir todo lo que dijera, aunque padecía verdaderos tormentos debido a su ambiguo papel como espía del confesor y fiel criada de María de Jesús. No sorprende que sufriera un bloqueo cuando trató de cumplir sus deberes según la orden de Godínez: "No quedaba satisfecha de lo que avía escrito y lo borrava, y rompía, pareciéndole que no iba con el acierto que deseaba".[31] María de Jesús, dándose cuenta de que Agustina debía tener miedo de incriminarla, le aseguró que cuanto escribiera estaría guiado por Dios:

> Ambas, hija, cumplimos con la obediencia; tú con la del Prelado que te manda que no me manifiestes nada y yo con la de Dios, que gusta que se escrivan las maravillas que por su bondad infinita ha obrado y obra en esta vil criatura; y así bien puedes proseguir de aquí adelante sin rezelo, pues es voluntad de Dios que yo te descubra a ti las mercedes que él ha hecho, y haze, para que tú las escrivas.[32]

La escritura era una fuente continua de preocupaciones. En una de sus visiones, María de Jesús Tomelín vio a Agustina suspendida sobre el infierno, sugiriendo que para ella la escritura se rela-

[29] Lemus, *Vida*, p. 334.
[30] *Ibid.*, p. 112. Godínez le presentaba preguntas por escrito, para que se las contestara tanto de viva voz como por escrito. Según Lemus, le pareció que María de Jesús, en cuanto a orar, no tenía tacha.
[31] *Ibid.*, p. 336.
[32] *Ibid.*, p. 337.

cionaba con la condenación. Aunque Dios le explicó que Agustina "escribe por el honor y la gloria de Dios y de la santísima Virgen María", esto no tranquilizó del todo a María de Jesús; entonces Nuestro Señor volvió a asegurarle que, a pesar del infierno, "ha de ser mi obra y sobre todo él: ya ha de escrivir en honra y gloria mía, el amor y llaneza con que me comunico a las almas por la interceción de mi santísima Madre".[33]

En otra ocasión vio un velo negro que cubría su escritura y el patriarca San José interpretó la visión de la siguiente manera: "Porque el velo es significación de que han de querer oscurecer estos escritos, pero no podrán, porque el Señor los defenderá, y assí repara como ves las letras, aunque un poco obscuras".[34] La visión resultó profética, pues un nuevo capellán, don Gutierre Bernardo de Queirós, que había decidido mandar quemar las anotaciones de Agustina, revocó la orden. Sin embargo, hasta el momento mismo de su muerte, María de Jesús mostró su preocupación por el destino que correrían estos apuntes, pues poco antes de morir vio a Cristo sellando los escritos y asegurándole que él mismo era el sello.[35]

María de San Joseph pasó por un aprendizaje todavía más difícil, pues ni siquiera contaba con la ayuda de otra monja, sino que se vio obligada a escribir constantemente por órdenes del confesor del convento quien, a su vez, era apremiado por el obispo de Puebla, Fernández de Santa Cruz, que al parecer estaba esperando alguna revelación extraordinaria, y así conminaba al confesor: "Apúrela más en que diga lo demás que le passó en los veinte años del Siglo, pues no es possible que no tenga más; y con ocasión de que refiere, si tuvo tentaciones o otros trabajos interiores o socorros espirituales de Dios, se acordará para dezirlos. Guarde V. md. con cuydado los papeles, y embíeme los de essa otra con don Ignacio".[36] A veces, el propio obispo la escuchaba en confesión "examinándola muy despacio hasta quedar satisfecho" y le ordenaba estrictamente que conservara sus papeles.

La obligación de escribir constituía una verdadera tortura para María de San Joseph, sobre todo porque los confesores eran muy arbitrarios con ella. Por ejemplo, el padre Dionisio a veces hacía que escribiera todo el tiempo, permitiéndole descansar muy poco; pero en otras ocasiones no la dejaba leer ni escribir nada. También ella mostraba una constante preocupación por el desti-

---

[33] *Ibid.*, p. 336.
[34] *Ibid.*, p. 338.
[35] *Ibid.*, p. 394.
[36] Véase el prefacio a la *Vida,* titulado "Al lector", donde Santander y Torres cita estas palabras de una carta de Fernández de Santa Cruz.

no final de lo que había escrito.[37] Por fortuna, como en el caso de María de Jesús Tomelín, Dios pudo tranquilizarla revelándole que escribir era una penitencia necesaria: "Porque si escribes con facilidad has de tener mucho desahogo y consuelo, y no nasciste para tener descanso en esta vida".[38] Además, la apremia para que prosiga con esa tarea desagradable: "y di à tu Padre [confesor] mire cómo dispone los papeles que le vas escribiendo, porque han de servir de aviso y de mucho provecho à las almas".[39] En cierta ocasión, del altar salió la voz de Dios, asegurándole: "Mira que yo te assisto y no te falto; escríbelo, que todo es de mí y nada de ti; y si no, mira si por ti sola huvieras podido dar un solo passo y hecho lo que has hecho".[40]

Cuando María de San Joseph fue relevada de esa responsabilidad, se volvió una escritora prolífica y dejó doce volúmenes, muchos de ellos escritos para sus distintos confesores. Y, como ellos fueron sus primeros lectores, la escritura delata la lucha por relatar la experiencia con la veracidad que el acto de la confesión exige pero que la escritura parecía volver todavía más difícil. María de San Joseph escribió para fray Plácido de Olmedo, que fue su confesor de 1702 a 1709, una versión mucho más completa de su vida, esperando evidentemente que fuera útil para otras monjas. Aparte de su propia vida, escribió sobre la fundación del convento de Oaxaca, sobre las virtudes de sus confesores, sobre sus visiones, anécdotas de la vida diaria en el convento y sobre su trabajo como instructora de novicias. Al final de su vida superó el horror que le causaba escribir, según asentó: "Sentí que Nuestro Señor estaba a mi lado".[41]

Las biografías que se escribieron más tarde con base en estas notas y archivos transforman en una hagiografía estas experiencias extraordinarias.[42] Esto quiere decir que la vida está contada

[37] Santander y Torres, *Vida*, p. 164. Véase la lista completa de los confesores para los cuales escribió María de San Joseph en la obra de Myers "Becoming a Nun". En el apéndice a la edición de parte de los escritos de la monja, Myers enumera el contenido de los distintos volúmenes y de los confesores para los que fueron escritos, que no fueron menos de siete.

[38] *Ibid.*, 165.

[39] *Ibid.*, 225.

[40] *Ibid.*, 358.

[41] Myers, "Becoming a Nun", p. 198.

[42] Existen tres biografías de Sor María de Jesús Tomelín. Además de las escritas por el padre Lemus y por Félix de Santa María, hay una de Francisco Pardo: *Vida y virtudes heroicas de la Madre María de Jesús, religiosa profesa en el Convento de la Limpia Concepción de la Virgen María en la ciudad de los Ángeles* (México, 1676). El proceso de canonización se inició poco después de la muerte de la monja, y en 1696, el obispo de Puebla, Manuel Fernández de Santa Cruz, lo retomó.

primero en orden cronológico, luego se divide y se ordenan en series de anécdotas o ejemplos que ilustran las virtudes de pobreza, castidad y obediencia. El punto culminante de la historia es "la buena muerte", por lo general acompañada de signos y milagros extraordinarios. Apenas merece comentarse que la composición de estas hagiografías ilustra el desigual poder de mujeres y hombres. En primer lugar, los confesores estudiaban las anotaciones y registros, y decidían si las monjas debían seguir escribiendo, y si lo escrito debía conservarse.[43] Así, la experiencia de las mujeres pasó a ser "la materia prima" que los hombres se sentían en libertad de explotar como autores sin declarar por completo su fuente: por ejemplo, Agustina de Santa Teresa, amanuense de Sor María de Jesús, fue citada in extenso por los biógrafos, que nunca la mencionaron como autora por derecho propio. Condescendiente, el padre Lemus dice que las anotaciones "hubieran sido más acertadas si hubieran estado mejor ordenadas y seleccionadas, mas como escribía para conservar los registros y no para comunicarlos, escribía las cosas como iban sucediendo, sin trabazón en los sucesos".[44] En otras palabras, Agustina no había logrado escribir un relato conveniente. Cuando Félix de Santa María escribió la biografía de Sor María de Jesús en el siglo XVIII, mencionó a Agustina más bien como discípula y amiga de la mística, que como su amanuense.[45]

En el caso de María de San Joseph ocurrió una devaluación parecida de la escritura femenina. Entre las numerosas presentaciones y "aprobaciones" de la versión publicada de la oración que pronunció Santander y Torres con ocasión de su muerte, el obispo de Antequera elogió a la difunta por haber ofrecido material tan admirable para la retórica erudita del orador. Por su parte, el padre Miguel de Artoche, asesor del Santo Oficio de la Inquisición, observa que las virtudes de la monja no habrían brillado tanto si el orador no las hubiera hecho públicas "prestándoles el deslumbrante esplendor de sus labios".[46] Poco asombra que al escribir la biografía basándose en las notas de María de San Joseph, Santander y Torres sintiera la necesidad de corregir su burda prosa y mejorarla con referencias eruditas y sentenciosas. Llama la aten-

[43] Lemus, Vida, pp. 337-338. El capellán don Gutierre Bernardo de Queirós amenazó con quemar las notas de Sor Agustina sobre María de Jesús.
[44] Lemus, Vida, "Al lector", páginas sin numerar.
[45] Véase Cultura femenina novohispana, de Muriel, p. 331. La autora identificó lo escrito por Agustina entre las líneas de estas hagiografías.
[46] Santander y Torres, Oración fúnebre que predicó el M.P.P.M. Fr. Sebastián de Santander, del Orden de Predicadores de N.P. Santo Domingo en las Honras de la V.M. María de San Joseph, Religiosa Recoleta augustina, en la ciudad de Antequera (Puebla, 1719).

ción la diferencia entre el lenguaje de la monja y el de su biógrafo, demostrando así el abismo que separaba el lenguaje "elevado" del lenguaje humilde y cotidiano. María de San Joseph escribía en el lenguaje casero con su ortografía muy personal. Además escribía detalles concretos de su vida diaria y de la vida conventual, por ejemplo cuando recuerda la ocasión en que su hermana recibió un susto del diablo, que se le apareció en forma de un negro, y la criada "apagó la luz que llevaba en gran aprieto".[47]

Es claro que a Santander y Torres no le interesan estos pormenores: no menciona los nombres de los parientes de la monja y sólo en contadas ocasiones la cita directamente. Por lo demás, transforma su lenguaje cotidiano en el lenguaje abstracto y convencional de la hagiografía. De esta manera, los confesores y biógrafos de las monjas "místicas" fungían como editores, revisores y compiladores de los textos cuya autoría no podían reclamar las mujeres que los escribían. Las anotaciones de éstas, además de constituir la materia prima de las biografías, proporcionaban al clero un atisbo a la vida interior que, si se utilizaba adecuadamente, podía hacer resaltar su autoridad: incluso las escenas lascivas servían a la fe si se presentaban convenientemente. Cuando María de San Joseph escribe que es tentada por el demonio bajo la forma de un bello doncel que trata de violarla, Santander y Torres exclama: "¡Qué padecerá su cuerpo hallándose tan apretado y oprimido en brazo de un demonio!".[48] Santander y Torres escribe una versión heroica de la historia que cuenta María de San Joseph, una historia que saca a la superficie pensamientos subversivos (sobre la inseguridad que siente de su vocación y sobre toda clase de imágenes lascivas), que de manera conveniente podían atribuírsele al diablo.[49]

Sin embargo, el tormento y los obstáculos que las monjas relatan revelan que estaban conscientes del peligro que encerraban sus palabras, pues constantemente niegan ser sus autoras. Estas mujeres sólo podían hablar de sus experiencias a condición de negarse como autoras y presentarse como *medium* de la voz de Dios (o como blanco del demonio), aunque esto no siempre las libraba de los celos mezquinos y de la red de intrigas que constituían un ingrediente invariable de la vida conventual. Más importante

[47] Myers, "Becoming a Nun", p. 225: "Entró mi hermana Ana en el tal aposento a sacar no sé qué. Llevaba una mosa consigo, que le iva alumbrando, i al entrar por la puerta, vido mi hermana bajar del techo de arriva al enemigo, con gran estruendo, en forma de un negrillo mui atesado. La mosa, con el espanto i gritos que dio, apagó la lus que llevava en gran aprieto".
[48] Santander y Torres, *Vida*, p. 277.
[49] *Ibid.*, p. 170.

todavía: la modestia y la constante profesión de obediencia eran los requisitos necesarios para la libertad de la imaginación. Cuando despertaban de los trances, llevando mensajes de Dios o de la Virgen, todavía tenían que tomar considerables medidas de protección antes de entregar los recados y "secretos", de manera que no pareciera que sus conocimientos místicos socavaban la autoridad del clero.

Por ejemplo, María de San Joseph se abstiene aparatosamente de interpretar las visiones a menos que haya recibido instrucciones claras de Dios, y (en marcado contraste con Sor Juana Inés de la Cruz) cree que la obediencia a Dios y al confesor constituye un seguro contra el error.[50] Por supuesto, sus manifestaciones de obediencia contribuyeron a dar autoridad a una forma de conocimiento que pasaba por alto la autoridad del confesor.

Santander y Torres define este conocimiento de la siguiente manera: "Es quando Dios dà à el entendimiento una subidíssima inteligencia, y a la voluntad un fervor intensíssimo; lo qual no da, comunica, sino à aquellas almas que están yà muy purgadas y puras".[51] De esta manera, las mujeres podían "saber" sin el penoso proceso del aprendizaje libresco. Los misterios teológicos como la transustanciación no presentaban problemas. Por ejemplo, Sor María Magdalena de Lorravaquio Muñoz (1576-1636), monja que había vivido en el mismo convento de jerónimas en el que más tarde se enclaustraría Sor Juana Inés de la Cruz, vio a la Santísima Trinidad en una concha y relata que, aunque las tres personas no eran muy claras,

> en la divinidad las vi y conocí y con esta visión interior mi corazón parecía quemarse en un ardiente amor y deseo de amar a Dios ofreciéndole mi corazón a cada una de las personas de la Santísima Trinidad, y le pedía a cada una que comunicara su gracia y su amor para amarlas a cambio de ello; esta visión desapareció y cuando hube regresado de este estado quedé con muchos afectos de amor a Dios y con un profundo conocimiento de mis pecados.[52]

¿Qué es este conocimiento? No es una comprensión intelectual del dogma, sino una sensación corporal, un ardor cuyo efecto es el sentimiento permanente de deseo y de culpa. La mística, transportada en sueños y visiones más allá de los estrechos confines de

[50] Myers, introducción a "Becoming a Nun", p. 27. En esta introducción se explican las posibilidades y limitaciones de las autobiografías escritas en estas circunstancias.
[51] Santander y Torres, op. cit., 256.
[52] Citado por Muriel en Cultura femenina novohispana, p. 328.

la celda, volaba a través del tiempo y del espacio, contemplaba el futuro y podía penetrar en los secretos del purgatorio y del propio cielo antes de regresar a su celda, como una paloma a su palomar. El vuelo era el equivalente femenino del viaje heroico de autotransformación, con la diferencia de que no encontraba obstáculos y de que se trataba menos de un relato que de una epifanía. Empero, la epifanía tendía a enmudecer a la mística y volverla reservada, pues en el siglo XVII ya se reconocía y constituía una tradición el abismo entre sus sentimientos y el lenguaje convencional de la experiencia mística (las metáforas del fuego y del agua, del ardor y de fundirse, de sed y de bebida, que recibió de Santa Teresa y de San Juan de la Cruz).[53] El bullicio de las voces interiores debió de haber parecido desentonado en todos los lenguajes, pues enmudecía a las monjas. Cuando Miguel de Godínez trató de que María de Jesús hablara de su vida espiritual, fue como si le hubiera puesto una mordaza: no logró encontrar palabras para las maravillosas obras de Dios. Durante años, María de San Joseph no pudo confesarse como Dios manda y sólo lograba contestarle al confesor con monosílabos, y explicaba esto tanto como su incapacidad para dirigirse al coro, como un tormento del demonio,[54] que, además —según decía—, le impedía recitar el rosario y leer el breviario,[55] y constantemente temía que sus palabras fueran mal interpretadas. Una de sus visiones demoníacas revela claramente las dudas que sentía sobre ella misma: había sido elegida como una de las fundadoras de una filial de la orden que se abrió en Oaxaca y de inmediato la atormentó el sentimiento de sus pocos méritos, lo que encontró expresión en la visión de una horda de demonios que exclamaban:

> ¡O qué buen día hemos de tener, quando conociendo la burla el Obispo y su Confessor, la declaren por ilusa, por hypócrita, por embustera y por endemoniada! Entonces sí que la pondrán en una cárcel, separada de las demás, y le darán el premio que sus Revelaciones merecen: allí tendrá el pago à el tamaño de sus Profecías, en disciplinas, en ayunos y en correcciones.[56]

Estas alucinaciones eran dramatizaciones del discurso interior e indican claramente que las propias monjas estaban conscientes de que sus experiencias se asemejaban a ilusiones pecaminosas y

[53] Lemus, *Vida.* Véase especialmente el libro 3, "Del espíritu prophético de la M. María de Jesús", p. 325-331.
[54] Santander y Torres, *Vida*, pp. 147-149.
[55] *Ibid.*, 170.
[56] *Ibid.*, p. 194.

que acaso no pudieran diferenciarse de éstas. Las monjas se veían divididas por el conflicto entre el discurso espontáneo y demoníaco, y el deseo de escribir:

> Puedo assegurar que para cada virtud de las que debo y quiero exercitar, tengo un Demonio que me la contradize, y en esto no tengo duda; porque tengo claridad de que es assí, y me fuerzan a dezir tantas y tan terribles blasfemias contra nuestro Señor, que sólo en la iniquidad horrorosa de que me fuerza a dezirlas pueden caber; y esto con tan gran violencia, que aprieto los dientes con mucha fuerza; porque parece según lo que siento, que las pronuncia la lengua, y así padezco congoxas mortales para resistir.[57]

En pasajes como éste, se le cae la máscara de humildad a la mística. Esos deseos turbulentos no siempre pueden encaminarse hacia Dios. Las palabras que llegan espontáneamente a los labios son obscenas y prohibidas, de modo que tiene que luchar si no quiere ser portavoz del Demonio.

Al mismo tiempo, estas visiones demoníacas permitían a las mujeres hablar explícitamente de sexualidad. Por ejemplo, María de San Joseph describe de manera gráfica una visión de demonios cuyos gestos provocaban que se le encendiera el cuerpo. Cuando esta horda de demonios dejó de atormentarla, vinieron otros "celebrando que los compañeros avían ya conseguido de ella el triunfo, porque la avían ya obligado a consentir y deleytarse en las tentaciones y representaciones impuras".[58] Vemos que podía hacerse buen uso del diablo, ya que le permitió a María de San Joseph describir su placer sexual sin caer en el pecado.

Así, pues, el temor de las monjas místicas ante lo que veían y hacían (acentuado por el terror al Santo Oficio de la Inquisición) estaba a flor de piel. Como hemos visto, con frecuencia sólo se tranquilizaban al escuchar voces interiores, aunque a veces sus palabras se materializaban. María de San Joseph, por ejemplo, vio sus palabras transformadas en rayos de luz:

> Que cada palabra que pronunciaba, veía salir de mis labios una luz muy resplandeciente en forma de una Estrella; ésta la veía subir a lo alto, hasta entrar en el Cielo, y llegar ante el Trono de su Divina

---

[57] *Ibid.*, p. 176.
[58] *Ibid.*, p. 279-280: "Poniendo a sus ojos diferentes torpezas, como por todo el cuerpo, encendiendo en todo él aquella llama con que se abrasaba... Se ponían a mofar, y a hazer burlas de la Sierva de Dios, celebrando que los compañeros avían ya conseguido de ella el triunfo, porque la habían ya obligado a consentir, y deleytarse en las tentaciones y representaciones impuras".

Magestad. Allí paraba, y de esta manera veía ir subiendo todas las palabras que iba diziendo, hasta que acabé de rezar las Vísperas.[59]

Sólo viendo que las palabras llegaban a su verdadero destino, podía asegurarse su pureza. Todavía más extravagante era el éxtasis en el que todo su cuerpo, todas sus articulaciones y todos sus músculos se transformaban en lenguas que entonaban a coro el Padre Nuestro y el Ave María, y durante el cual sintió tal arrebato que se creyó en la gloria.[60]

Para María de San Joseph y para María de Jesús existía una zona oscura entre el discurso interior y la conversación íntima, zona reservada y misteriosa. Como la escritura automática de los surrealistas, el discurso y las visiones demoníacas parecían surgir de oscuros rincones, apoderándose del cuerpo, liberado de la mente. Empero, la lucha de las monjas casi siempre se efectuaba en silencio y en la soledad. Las demás monjas se mofaban de ellas, que con frecuencia enfermaban debido a los ayunos y a otras aflicciones. Lo que las consolaba era saber que Dios las había señalado. Paradójicamente, al tratar de aniquilar su individualidad, la mística conseguía destacarse de la multitud. Por ejemplo, cuando Dios le concede a María de San Joseph una gracia especial, le dice: "Esso y mucho más haré por ti, y aora ensancha tu corazón para recibir las mercedes que estoy para hazerte". La monja agrega: "Luego vi y sentí cómo se entró el Señor en mi corazón en forma de una llama de fuego, de tal suerte que parecía se avía unido conmigo y hecho una misma cosa".[61]

Cada una de las místicas creía ser la única novia de Dios, elegida sobre las demás para recibir dones y mercedes especiales. Como sus conocimientos no tenían que ver con los libros y supuestamente se recibían como una sabiduría instantánea, una de sus metáforas preferidas era la de beber. Por la boca (la boca del alma) absorbían directamente el amor divino y el conocimiento místico sin necesidad de palabras. María de San Joseph en particular parece haber sentido una poderosa necesidad de regresar a esta fuente primaria de satisfacción. En una ocasión escribió: "Veía los labios de mi alma metidos dentro de la Llaga de mi Señor y tragaba a boca llena la Sangre caliente".[62] Los labios ma-

[59] *Ibid.*, p. 240.

[60] *Ibid.*, p. 172.

[61] *Ibid.*, p. 340.

[62] Santander y Torres, *Vida*, p. 354. En un amplio estudio sobre las mujeres de la Edad Media, Caroline Walker Bynum indica que expresaban la piedad a través de la boca. Véase *Holy Feast and Holy Fast: The Religious Significance of Food to Medieval Women* (Berkeley, University of California Press, 1987). Sin embargo, la comida también era una metáfora del conocimiento que "bebemos", "digerimos" y

man constantemente, como los de un niño hambriento. Nuestro
Señor con frecuencia animaba a María de San Joseph a que se lo
bebiera: "Hija querida de mi corazón y mi María, descansa en mí
y yo en ti, que pues participas de mis penas y amarguras, razón es
que yo participe de mis gustos y glorias. Bebe, hija, bebe a boca
llena de el río de mis dulzuras y amor; descansa en mis brazos,
pues tan trabajada estás".[63]

Ya sea que llamemos a esto goce o de otra manera, se trata de
una curiosa forma de humildad y olvido de sí misma, que parece
restaurar el estado de dependencia infantil de la madre como
fuente de todo bien, estado anterior a la separación traumática;
estado que la crítica moderna ha vuelto a valorar. Beber la sangre
de Cristo constituye una importante inversión de la debilidad de
la mujer: la menstruación; absorber la sangre pura y santa que
da la vida eterna es el reverso de arrojar sangre impura durante el
ciclo menstrual, demasiado humano.

Sin embargo, no todo era bienestar. María de San Joseph describe haber sido transportada espiritualmente al lado de Cristo y
haber colocado sus labios dentro de sus heridas: "Lo que aquí sentí no hallo términos para explicarlo, porque según sentí, me participó su Magestad de sus penas y sus dolores".[64] Así pues, la mística se acercaba a las llagas del Cuerpo Sagrado en un acto que no
sólo es erótico, sino que además niega el falocentrismo. Su relación con Cristo era en esencia una relación erótica que empezaba con la excitación, estimulada por la fascinación obsesiva de las
llagas y aperturas del cuerpo. De ahí su fascinación por lo grotesco, más que por el cuerpo clásico, lo que constituye una inversión carnavalesca del ideal.

El lenguaje místico es un lenguaje de deseo, sin que implique
por fuerza una sexualidad sublimada. Por el contrario, parece en-
focar las partes del cuerpo que menos se asocian con la sexualidad masculina. Igual que en el amor profano, el corazón era el
recinto simbólico del goce y del sufrimiento. María de San Joseph
sentía tal ardor en el corazón que le pidió al Señor que la aliviara
del dolor del éxtasis; entonces, Él tuvo a bien levantarle dos costillas para que su corazón tuviera más espacio.[65] Entre las místicas
del siglo XVII en la Nueva España, el corazón adquirió una existencia independiente del resto del cuerpo. El corazón de María de
Jesús salió de su pecho y cantó alabanzas al Señor con un coro

"masticamos". Mediante estas metáforas, las monjas mexicanas expresaban su
relación directa con la fuente de conocimiento.
  [63] *Ibid.*, p. 353.
  [64] *Ibid.*, p. 352.
  [65] *Ibid.*, pp. 255-256.

de ángeles. Igualmente diverso era el corazón del Señor: en una ocasión se le apareció como un hermoso cuerpo con un corazón en el lugar de la cabeza y con una llave de oro que tenía una cruz grabada, diciéndole: "Éste es tu corazón".[66]

Este vocabulario erótico, trivializado por la música popular, en la que los corazones se pierden normalmente, no hace sino subrayar de nuevo el limitado lenguaje de que disponemos para la vida afectiva. La religión y la sexualidad forcejean por la posesión del lenguaje. Sin embargo, lo que no siempre se reconoce es que, si el misticismo tomó su lenguaje de la tradición del amor cortés, el romanticismo tenía resonancias del misticismo. Y, todavía más recientemente, filósofos como Bataille, en su crítica de la economía capitalista, encuentran en la experiencia mística una alternativa a la economía libidinal.[67]

Sin embargo, en otros aspectos, las monjas del siglo XVII de la Nueva España tenían los prejuicios de su época: como pertenecían a una pequeña población blanca que con frecuencia se sentía acosada por la población indígena y mulata, no sorprende que su vocabulario erótico reflejara las preferencias raciales de su época. La belleza y la bondad siempre eran rubias. En una de las visiones de María de San Joseph, "los cabellos [de un enviado de la virgen] parecían hebras de oro fino, los ojos eran bellísimos, el color más blanco que la nieve, las mexillas rosadas; traía puestas unas como vandas encarnadas".[68] Los diablos solían ser negros o mulatos, salvo cuando se disfrazaban de galanes atractivos.[69]

Además, debido a la naturaleza peligrosa de estas visiones, la mística solía protegerse confirmando el *statu quo*. Sus fantasías desbordadas no transgredían los límites del dogma. Esto lo ilustra a la perfección un viaje milagroso en el cual María de Jesús Tomelín fue transportada en una visión por los cielos, el infierno y el purgatorio, y de nuevo los cielos. Guiada por su ángel de la guardia fue transportada primero a una pradera (que, desde la Edad Media, forma parte de la geografía extática); vio el trono celestial de la Virgen y las almas de varios miembros de las órdenes religiosas, de santos y mártires jesuitas, y de algunas personas vivas, entre ellas su confesor, para el cual recibió un recado especial.

[66] Lemus, *Vida*, pp. 412-413.
[67] Véase especialmente "The practice of Joy Before Death", en la obra de Georges Bataille, *Visions of Excess: Selected Writings, 1927-1939*; Allan Stoekl, comp., tr. de Carl R. Lovitt, Donald M. Leslie Jr. y Allan Stoekl; vol. 14 de *Theory and History of Literature* (Minneapolis, University of Minnesota Press, 1985), pp. 235-239.
[68] Santander y Torres, *Vida*, p. 363.
[69] *Ibid.*, p. 175: "vi la celda llena de demonios en figura humana, como unos mulatos muy feos, desnudos".

En el viaje de regreso voló sobre "picos agrestes, cavernas siniestras, cimas afiladas y tinieblas oscuras", hasta que por fin llegó a un inmenso páramo ardiente y lleno de demonios, sobre el que pasó llena de temor, pues los demonios gritaban: "Agarren a esa monja, tráiganla, hiéranla y tortúrenla". Del oscuro precipicio salieron unas manos que trataron de cogerla. De este lugar, los ángeles la llevaron a lejanas "tierras de infieles" y a sitios de gran lujo y placer, "finos huertos y agradables frutos".

Mientras observaba, los habitantes se transformaron en animales y ella pudo observar la gran cantidad de demonios que esperaban, para llevárselos a las llamas eternas. Por último llegó a tierras de cristianos, en las que muchos se habían vuelto feos debido a sus pecados, aunque incluso éstos estaban bañados por una luz clara y resplandeciente "que rodeaba especialmente a las tierras habitadas por católicos; empero, dicha luz sólo rodeaba los territorios católicos y no las regiones o climas de los paganos". Voló por encima del purgatorio, donde, antes de regresar a la Virgen y a Nuestro Señor, vio a una esclava suya que había muerto hacía poco, la cual le dijo que había podido realizar el viaje gracias a la intercesión de la Virgen, y afirmó que recibiría una túnica de luz cuando fuera al cielo. Le preguntó a su ángel de la guardia el significado de la visión de un lugar de delicias celestiales en el que había visto a las monjas de su convento, y el ángel le contestó que era "el estrecho espacio de los claustros en donde las monjas de tu monasterio siguen el camino de perfección observando exacta y puntualmente los preceptos de su esposo y soberano, Cristo, así como las obligaciones y votos de la religión, puntuales siempre en el servicio de Dios, haciendo penitencia de sus pasiones y ejercitando las virtudes".[70]

Lo interesante de este viaje, que Muriel ha comparado al de la *Divina Comedia* de Dante,[71] y que también se asemeja al chamanismo, es el contraste entre el impetuoso vuelo de la imaginación que transporta a la monja de su encierro a reinos lejanos y sobrenaturales, y su deslucido final, que confirma la vocación de María de Jesús y su lugar en el convento. No tiene nada del atrevimiento de Sor Juana ni de los viajes fantásticos de Kircher: más bien es un sueño que no trasciende los límites estrechamente patrullados que ratifican todos los pormenores del sueño: el convento es el único lugar seguro sobre la tierra.

Es verdad que si estas visiones no hubieran confirmado los dogmas, se habrían perdido para la posteridad, o las notas habrían

---

[70] Véase Muriel, *Cultura femenina novohispana*, pp. 337-341.
[71] *Ibid.*, p. 341.

quedado en los archivos de la Inquisición. La estrategia inicial que le había permitido a María de Jesús controlar sus palabras al indicarle a Agustina cómo escribir —su audacia para comunicar los mensajes de Dios— no sólo es atenuada por el poder masculino ejercido sobre la escritura: sus éxtasis mismos regeneran este poder.

Ésta es la ambigüedad de la *mistérica*, cuyas transgresiones llegan a fortalecer el sistema. Así como la moderna cultura de masas emplea el poder seductor de los relatos míticos, de la misma manera la Iglesia de la Nueva España admitió en su orden a deseos que se desbordaban de los relatos de la caída y la redención. Al fijar su mirada sobre el cuerpo andrógino y mutilado de Cristo, al colocar sus bocas en las heridas de este cuerpo, las monjas parecían prescindir de palabras y trascender los límites de su sexo. Pero al considerar a la escritura como un accesorio innecesario que el confesor controlaba mejor (es verdad que muchas veces porque no había alternativa), la monja mística no salía del discurso hegemónico; además, ya en el siglo XVII sus arrobos, sus gestos y sus imágenes pertenecían a un repertorio de lugares comunes que habían aprendido inconscientemente de las vidas de las santas y de la tradición oral religiosa

Sin embargo, la mistérica no se borra por completo: a pesar de todas las tentativas de sanear sus experiencias o, peor todavía, de estigmatizarlas como viajes heréticos de brujas o de ilusas, su éxtasis solitario pasó a formar parte del repertorio de los novelistas contemporáneos y a ser característica del "realismo mágico". Así, en *Cien años de soledad*, de Gabriel García Márquez, Remedios la Bella es transportada por los aires cogida de una sábana, como una monja que fuera llevada a los cielos. En cambio, en el siglo XVIII estos éxtasis daban a las monjas un poder momentáneo y legítimo que las ponía fuera del alcance de la autoridad jerárquica: eran expresiones de piedad femenina; al mismo tiempo confirmaban e incluso reproducían la identificación de las mujeres con lo irracional.[72]

---

[72] Caroline Walker Bynum, en *Holy Feast and Holy Fast*, p. 296, afirma que "las mujeres no se consideraban como de carne opuesta al espíritu, como mujeres opuestas al hombre, como alimento opuesto a la autoridad, sino como personas hechas de carne y de espíritu". Lo mismo podría decirse de estas monjas mexicanas del siglo XVII, salvo que a todas luces su relación con la escritura era una forma en que se manifestaba la opresión que vivían.

II. SOR JUANA EXPLORA EL ESPACIO

EN EL capítulo anterior describimos cómo el cuerpo flaco y grotesco de la mística, sus sentimientos potencialmente transgresores y su lenguaje cotidiano, se convertían en el "lenguaje legítimo". Las monjas místicas de la Nueva España, si bien representaban una potencial amenaza para el clero, cedían su espacio del discurso y no invadían la esfera masculina, el púlpito, la política y la escritura. Sor Juana Inés de la Cruz no sólo invadió estos terrenos, cuando menos simbólicamente, sino que impugnó de manera directa la feminización que el clero hacía de la ignorancia. Así, desde el punto de vista contemporáneo, es tentador considerarla como una rebelde que desafiaba las convenciones sociales y literarias, si bien es dudoso que pueda considerársele individualista, en el sentido moderno. En su poesía, Sor Juana, como "individuo", con frecuencia se borra en los momentos claves o vuelve a aparecer con inesperada vehemencia para marcar su distancia de la triste escritura de las monjas místicas, cuya meta era el silencio total. Al rechazar esta convención "femenina" del silencio, Sor Juana se encontró irónicamente transformada en un fenómeno, en una especie de maravilla del Nuevo Mundo constantemente exhibida, como ella misma lo reconoció, un "ave rara", siendo una mujer que escribía sobre cuestiones religiosas y una monja que componía poesía profana.[1]

Las autoridades religiosas y seculares vieron ventajas políticas en su celebridad. Lima tenía a Santa Rosa, canonizada en vida de Sor Juana, y México a la Virgen de Guadalupe, cuyo culto empezaba a florecer en el siglo XVII.[2] Cuando menos para algunos sacerdotes, Sor Juana debía ser la Santa Teresa del Nuevo Mundo,

---

[1] En un poema epistolar a un admirador "recién llegado de España" que la había llamado "fénix", Sor Juana dice en broma que dicho admirador venía con una orden de Apolo y el calificativo de *rara avis*. Véase "Qué respondió nuestra Poetisa al Caballero recién llegado a Nueva España...", en las *Obras Completas* de Sor Juana Inés de la Cruz, 4. vols. (México, Fondo de Cultura Económica, 1951), I:143-148, editados por Alfonso Méndez Plancarte y Alberto G. Salcedo. En adelante, me referiré a esta obra como *OC*.

[2] Véase, de Francisco de la Maza, *El guadalupanismo mexicano* (México, Fondo de Cultura Económica, 1981). Acerca del culto de Sor Juana y su relación con el nacionalismo criollo, véase, de Jacques Lafaye, *Quetzalcóatl and Guadalupe: The Formation of Mexican National Consciousness 1531-1813;* tr. de Benjamin Keen (Chicago, University of Chicago Press, 1974), pp. 68-76. [Hay edición en español del FCE.]

papel que ella rechazó con firmeza. Con todo, los últimos años de
su vida (cuando renunció a escribir) y su muerte ejemplar constituyeron, para algunos, material para una historia ejemplar de
conversión religiosa que, según un comentarista, produjo todavía
más asombro que su "ingenio de escritura y talentos".[3] También la
utilizaron como símbolo secular sus protectores, ansiosos por mostrar la riqueza espiritual del Nuevo Mundo. Su primer libro de
poesías, publicado en Madrid en 1689, se llamó *Inundación castálida* (es decir, inundación de la fuente castalia), lo que sugiere la
abundancia de su talento. El título completo es "Inundación castálida de la única poetisa, musa décima que en varios metros, idiomas y estilos, fertiliza varios asuntos con elegantes, sutiles, claros,
ingeniosos, útiles versos para enseñanza, recreo y admiración...".[4]
Este lenguaje, digno de una moderna campaña de publicidad, jugaba con las expectativas de los lectores peninsulares, para los
cuales todo lo proveniente del Nuevo Mundo era desproporciona-
do. En la tercera edición de los poemas de Sor Juana, hecha en Barcelona, el ensayo introductorio del padre Tineo de Morales se refiere a la obra como "Tesoro del Nuevo Mundo traído a las costas
de España por las olas", y afirma que sólo pudo producirla alguien
fuera de lo común, un Ave rara que sólo puede encontrarse en el
Nuevo Mundo, "puesto que en el Viejo, aunque se repita el prover-
bio *rara avis in terris,* duda mucho que se haya visto alguna".[5]

[3] Véase Juan de Oviedo, *Vida ejemplar, heroicas virtudes y apostólico ministerio del
venerable padre Antonio Núñez de Miranda de la Compañía de Jesús* (México, 1702). El
autor comenta que la resolución heroica y la virtud de Sor Juana fueron más edificantes y admiraron más a toda la ciudad que su talento como escritora. Marie-Cécile Bennasy-Berling reproduce su capítulo sobre Sor Juana en *Humanisme et religion chez Sor Juana Inés de la Cruz: La femme et la culture au XVIIᵉ siècle* (París,
Sorbonne, Editions hispaniques, 1982 anexo 5, pp. 434-437). La cita se encuentra
en la página 437.
[4] *Inundación Castálida de la única poetisa, musa dézima: Soror Juana Inés de la Cruz,
religiosa professa en el Monasterio de San Gerónimo de la Imperial Ciudad de México que
en varios metros, idiomas, y estilos, fertiliza varios assumptos con elegantes, sutiles, claros,
ingeniosos, útiles versos para enseñanza, recreo, y admiración dedicados a la excelentísima
Señora D. María Luisa Gonçaga Manrique de Lara, Condesa de Paredes, Marquesa de la
Laguna, y los saca a luz d. Juan Camacho y Gayna, Cavallero del Orden de Santiago Ma-
yordomo, y Cavallerizo que fue de su Excelencia, Governador actual de la Ciudad del Puerto
de Santa María* (Madrid, 1689). La segunda edición se publicó con el título de *Poemas* (Madrid, 1690); fue seguida de una edición publicada en Barcelona en 1691 y
otra en Zaragoza en 1692. El segundo volumen de las *Obras* fue publicado en
Sevilla en 1692, con adiciones de Sor Juana, y en Barcelona en 1693, con el título
Obras poéticas. Tras la muerte de Sor Juana, sus obras se publicaron en tres volúmenes
titulados *Fama y Obras póstumas* (Madrid, 1700).
[5] El padre Diego Calleja incluyó el ensayo biográfico en el tercer volumen de las
obras de Sor Juana, *Fama y obras póstumas del Fénix de México, Decima Musa, poetisa
americana, etc.* (Madrid, 1700). Amado Nervo lo publicó en 1910 como apéndice a

En realidad, Sor Juana se distinguió de lo corriente desde pequeña. Para empezar, fue hija ilegítima, aunque tratara de ocultarlo, con tal éxito que esto no es mencionado por su primer biógrafo, el padre Calleja. Sin embargo, Sor Juana no tardó en superar estos orígenes poco promisorios: muy joven fue trasladada de su pueblo natal, Nepantla, a la ciudad de México, donde fue protegida por la esposa del virrey, la condesa de Mancera, la "Laura" de sus primeros poemas. En 1669 entró al convento de Santa Paula, de la orden de las jerónimas, explicando: "He intentado sepultar con mi nombre mi entendimiento y sacrificárselo sólo a quien me lo dio", aunque también tomó los velos porque rechazaba del todo el matrimonio.[6] Sin embargo no logró sepultar su nombre, pues crecieron su notoriedad y su fama. Sus conflictos con el clero, su defensa del derecho de la mujer a instruirse y su renuncia a la escritura profana dos años antes de morir, acaso debido a las presiones de la Iglesia, son aspectos de su vida por demás conocidos y que han constituido el punto de partida para un cúmulo de interpretaciones de lo posible, algunas de las cuales todavía hoy se llevan a la pantalla y al escenario. Estos relatos contemporáneos tienden a representar a Sor Juana como una heroína que lucha contra la Iglesia enemiga, como una mujer que se enfrenta a una institución masculina, como una artista obligada al conformismo por la ideología oficial y como una mujer cuyo talento era mantenido en jaque por la represión sexual.[7]

El problema de estas interpretaciones es que establecen una falsa unidad en un corpus de escritura; y que Sor Juana nunca pudo controlar la publicación de su obra. Además, lo discontinuo

la biografía que escribió, titulada *Juana de Asbaje*. Octavio Paz resume las últimas investigaciones sobre la familia de Sor Juana en el capítulo "La familia Ramírez", en *Sor Juana Inés de la Cruz o Las trampas de la fe*, 3a ed. (México, Fondo de Cultura Económica, 1983), pp. 98-107; en inglés *Sor Juana, or, The Traps of Faith* (Cambridge, Harvard University Press, 1988). Que la madre de Sor Juana, Isabel Ramírez, no estaba casada con Pedro Manuel de Asbaje, con quien tuvo a Juana Inés y a otras dos hijas, fue establecido por Guillermo Ramírez España en *La familia de Sor Juana* (documentos inéditos) (México, Imprenta Universitaria, 1947); y por Enrique A. Cervantes, *El testamento de Sor Juana Inés de la Cruz y otros documentos* (México, 1949). Isabel Ramírez tuvo otros tres hijos con Diego Ruiz Lozano. Parece que una de las hermanas de Sor Juana, María, también fue madre soltera de tres hijos. No obstante, cabe hacer notar que esto sucedió en un periodo de considerable flujo en los arreglos matrimoniales, y con frecuencia las promesas de matrimonio eran exclusivamente orales, lo que hacía fácil no cumplirlas.

[6] En la *Respuesta a Sor Filotea de la Cruz*, *OC*, IV:444-445.

[7] La versión más conocida de la "hipótesis de la represión" en Sor Juana se encuentra en el libro de Ludwig Pfandl *Sor Juana Inés de la Cruz, la Décima Musa de México: Su vida, su poesía, su psique*, tr. de Juan Antonio Ortega y Medina (México, UNAM, 1963). Esta hipótesis reaparece en estudios más recientes, como en *Los de-*

de su producción literaria, las diferentes convenciones de los
géneros en que escribió Sor Juana, y la inevitable distancia entre
la escritura y la subjetividad, vuelven azarosa cualquier tentativa
de hacer la "radiografía" de su alma. Desde luego, el corpus de la
obra de Sor Juana está formado por una serie de textos inco-
nexos y con frecuencia muy distintos, con los "juegos del lenguaje" de su tiempo. Este término wittgensteiniano es singularmente
apropiado para las incursiones de Sor Juana en los diferentes
géneros.[8] Al mismo tiempo, estas incursiones nunca salían de los
límites del género y utilizaban el sistema simbólico de las instrucciones de su época. Por ello necesitamos un término como "práctica del discurso", o "lugar del discurso", para situar las divergen-
cias e inflexiones en el campo más amplio que delimitaba las
instituciones.[9] Sin embargo, es asombroso el caudal de recursos
que encontró Sor Juana para desestabilizar los núcleos discursivos, especialmente cuando implicaban la asociación "natural"
de las mujeres con la ignorancia y del hombre con la erudición:
recursos que incluyen el camuflaje de la alegoría y el disfraz de la
parodia, hasta la mímica de lo que se aceptaba como discurso femenino (de obediencia y autodenigración); y si a veces se oculta-
ba detrás del anonimato, otras se destacaba como *autora*, con la
indicación explícita de su sexo.

¿Cómo comprender estas distintas intervenciones sin transfor-
marlas de nuevo en una "narración magistral" ejemplar? En
primer lugar, es importante situar los géneros en que Sor Juana

monios en el convento: *Sexo y religión en la Nueva España* (México, Era, 1985). También se ha hablado mucho sobre la ortodoxia religiosa de Sor Juana. Entre los
que la defienden están el erudito Alfonso Méndez Plancarte, editor de las obras
completas de Sor Juana, y la sorjuanista pionera Dorothy Schons en "Some Obscure
Points in the Life of Sor Juana", *Modern Philology* (noviembre de 1926), pp. 141-162.
Las convicciones religiosas de Sor Juana se discuten ampliamente y con buenos
fundamentos en *Humanisme et religion chez Sor Juana Inés de la Cruz*, de Benassy-
Berling; la autora se sitúa en un punto intermedio entre los ortodoxos y quienes
subrayan elementos posiblemente heréticos en la obra de Sor Juana; entre éstos están Paz, en *Sor Juana Inés de la Cruz*, donde examina la influencia de los textos her-
méticos en Sor Juana, y José Pascual Buxó, en "El sueño de Sor Juana: Alegoría y
modelo del mundo", *Las figuraciones del sentido: Ensayos de poética semiológica* (México, Fondo de Cultura Económica, 1984), pp. 235-262. Buxó arguye el platonismo
de *El sueño*. Véase también, de Manuel Durán, "Hermetic Traditions in Sor Juana's *Primero Sueño*", *University of Dayton Review* (primavera de 1984), pp. 107-115.

[8] Ludwig Wittgenstein, *Philosophical Investigations*, texto inglés de la tercera edición, tr. de G. E. M. Anscombe (Nueva York, Macmillan, 1958).

[9] Michel Foucault emplea el término "terreno del discurso" en *History of Sexuality* (Nueva York, Pantheon, 1978). Peter Stallybrass y Allon White le dan connotaciones bajtinianas en *The Politics and Poetics of Transgression* (Ithaca, N. Y.; Cornell
University Press, 1986).

emplea estas distintas tácticas en los dos principales dominios discursivos en los que funcionaban los repertorios simbólicos de la sociedad novohispana. En la Nueva España colonial, los discursos se producían en torno a la corte virreinal y a la Iglesia, que nunca estaban separadas por completo, dado que las relaciones cortesanas podían transferirse al código religioso: Sor Juana habla de que "hace sacrificios" ante el altar de la divina condesa de Paredes; por otro lado, las relaciones religiosas podían expresarse en el código cortesano, como, por ejemplo, en las discusiones de Sor Juana sobre el comportamiento "cortés" de Cristo: su "fineza".[10] Si hablo de "dominios del discurso" en vez de emplear el término de Foucault "prácticas del discurso", que es más conocido, se debe a que no deseo subrayar sólo las relaciones institucionales, sino también la importancia simbólica concedida a ciertos espacios (en este caso, al palacio y al convento) y a los "cuerpos" alegóricos (virtudes cortesanas o teológicas personificadas) con que se asociaban.[11] Por esta época, en Inglaterra y en Francia habían surgido nuevos terrenos para el discurso, por ejemplo el mercado y la imprenta. La literatura se había ya convertido en un sitio independiente de la corte y de la Iglesia. En cambio, en la Nueva España todavía no era posible una literatura que no estuviera ligada estrechamente al patrocinio de la corte o de la religión.

EL PALACIO COMO DOMINIO DEL DISCURSO

La corte virreinal del siglo XVII contribuyó a socializar a los niños y a los adolescentes, y a establecer normas de decoro y comportamiento. Para las mujeres era un espacio relativamente libre entre la casa paterna, dominada por el padre, y la casa matrimonial, dominada por el esposo. Esta fase intermedia de la vida cortesana le proporcionó a Sor Juana el modelo para el espacio teatral de sus dos piezas laicas: *Los empeños de una casa* y *Amor es más laberinto*.[12] Las dos obras reflejan fielmente las convenciones del teatro español de la Edad de Oro. Sin embargo, como suele suceder con la obra de Sor Juana, imita las convenciones a tal punto que hace resaltar su arbitrariedad.

[10] Éste es el tema del sermón del padre Vieira y de la famosa refutación de Sor Juana publicada como *Carta Atenagórica;* este último texto se encuentra incluido en *OC*, IV:412-439; el sermón está en el apéndice, IV:673-694.
[11] Véase, de Stallybrass y White, *The Politics and Poetics of Transgression*, sobre todo la introducción, pp. 1-26.
[12] Sor Juana Inés de la Cruz, *Los empeños de una casa, OC*, IV:3-184; *Amor es más laberinto, OC*, IV:185-352.

En el teatro español de la Edad de Oro lo más importante es el honor del varón; en el teatro de Sor Juana, lo más importante es la confusión provocada por la necesidad de elegir. La casa se transforma en un territorio para el disfraz, para el travestismo, el juego y los acertijos, llegando a la conclusión de que el matrimonio lo resuelva todo. Empero, tanto en las obras de teatro de Sor Juana como en muchos de sus poemas, este espacio de incertidumbre es siempre un lugar de desaliento y dislocación, quizá porque en la Nueva España colonial carecer de "estado" significaba no sólo desamparo, sino no existir como persona.[13] Además, las criollas sólo podían elegir entre dos estados muy controlados: el matrimonio y el convento, por lo que no debe sorprender que en las piezas de Sor Juana y en muchos de sus sonetos, la elección entre dos posibilidades con el mismo peso (y con frecuencia igualmente indeseables) sólo se haga mediante un acto de voluntad arbitrario.[14]

Vale la pena hacer una lectura des-constructiva de los momentos de indecisión de Sor Juana, sobre todo porque el paso a la decisión siempre se representa como un paso mortal (igual que el paso de Faetón). El palacio le proporcionó un modelo tanto para el espacio teatral de la "trama" y la "intriga", como en un nivel más abstracto para la imitación festiva de la elección: el lenguaje y las prácticas del comportamiento cortesano disimulaban el crudo aspecto práctico del intercambio de las mujeres. En consecuencia, los valores de que hablan su teatro y su poesía son a todas luces ajenos a nuestra comprensión de la psicología, y con frecuencia están más allá de toda comprensión. El teatro edípico de Freud llevó la lucha por la sucesión de la tribu al centro de la familia burguesa moderna. Los valores aristocráticos que compiten en las "loas" de Sor Juana (piezas cortas que se representan antes de las obras religiosas o laicas) incluyen el *merecimiento*, el *obsequio*, la *fortuna*, la *fineza* y el *acaso*: todos estos valores son tan ajenos a nosotros como en el siglo XVII hubieran sido los conceptos de rivalidad entre hermanas, el temor a la castración, y la sublimación.[15] Los valores mencionados no sólo dominan la escri-

---

[13] Véase, de Asunción Lavrín, "In Search of the Colonial Woman in Mexico: The Seventeenth and Eighteenth Centuries", en la obra compilada por la misma autora *Latin American Women: Historical Perspectives* (Westport, Conn., y Londres; Greenwood Press, 1978), pp. 23-59.

[14] Véase específicamente el soneto 149 "Si los riesgos del mar considerara", *OC*, I:279, en el cual Faetón es el personaje mitológico que permite la representación de este paso mortal. En los sonetos amorosos, por ejemplo en el 168, *OC* I: 289, la elección entre el amante deseado pero desdeñoso y el amante no deseado pero insistente se resuelve de manera arbitraria en favor del primero.

[15] Estos valores aristocráticos aparecen como figuras alegóricas en algunas de las loas. Por ejemplo, véase la loa introductoria a *Los empeños de una casa, OC*, IV:3-

tura en prosa de Sor Juana, sino también su poesía, en la que utilizó algunos géneros cortesanos como los juegos, las charadas, las competencias amorosas y los bailes; además, con frecuencia se refería a los rituales de la corte y observaba minuciosamente las convenciones de la jerarquía, la distancia y los homenajes adecuados. No obstante, aunque las mujeres hubieran gozado de una superioridad efímera en la corte, y de la posibilidad de elegir y de rechazar (aunque sólo fuera en una obra de teatro), esto difícilmente habría compensado las duras realidades del mercado matrimonial y de su subordinación a la Iglesia, dentro de una jerarquía que declaraba que la búsqueda de la verdad y del conocimiento eran cosa de hombres.

El terreno religioso

Sor Juana dio muchas razones para tomar los velos: todas se resumen en éstas: la celda era preferible al matrimonio; aprender era superior a criar hijos. Logró tomar los velos sin romper sus relaciones con la corte, pero en este terreno de la religión habría de encontrar una separación más rígida entre lo masculino y lo femenino, una separación entre el conocimiento racional y el conocimiento místico.

Esta división era reforzada por las reglas institucionales de la Iglesia. Las mujeres no podían decir sermones ni administrar los sacramentos; por tanto, para ellas la erudición no era necesaria. La escritura de las mujeres, aun cuando tratara de asuntos religiosos, era vista con desconfianza. La fantasiosa biografía de la Virgen escrita por la monja española María de los Ángeles Agreda fue publicada con una larga apología del padre Samaniego, quien se sintió obligado a citar precedentes de esta inusitada obra femenina, a pesar de que la monja había negado ser su autora, afirmando que la Virgen le había dictado la biografía.[16] Ni siquiera

---

25. Véase la discusión sobre el comportamiento adecuado en la corte en la obra de Antonio Maravall *Culture of the Barroque: Analysis of a Historical Structure*, tr. de Terry Cochran, vol. 25 de *Theory and History of Literature* (Minneapolis, University of Minnesota Press, 1986), sobre todo el cap. 2, "A Guided Culture", pp. 57-58. Véase también la interesante discusión de Alberto G. Salcedo sobre el comportamiento cortesano español en la introducción a las *OC*, IV:XXIII-XIX.

[16] María de Jesús Agreda publicó su bien conocida vida de la Virgen, titulada *Ciudad mystica de Dios* (Madrid, 1668), diciendo que se la había dictado la propia Virgen. Las referencias a esta obra se basan en la *Vida de la Virgen María* abreviada, que tiene un prólogo de la feminista española y católica del siglo XIX, Emilia Pardo Bazán (Barcelona, Montaner Editores, 1899).

se consideraba necesario que las monjas leyeran los textos sagrados, si bien en el siglo XVI el teólogo mexicano Juan Díaz de Arce indicó que era deseable educar a las monjas y a las madres de familia ilustradas, para que educaran piadosamente a sus hijos.[17] Por otro lado, el confesor jesuita Antonio Núñez de Miranda, que más que nadie quiso salvar a Sor Juana (y a los varones atraídos por ella) haciendo que tomara los velos, creía que las monjas sólo debían saber lo necesario para comprender los oficios.[18]

La advertencia de San Pablo de que las mujeres debían permanecer calladas en la iglesia se interpretaba de muchas maneras, casi todas desfavorables para ellas.[19] Según algunos, no debían hablar sobre asuntos religiosos ni leer los libros sagrados. Los confesores alentaban a las monjas a escribir, y al mismo tiempo controlaban estrechamente sus escritos, muchas veces confiscando y escondiendo los relacionados con experiencias místicas. Era muy natural que las monjas sintieran la influencia de este control y que consideraran con desconfianza la escritura. Sor Juana habló de una superiora para quien escribir "era cosa de Inquisición".[20] Otras monjas criticaron la caligrafía de Sor Juana porque parecía la de un hombre, y ello era una indicación de que estaba rebasando los límites.[21]

SIN SEXO

Sin embargo, Sor Juana no transgredía de manera directa los discursos cortesano y eclesiástico: no se burlaba de la jerarquía, no

[17] Véase, de Juan Díaz de Arce, *Compendium Operis de studioso sacrorum Bibliorum, ad opportunitatem causae venerabilis servi Dei,* Gregorii López exaratus a reverindissimo patre Fr. Bernardino Membrive (Roma, A. de Rubens, 1751), que se publicó primero en México, en 1648.

[18] Antonio Núñez de Miranda, *Distribución de las Obras Ordinarias y Extraordinarias del día, para hazerlas perfectamente, conforme al Estado de las Señoras Religiosas* (México, viuda de Miguel Ribera de Calderón, 1712), p. 74. En el prefacio a *Distribución,* Juan de Torres describe a las monjas como los dientes de la Iglesia, y observa que sólo pueden permanecer inmaculadas con los labios cerrados.

[19] Juan Díaz de Arce, "An liceat feminis Sacrorum Bibliorum studio incumbere, eoque interpretari?" *Compendium Operis,* pp. 21-30, resume diferentes interpretaciones de San Pablo y otros.

[20] *Respuesta a Sor Filotea de la Cruz,* en *OC,* IV:440-475. Esta cita está tomada de la p. 458.

[21] Esta crítica se menciona en la *Carta de Sor Juana Inés de la Cruz a su Confesor: Autodefensa espiritual,* recientemente descubierta y publicada por su descubridor, Aureliano Tapia Méndez, en su propia edición (Monterrey, México, 1986), p. 17. Paz también incluye esta carta en *Sor Juana Inés de la Cruz,* 3a ed. (1983), pp. 638-646.

impugnaba el cuerpo clásico del Estado oponiéndole un cuerpo grotesco, ni traspasaba los límites de lo permisible que hubiera equivalido a una herejía o al balbuceo de las ilusas (véase el capítulo III). En cierto modo, no seguía un camino preciso, sino que aprovechaba las oportunidades que le daba el patrocinio de la corte y de la Iglesia. En sus intervenciones, a veces destacaba el hecho de que era mujer, otras se mostraba impersonal o adoptaba una máscara masculina.[22] Además, vivir en un convento no le impidió participar en las actividades de la esfera pública. Por ejemplo, en 1680, las autoridades de la catedral le encargaron que diseñara un arco triunfal para la entrada del virrey a la ciudad de México y, al explicar las pinturas alegóricas, tuvo cuidado de llamar la atención sobre el hecho de que el arco había sido obra de una mujer. Al refutar un sermón del padre Vieira en la *Carta Atenagórica* se apropia del espacio de la discusión, subrayando que la posición del opositor la ocupaba una mujer *(OC,* IV: 435). En sus obras de teatro tomó prestada el habla de los estudiantes e imitó la de los negros y los indios, así como el habla regional, y de este modo adquirió una movilidad simbólica que le permitió expresarse como si fuera del sexo opuesto, o como si fuera de otra clase u otra raza. Las "voces" con que habla Sor Juana son múltiples y a veces casi no se distinguen del lenguaje convencional en que escribe, en el lenguaje sagrado de la Biblia, en algunas partes de su obra religiosa *El Divino Narciso* y en sus ejercicios religiosos.[23] No obstante, cada una de estas posiciones en su escritura daba lugar a una intervención con determinada serie de reglas, y frecuentemente se trata de una intervención desestabilizadora, ya sea porque la voz que habla —que lo hace expresando su sexo— imita las convenciones al grado de parodiarlas, o porque elimina de las reglas del juego la distinción del sexo, destruyendo así la asociación, aparentemente natural, del varón con el poder.

Sin embargo, estas diferentes intervenciones indican algo más que simple oportunismo: revelan el problema de constituir la subjetividad de la mujer, así como de representarse como autora, sobre todo cuando se trataba de cosas de religión. Como no tenía

---

[22] Por ejemplo, escribe desde el punto de vista de una mujer que ha sufrido la pérdida de su marido: *OC,* I:204-206. Sin embargo en algunos de sus sonetos, e.g. 178, la voz poética es explícitamente masculina: "Yo no dudo, Lisarda, que te quiero/ aunque sé que me tienes agraviado". Sobre la parodia de la voz poética convencional, véase de Emilee Bergman, "Sor Juana's Female 'Eye'", que publicará la University of California Press, en *Women, Politics and Culture in Latin America.*

[23] Estas obras no sólo incluyen citas directas de los Apóstoles sino también la traducción de un himno de Santo Tomás. Véanse las notas de Méndez Plancarte en *OC,* III:554.

autoridad para pronunciar un sermón, por ejemplo, Sor Juana se veía obligada a buscar constantemente otras formas de autorización (por ejemplo, la obediencia a la orden de un superior), o a disfrazarse. Su transformación en un ente ficticio y el sistema de representación que funcionaba por medio de "personajes" alegóricos eran máscaras necesarias.

Tanto la imitación como la alegoría son formas de disfraz. Según Luce Irigaray, la imitación constituye un ardid típicamente femenino, una tentativa de la mujer

por tratar de recuperar el lugar para la explotación mediante el discurso, sin permitir que éste *la* limite. Significa conformarse nuevamente... a ideas acerca de sí misma concebidas por una lógica femenina, pero de manera que, mediante el efecto de repetición festiva, se hiciera "visible" lo que supuestamente permanecía "invisible": el encubrimiento de una posible intervención de lo femenino en el lenguaje. Asimismo significa "descubrir" el hecho de que si las mujeres son tan buenas imitadoras, es porque sencillamente no se dejan absorber por esta función: *también se quedan en otro lugar.*[24]

Con todo, como ya he indicado, a Sor Juana no le interesaba "lo femenino" en el lenguaje si esto significaba ignorancia; tampoco le interesaba invertir las relaciones de poder. Quizá pueda decirse que su procedimiento era el de un *écart:* un alejamiento que producía una nueva clase de sujeto.

Uno de sus instrumentos era la alegoría, aunque ésta cumple una doble función en su obra, pues al mismo tiempo tiene el propósito de hacer visibles asuntos de fe que de otra forma serían demasiado abstractos, y el de ocultarle al vulgo ciertos temas, como lo hicieron los egipcios por reverencia a los dioses y para no divulgar su misterio entre la gente común e ignorante.[25] Lo que es más importante: la alegoría permitía vincular discursos evidentemente dispares mediante una operación intelectual, sin dejar de reconocer su disparidad.[26] En las obras dramáticas de Sor Juana, las abstracciones personificadas con frecuencia "resuelven" aspectos ideológicos problemáticos —como el uso de la

[24] Luce Irigaray, *This Sex Which Is Not One,* tr. de Catherine Porter (Ithaca, N. Y., Cornell University Press, 1985), p. 76.
[25] Véase "Neptuno Alegórico", *OC* IV: 353-411, sobre todo la p. 356, obra discutida ampliamente por Paz en *Sor Juana Inés de la Cruz,* pp. 212-241, y por Georgina Sabat de Rivers, "El Neptuno de Sor Juana: Fiesta barroca y programa político", *University of Dayton Review* (primavera de 1983), 16(2):63-73.
[26] Véase, en la obra de Angus Fletcher, *Allegory, The Theory of a Symbolic Mode* (Ithaca, N. Y.; Cornell University Press, 1964), un análisis de la alegoría que subraya el acto de la comprensión.

fuerza durante la Conquista y la conversión de los indios— o aclaran puntos difíciles del dogma.[27]

En la obra religiosa *El Divino Narciso* se ejemplifica la comparación ingenua y muchas veces forzada entre la mitología pagana y el argumento del cristianismo. En esta obra se traslada la historia de la pasión y transustanciación de Cristo en la hostia al mito de Narciso y Eco. Sin embargo, Sor Juana no pudo dejar de ver que los procedimientos alegóricos de ocultar asuntos que el lector ha de descifrar a través del juego de similitudes, no eran distintos del papel que le asignaba al creador de todas las cosas. Por ejemplo, en su *Respuesta a Sor Filotea de la Cruz*, demuestra que en la realidad están conectadas disciplinas muy diferentes. El conocimiento consiste en revelar estas concatenaciones "por variaciones y ocultos engarces, que para esta cadena universal les puso la sabiduría de su Autor; de manera que parece se corresponden y están unidas con admirable trabazón y concierto. (...) Todas las cosas salen de Dios, que es el centro, a un tiempo, y la circunferencia de donde salen y paran todas las líneas creadas".[28]

Sor Juana, como Athanasius Kircher, filósofo al que mucho admiraba,[29] creía que el mundo era un "maravilloso compendio de analogías", un laberinto "al cual el filósofo, guiado por el hilo de Ariadna, puede ser admitido sin peligro en la penetración de la naturaleza creada". Como el alma no puede tener acceso al conocimiento directo de lo divino, ha de "tomar el camino indirecto, dejando que la guíen las indicaciones que proporciona el lenguaje simbólico de las cosas".[30] El conocimiento significaba reunir y

[27] Por ejemplo, véase la loa *El Divino Narciso OC*, IV:20, en la que explica que "las personas no son más que unas abstractas, que pintan lo que se intenta decir".

[28] Sor Juana incluyó esta explicación en su metodología en la *Respuesta a Sor Filotea, OC*, IV:450.

[29] Paz, *Sor Juana: Las trampas de la fe*, recalca las influencias herméticas de Kircher y reproduce varias ilustraciones fascinantes de sus libros. Sin embargo, podemos ver a Kircher bajo otra luz, como un infatigable proveedor de información al servicio de la Iglesia.

[30] Athanasius Kircher, *Itinerarium Exstaticum coeleste quo Mundi opificium, id est, Coelestis Expansi, siderumque tam errantium, quam fixorum natura, vires, propietatis, sinqulorumque compositio et structura ab infimo Telluris globo, usque ad ultime Mundi confinia per ficti raptus integumentum explorata, nova hypothesi exponitur ad veritatem. Interlocutoribus Cosmiele et Theodidacto* (Roma, Vitalis Mascardi, 1656), pp. 136-137. Esta obra contiene el relato de un viaje imaginario a través del cosmos, estructurado por completo con base en las leyes de la similitud. Véase una discusión sobre la filosofía de Kircher en la obra de Dino Pastine *La Nascità dell' Idolatria: L'Oriente religiosa di Athanasius Kircher* (Florencia, La nuova Italia, 1978). En su libro, Pastine reconoce que Kircher se inspira en la filosofía hermética, pero considera esto parte de su celo misionero y del cúmulo de información que debía sintetizar y que provenía de las lejanas misiones jesuitas de China y el Nuevo Mundo. Kircher no sólo continúa la filosofía hermética, sino que la incorpora a la Iglesia.

ordenar los elementos según las leyes de *convenientia, aemulatio,* analogía y simpatía, de un universo en realidad inagotable, aunque repleto.[31] La poética que correspondía a esta filosofía era la del "ingenio", metáforas que anteponían elementos al parecer distantes que le permitían al poeta revelar no sólo su ingenio, sino también las intrincadas concatenaciones que eran la marca de Dios en fenómenos aparentemente aislados.[32] Esta poética implicaba la idea herética de que el poeta era divino: de aquí la necesidad de hallar otros caminos indirectos que evitaran el balbuceo místico por un lado, y por otro, la creatividad demiúrgica.

DIGRESIÓN Y TRANSGRESIÓN

Esta poética, cuya definición clásica se debe al teórico español Baltasar Gracián, supone un autor hecho a semejanza de Dios, posición seguramente difícil de adoptar para una mujer. Lo único que Sor Juana llega a reconocer como "obra suya" es el poema alegórico *Primero Sueño;* en la *Respuesta a Sor Filotea* afirma que es lo único que no escribió por encargo, sino por gusto. Si bien el poema alude e imita el estilo de las *Soledades* del poeta español Luis de Góngora, y los contemporáneos reconocen esta influencia, Sor Juana se aparta de este "padre" en varios sentidos importantes. En el poema de Góngora, el protagonista es un peregrino; el motivo del poema de Sor Juana es una alma sin sexo no superior a la creación, sino sujeta a sus leyes.[33] Mientras que el poema de Góngora libera a la literatura poniendo la religión entre paréntesis, el poema de Sor Juana, escrito con mayores restricciones, tiene que disimular el proceso secular de producción, representando la obra como el efecto involuntario (obra de la fantasía) dado por Dios. Este simular y disimular señala precisamente el

[31] Véase, de Michel Foucault, *The Order of Things, an Archaeology of the Human Sciences* (Nueva York, Vintage, 1973), pp. 17-44.

[32] Gracián describe el concepto como "un acto de entendimiento que expresa la correspondencia que se encuentra entre los objetos": *Agudeza y arte de ingenio, en que se explican todos los modos y diferencias de conceptos, con ejemplares escogidos de todo lo mas bien dicho, assí sacros como humano,* tercera impresión aumentada (Amberes, 1669), p. 7.

[33] Sobre un estudio de Góngora y Sor Juana, véase la introducción de Alfonso Méndez Plancarte a *OC,* vol. I. Véase el análisis de los poemas de Góngora en *Aspects of Gongora's "Soledades",* de John R. Beverley (Amsterdam, Purdue University Monographs in Romance Languages, 1980). El poema que Sor Juana menciona como *Sueño* recibió el título de *Primero Sueño* cuando se publicó, con el comentario de "imitando a Góngora" en la edición sevillana de 1692. El poema de Góngora consiste en dos *Soledades* y está incompleto.

problema de Sor Juana como autora y su tentativa de establecer una individualidad "neutra".

Sor Juana declaró con frecuencia que, en tanto monja, ya no era mujer, que las "almas ignoran distancia y sexo" y que su cuerpo era "neutro o abstracto, cuanto sólo el Alma deposite".[34] Empero, en este largo poema filosófico hace su mayor esfuerzo por hablar desde una posición neutra: la del "alma." Esta alma no corresponde al inconsciente y tampoco está permanentemente separada del cuerpo y el tiempo; más bien es una función del pensamiento abstracto que sólo puede presentarse cuando la mente está liberada del "ser". En la Inglaterra protestante, John Milton describió un procedimiento de abstracción parecido:

> ¿Qué mundo o qué vastas regiones detienen
> A la mente Inmortal que ha buscado
> Su mansión en este carnal escondrijo?[35]

Para el alma de Sor Juana, esta liberación es efímera. El alma, aunque de momento siente el delirio del espacio, "feliz pero suspendida, suspendida y orgullosa", ha de retirarse "cobardemente" ante la temible perspectiva de igualarse a Dios.

Primero Sueño suele leerse como el vuelo de esta alma liberada de sus ataduras corpóreas gracias al sueño: como un intento de alcanzar el conocimiento absoluto del mundo mediante la visión panóptica ("platónica") intuitiva; cuando esto fracasa, el alma intenta alcanzar el mismo fin mediante una progresión ordenada a través de las categorías aristotélicas. La segunda búsqueda se interrumpe porque el alma no puede comprender los fenómenos más sencillos de la naturaleza, aunque persiste su deseo de saber. Al llegar la luz del día y despertar el yo, el oscuro mundo interior de la fantasía incorpórea desaparece en esa luz diurna "más segura".

Este esquemático resumen indica una disparidad entre el deseo de conocer, demasiado parecido al orgullo satánico, y el camino más seguro que permite celebrar la creación sin traspasar los límites. Sin embargo, es un error insistir demasiado en la cohesión narrativa del poema, pues acaso no se trate de una narración sino de algo parecido a la villa de Triste-le-Roy, en el cuento de Borges "La muerte y la brújula", cuyo interior parece inmenso porque los espejos reflejan incesantemente sus habitaciones simétricas.

---

[34] Versos de los romances "Lo atrevido de un pincel", *OC,* I:157 y de "Señor, para responderos", *OC,* I:138.

[35] De "Il Penseroso", de John Milton. Sin embargo, el poema de Sor Juana no podría estar más alejado de la melancolía miltoniana.

SOR JUANA EXPLORA EL ESPACIO 65

El poema de Sor Juana, como la quinta de Triste-le-Roy, es obsesivamente simétrico. Al principio del poema la noche va cayendo poco a poco; al final del poema este proceso se invierte y la noche desaparece al salir el sol. Al mismo tiempo, los tropos se matizan de diferente manera, según si el alma entra al campo de luz o al de la oscuridad. La luz y la oscuridad revelan y ocultan alternativamente las imágenes; ni una ni otra poseen una serie estable y maniquea de connotaciones. Aunque la noche se asocia con la transgresión, también permite que la fantasía, como un faro, ilumine la mente. Al final del poema, esta fuente de poderosa iluminación cede ante otra imagen: la de una linterna mágica en la que las sombras titilan reflejando inadecuadamente la realidad. Así, la luz a veces significa la iluminación, pero también puede significar la confusión y el encandilamiento. La noche trae la transgresión, pero también representa el sigilo necesario para acercarse a lo sagrado.

La luz y la sombra, la revelación y el secreto, la iluminación y la confusión, la melancolía y la alegría indican un sistema binario. Con todo, el poema también contiene esquemas triádicos: primero surge de la tierra la pirámide oscura; luego sale la Luna, identificada como la diosa triforme (la Luna relacionada con el cielo; Diana relacionada con la tierra, y Proserpina relacionada con el inframundo). Las pirámides de Menfis, que tienen tres lados, son analogías de la estructura del alma dividida en comprensión, intelecto y espíritu. El cosmos se divide en cielo, tierra y agua; y los seres vivos en plantas, animales y hombre, que une la esfera celestial con la terrestre; todo significado depende de la Trinidad y de la unión de Dios con el mundo que ha creado, a través de la pasión y la Eucaristía. Por último, hay un esquema cuádruple que consiste en las cuatro leyes de la similitud (analogía, simpatía, contigüidad y emulación); este esquema conforma un archivo heterogéneo que incluye las maravillas del mundo antiguo, los fenómenos naturales como el monte Olimpo, los mundos vegetal y animal, la óptica, la farmacopea, la geometría y la lógica, lo platónico y lo aristotélico, la Encarnación, la mitología pagana, el cuerpo y sus humores, y así sucesivamente.

El lector, como el protagonista de "La muerte y la brújula", se extravía con facilidad en el juego de simetrías, sobre todo porque el vuelo del alma es interrumpido continuamente por largas digresiones, paráfrasis metafóricas e hipérbaton (transgresión) que interrumpen el flujo sintáctico. Estas digresiones forman tramas dentro de la trama, estableciendo contrastes y similitudes a través de la textura de la diégesis. Asimismo, la digresión permite que el poema discurra por los vericuetos del conocimiento, comentando las simpatías y antipatías de la ciencia de Galeno, la gran cadena del ser, la diversidad de idiomas resultantes del castigo a quienes construyeron la Torre de Babel, y los múltiples significados de las pirámides de Menfis. Deseo seguir la pista sólo a una serie de estas digresiones: a un grupo de figuras mitológicas, tres de las cuales aparecen al principio del poema, y tres al final.[36]

Si bien las referencias esotéricas de Sor Juana le ayudan a separar a los lectores "incompetentes" de los que pueden penetrar en los propósitos más oscuros de la alegoría, también le permiten deslizar en el poema, como de rondón, dos visiones opuestas de la poética: una poética basada en la transgresión de lo sagrado, que por ello debe evitarse, y una poética ética y humanista. Las dos se presentan en forma de figuras mitológicas; el primer grupo se relaciona con la oscuridad y el segundo con la luz. Al principio del poema, cuando cae la noche y aparece la luna, las aves nocturnas surgen como alegorías de esta poética negativa. El primero es Nictimene, transformada en lechuza por cometer el pecado de incesto, y que ahora bebe el aceite de las lámparas votivas dedicadas a Minerva, diosa de la sabiduría. El aceite de estas lámparas es producido con el arduo trabajo de los demás: Sor Juana sugiere que una forma de transgresión es robarse el conocimiento/trabajo de los demás o utilizar el aceite divino sin haber trabajado para obtenerlo: hincapié que bien pudiera escapar de la atención del clero ignorante y de los místicos obtusos, culpables precisamente de este pecado. Con Nictimene salen las hijas de Minias, transformadas en murciélagos como castigo por tejer relatos en lugar de respetar el culto a Baco, y así se subraya el hecho de que el arte y el conocimiento no son sencillamente distracciones. Por último aparece Ascálafo, también transformado en búho, pues había delatado a Proserpina cuando ésta se comió unas semillas de granada; de esta manera impidió que regresara a su madre Ceres y la obligó a pasar seis meses del año en el Hades. La información de Ascálafo permitió que la muerte triunfara sobre la vida.

---

[36] Sobre el empleo de la alegoría griega en el barroco, véase *The Origin of German Tragic Drama*, de Walter Benjamin, tr. de John Osborne (Londres, NLB, 1977), p. 223. Darío Puccini habla sobre la alegoría en la poesía de Sor Juana en "Allegoria profonda e allegoria diffusa nella poesia di Sor Juana", en *Sor Juana Inés de la Cruz: Studio d'una personnalità del barroco messicano* (Roma, Edizione dell'Alenco, 1967), pp. 89-144; y Rafael Catalá en *Para una lectura americana del barroco mexicano: Sor Juana Inés de la Cruz y Sigüenza y Góngora* (Minneapolis, Prisma Institute and Institute for the Study of Ideologies and Literature, 1987), pp. 99-148, examina las imágenes de aves a la luz de la tradición poética de México y como prueba del sincretismo de lo indígena con la cultura clásica.

Los transgresores metamorfoseados no sólo son objeto de largas paráfrasis, también son "énfasis" retóricos. En la retórica clásica, el "énfasis" está relacionado con la ironía dramática y se basa en la división del público, como ya lo indiqué, en los que se espera que comprendan y los que no. Dar "énfasis" a una frase significa que quien la pronuncie oculta su significado a un grupo del público y lo subraya para los demás. Así, se trata de un tropo ideal para que lo emplee el poeta que desea separar a su público en los que entenderán el código esotérico y los que no. Se espera que los primeros comprendan que las aves están relacionadas por el delito común de sacrilegio, no sólo contra Dios, sino contra el verdadero arte, que no debe ser robado ni empleado sólo para diversión o con fines maliciosos.

Como el poema está construido de manera simétrica, el lector espera que esta poética negativa sea contrarrestada por una poética positiva. Y, desde luego, hay tres figuras mitológicas que anticipan la luz diurna: Aretusa, Venus y Faetón. A diferencia de las figuras nocturnas, cuya función diegética sólo es descriptiva, estas tres figuras ilustran las limitaciones de la mente humana. El propósito de la fuente de Aretusa, y de Venus —representada en el poema por la rosa, su emblema—, es demostrar que incluso las cosas más sencillas están más allá de la comprensión humana. Faetón, que había tratado de conducir el carro del Sol, ilustra la temeridad y los peligros que encierra el deseo de conocer. Sin embargo, como las tres figuras aparecen en prolijas digresiones que presentan material secundario, desconectado del argumento principal, indican algo más que una función diegética: son *écarts*, oportunidades de apartarse de la afirmación masculina sobre la verdad, y de apartarse también del conocimiento místico.

Permítaseme ilustrar lo anterior con el ejemplo de la fuente que "discurre" tanto metafórica como literalmente:

> quien* de la fuente no alcanzó risueña
> el ignorado modo
> con que el curso dirige cristalino
> deteniendo en ambages su camino
> —los horrorosos senos
> de Plutón, las cavernas pavorosas
> del abismo tremendo,
> las campanas hermosas,
> los Elíseos amenos
> tálamo ya de su triforme esposa,
> clara pesquisidora registrando

* "Quien", es decir, el alma de Sor Juana.

(útil curiosidad, aunque prolija,
que de su no cobrada bella hija
noticia cierta dio a la rubia Diosa,
cuando montes y selvas trastornando,
cuando prados y bosques inquiriendo,
su vida iba buscando
y del dolor su vida iba perdiendo)—

(O.C., t. I, p. 353)

La historia de Aretusa le permite a Sor Juana explotar una rica veta de alusiones. La ninfa fue transformada en corriente por Diana, cuando su virtud se vio amenazada por el dios-río Alfeo, que entonces trató de mezclar sus aguas con las de la ninfa. Diana prestó su ayuda abriendo bajo la tierra un pasaje secreto entre la tierra y el mar, donde las aguas desaparecieron antes de volver a surgir en Siracusa. En el transcurso de su viaje, Aretusa penetra en el reino de Plutón, donde encuentra a Proserpina; al regresar a la superficie le comunica la noticia a Ceres (la *Magna Mater* identificada también con Isis y, por ende, con el dios egipcio del silencio, Harpócrites, que había aparecido al principio del poema para advertir sobre la necesidad del sigilo).[37]

Sin embargo, el mito también constituye una poética. La casta Aretusa (como la casta Sor Juana) utiliza la digresión para cruzar los límites entre la tierra y el inframundo, permitiendo que la naturaleza sea redimida por medio de la resurrección de Proserpina.

Los críticos rara vez han comentado esta "digresión" que, a pesar del alma neutra, introduce una forma femenina de redención creadora.

En contraste, las otras dos figuras mitológicas en esta parte del poema (Venus y Faetón) son más ambiguas. Hay que eliminar las "malas" asociaciones tanto de Venus como de Faetón (a Venus se le relaciona con la vanidad femenina y a Faetón con la *hubris*) antes de que puedan representar las virtudes positivas del estilo y la ambición poética.[38]

No obstante, el salto mortal de Faetón tiene significado en otro aspecto: contrarresta el ejemplo de Aretusa y le permite a Sor Juana hacer comentarios acerca de una de las figuras preferidas de

---

[37] Como han mostrado Paz y Sabat de Rivers (véase la nota 25), Sor Juana podría hacer las alusiones más eruditas a las antiguas deidades. Catalá, en *Para una lectura americana,* considera que esto es parte de la cultura sincrética del Nuevo Mundo. Pero, como señala Walter Benjamin en *The Origin of German Tragic Drama,* p. 223, estos dioses antiguos ya no eran peligrosos y podían recuperarse como signos para el sistema barroco.

[38] Véase *Aspects of Góngora's "Soledades",* de Beverley, p. 113.

la poesía culterana, cuya estética pura deseaba combatir para sustituirla por una visión ética. Faetón, quien había tratado de demostrar que era el hijo legítimo de Apolo (dios del conocimiento y de la poesía), guiando el carro del sol, y cuya temeridad estuvo a punto de causar la destrucción del mundo, era una representación de la ambición poética. Góngora y otros consideraron que el poema español, obra del malhadado conde de Villamediana era una especie de "manifiesto" de la poética culterana. Según Villamediana, la temeridad supera a la muerte y da la inmortalidad secular al poeta que está dispuesto a arriesgarse.[39]

Pero, aunque Sor Juana elogia abundantemente a Faetón, también está consciente de los peligros del mito. Es muy importante notar que al tratar de controlar el significado utiliza el pronombre en primera persona. Presenta al "osado... claro joven... auriga altivo del ardiente carro" cuyo espíritu fue encendido por el "si infeliz, bizarro, alto impulso" no sólo como el altivo, sino también como el modelo. "Ni el panteón profundo/—cerúlea tumba a su infeliz ceniza—,/ni el vengativo rayo fulminante/ mueve, por más que avisa,/al ánimo arrogante/que el vivir despreciando, determina/su nombre eternizar en su ruina." (O.C., t. I, p. 355). Precisamente aquí utiliza Sor Juana el pronombre de la primera persona para el énfasis: "donde [Faetón]... halla... abiertas sendas... que una vez ya trilladas no hay castigo que intento baste a remover segundo (segunda ambición, digo)". Este inocuo "digo" tiene el efecto de introducir una subjetividad que ha estado oculta en el resto del poema y que sólo reaparece al final. ¿Por qué es necesario este énfasis? Quizá porque Sor Juana está tratando el peligroso tema de la inmortalidad secular: el énfasis de la autora atrae la atención sobre ella misma como la persona cuya alma emprendió el vuelo, la mecánica magistral que había modelado un mundo de similitudes, disfrazándolo de paisaje en ruinas.

Empero, Sor Juana tiene la precaución de subrayar que el ejemplo de Faetón no se aplica a todos y advierte que el castigo a la temeridad nunca debiera hacerse público, y que incluso las autoridades debieran fingir ignorarlo, para que no se haga público. Esta rara y tortuosa advertencia sugiere que Sor Juana deseaba recuperar el deseo del conocimiento, sin dejar de reconocer la peligrosa tentación de la inmortalidad secular. El mito clásico sirve para disfrazar su ambición, pero también la polisemia introduce una nota ambigua. La lectura correcta (que ninguna amenaza

---

[39] Véase el examen de Juan de Tarsis, la *Fábula de Faetón del Conde de Villamediana*, en *Fábulas mitológicas en España*, de José María de Cossío (Madrid, Espasa-Calpe, 1952), pp. 429-438.

puede desviar la ambición del alma noble) sólo puede garantizarse si interviene el autor. En el poema se recurre al alma asexuada para ocultar la sutil distinción entre las ambiciones legítimas y las ilegítimas, entre las aspiraciones de ser divinos y el deseo dinámico e intrépido necesario para adquirir conocimientos, y al mismo tiempo se yuxtapone esta temeridad a la curiosidad ética de Aretusa. El alma inquisitiva no es tanto neutra como una combinación de lo femenino y lo masculino.

La paradoja de la exploración del espacio efectuada por Sor Juana es que sólo la permite el sueño; al mismo tiempo, la escribe una autora consciente que, como el Dios de su universo, construye un intrincado laberinto que oculta y revela. El sueño de la autora no es una oscura noche del alma, sino la ocupación del reino de la abstracción por el ser. Su exploración termina "naturalmente" al llegar la aurora y al despertarse la conciencia del cuerpo y del tiempo.[40] El alma dormida, lejos de fracasar, despierta a otro mundo, al mundo diurno. El sol "restituyendo/entera a los sentidos exteriores su operación, quedando a luz más cierta/el Mundo iluminado" (O.C., t. I, p. 359) reemplaza a las sombras. El "yo", cuyo sexo está definido, y que ahora despierta, es la autora del poema, que no conserva más que el recuerdo de un vuelo de la fantasía. Sin embargo, este recuerdo dará forma a un paisaje utópico luminoso y lo celebrará; un claroscuro en el que la luz cae sobre una naturaleza redimida que recibe su significado de la Encarnación. Parafraseando a Walter Benjamin, se puede decir que el alma de Sor Juana, "como un ángel que cayera en las profundidades... regresara mediante alegorías y fuera sujetado en el cielo y en Dios por ponderación misteriosa".[41]

Sor Juana no utiliza la alegoría para disimular tendencias heréticas, sino para dar un espacio utópico a un conocimiento y una poesía que puede "apartarse" de las rígidas jerarquías del género. Tanto el conocimiento como la poesía constituyen tentativas conscientes de conectar elementos al parecer aislados del repertorio. La interrupción de la alegoría, esos momentos del poema en que el poeta debe intervenir para garantizar la lectura correcta, revela que el espacio utópico en el que se encuentran el conocimiento y la poesía siempre puede ser destruido por las lecturas tenden-

[40] El ciclo no sólo indica que el poema es completo y que la idea de que pensaba hacer otro poema no era seria, sino que también subraya la diferencia de Sor Juana respecto de las místicas. Sobre las discusiones acerca de Sor Juana y el misticismo, véase de Asunción Lavrín, "Unlike Sor Juana? The Model Nun in the Religious Literature of Colonial México", *University of Dayton Review* (primavera de 1983), 16 (2):75-92.

[41] Benjamin, *The Origin of German Tragic Drama*, p. 235.

ciosas. Precisamente la presencia abierta de esta mano que controla es lo que señala la fragilidad del espacio que trata de proteger.

INTROMISIÓN EN EL PÚLPITO

Aunque en *Primero Sueño* Sor Juana investiga aspectos relacionados con la escritura, la ambición y la ética, so capa de un ente neutro, en los poemas que escribe sin el disfraz de la alegoría recurre a la antiquísima táctica de fingir humildad. Siempre sostuvo que sólo escribía por obediencia a sus superiores laicos o eclesiásticos. En el poema introductorio del libro, publicado gracias al patrocinio de la condesa de Paredes, niega que los poemas sean suyos, pues le pertenecen por derecho a la condesa como su superiora feudal.[42] Con frecuencia siguió la común táctica femenina de declararse inferior para destacar su superioridad. Cuando la Catedral le encargó diseñar el arco para cuando entrara en México el marqués de la Laguna, en 1680, hizo hincapié en que quizá sus benefactores confiaban en que sería "para pedir y conseguir perdones, … más apta la blandura… de una mujer".[43] Este refugio en la femineidad es, desde luego, una estratagema retórica para resaltar el texto erudito e ingenioso que sigue, el *Neptuno Alegórico,* del que declara que "está escrito por una ignorante", aunque esa declaración sólo sirve para subrayar todas sus referencias eruditas y sus citas en latín.

Empero, lo que en el palacio era gracioso frisaba en la insolencia cuando trataba de escribir sobre asuntos religiosos: sobre la verdad, no sobre ficciones, pues cuando la esclava que protesta su humildad y falta de méritos supera a su superior, éste se ve forzado a reconocer su derrota, con gran riesgo para su autoridad jerárquica.

Existen tres textos claves como documentos de la prolongada batalla por la interpretación, entablada entre Sor Juana y el poder institucional representado por confesores, obispos y arzobispos. El primero es una carta, probablemente escrita en 1682, mediante la cual rechaza a su confesor, el enérgico jesuita Antonio Núñez de Miranda, porque se había quejado de que los escritos de Sor Juana constituían un escándalo público. El segundo es una crítica al padre Vieira, orador jesuita, publicada por el padre

---

[42] "Al lector", *OC*, I:4; no se incluyó en la primera edición de la *Inundación Castálida.*
[43] *Neptuno Alegórico, OC,* IV:358.

Manuel Fernández de Santa Cruz, obispo de Puebla, sin que Sor Juana lo supiera. Esto sucedió en 1690; no sólo el padre Fernández de Santa Cruz usó el seudónimo de Sor Filotea, sino que le puso al documento el título de *Carta Atenagórica* (es decir, carta digna de Atenea). El tercero es la *Respuesta a Sor Filotea*, escrita por Sor Juana tres meses después de la publicación de la *Carta Atenagórica*, para que la leyera en privado el obispo.

La carta al padre Núñez de Miranda acaba de descubrirse y no se ha establecido definitivamente que su autora sea Sor Juana.[44] La *Respuesta a Sor Filotea* fue enviada en privado al obispo de Puebla y se publicó póstumamente en 1700. Estos tres documentos son de un género que ocupa un lugar ambiguo entre el secreto y la publicidad: el epistolar. La carta por lo general se dirige a un lector único y conocido por el remitente; se da por sentado que se trata de un documento particular y que constituye un acto de comunicación interpersonal que, si no siempre, con frecuencia se basa en la confianza mutua. Lo importante de las tres cartas es que juegan con la relación personal de Sor Juana con el destinatario para atacar a la institución que éste representa.

Como lo señala Michel de Certeau, todas las instituciones establecen sus propios criterios acerca de lo real, y "la historia que habla en nombre de lo real es preceptiva. Tiene el mismo tipo de significado que una orden que se emite".[45] En cada uno de estos tres casos, se emitió una orden que no dejaba más que dos salidas: la negativa o el acto de obediencia.

En el primer caso, Sor Juana refutó la condena que Núñez de Miranda hacía de su poesía como "escándalo público", demostrando que el sacerdote no sabía de qué hablaba. Como otros miembros del clero, el padre Núñez había querido convertirla en beata. Por el contrario, Sor Juana arguye que existen diferentes caminos para la salvación, que "San Antonio se salva por su ignorancia bendita, pero San Agustín sigue otro camino y ninguno de los dos se equivoca". Habida cuenta de que el nombre de pila de Núñez de Miranda era Antonio, lo anterior lo identifica con el ignorante, así como identifica a Sor Juana con el sabio, invirtiéndose la asociación "natural" de los hombres con la sabiduría y las mujeres con la ignorancia. Sor Juana asegura que "los santos sólo pueden hacerse con la gracia y ayuda de Dios" y no con ame-

---

[44] *Carta de Sor Juana Inés de la Cruz a su Confesor: Autodefensa espiritual* (véase la nota 21).

[45] Michel de Certeau, *Heterologies: Discourse on the Other*, tr. de Brian Massumi, vol. 17 de *Theory and History of Literature* (Minneapolis, University of Minnesota Press, 1986), p. 206. De Certeau compara los medios noticiosos con versiones más antiguas de la verdad divina.

nazas; luego tiene la audacia de rechazarlo como su confesor: su carta es una comunicación que rompe la comunicación.

No es menester que nos detengamos en la gravedad de su acto, que constituyó un intento desesperado de crearse un espacio para escribir en el que dejara de ser catalogada como una beata ignorante. El que al final de su vida le pidiera a Núñez de Miranda que fuera de nuevo su confesor demuestra que había comprendido el riesgo que corría. Esto no le impidió volver a tratar el tema de la arrogancia sacerdotal en la *Carta Atenagórica* y la *Respuesta a Sor Filotea*.

En la *Carta Atenagórica*, Sor Juana interviene a sabiendas en un género exclusivamente masculino: el sermón. Refutó un sermón pronunciado por el jesuita Antonio Vieira ante la corte portuguesa en Lisboa, en 1650, publicado en portugués y traducido después al español. Su tema eran las *finezas* (demostraciones de amor) de Cristo.[46] Vieira era más que un orador jesuita: tenía una visión mesiánica del mundo y creía que en Portugal se fundaría el quinto Imperio (el último antes del Apocalipsis). Sus sermones con frecuencia aludían indirectamente a la preparación del hombre para este gran acontecimiento. Pero es probable que a Sor Juana, que tenía un agudo sentido del humor, le divirtiera especialmente un sermón pronunciado el Jueves Santo, cuando los potentados les lavan los pies a los pobres, pues lejos de demostrar humildad, el padre Vieira hacía gala de orgullo por su superioridad intelectual al refutar a los padres de la Iglesia. Sin duda, el padre Vieira no se dio cuenta de esta ironía, pues quizá le preocupaba más el aspecto político, ya que aconsejó que "todos los que aquí están en odio, vayan luego a reconciliarse con sus enemigos".[47]

Sor Juana se había divertido, al parecer, refutando oralmente el sermón en el locutorio del convento. Debido a su hábil refutación, el obispo de Puebla, Manuel Fernández de Santa Cruz, le pidió que pusiera por escrito sus argumentos, lo que ella hizo, aunque explicando cuidadosamente que se trataba de un texto particular para el obispo, pensando que así borraría las sospechas de que se trataba de un debate público en el terreno reservado a los sacerdotes.

---

[46] El sermón del padre Vieira se encuentra en el apéndice de las *OC*, IV: 673-694. Según Puccini en *Sor Juana Inés de la Cruz*, pp. 60-63, en 1678 aparecieron en España dos volúmenes del sermón de Vieira, dedicados a Aguiar y Seijas, entonces obispo de Michoacán. Uno de sus sermones se publicó en México a sugerencia de Aguiar y Seijas, y el sermón pronunciado en San Jerónimo por el licenciado Francisco Xavier Palavicino puede haber sido la respuesta a la refutación de Sor Juana.

[47] Raymond Cantil, *Prophétisme et messianisme dans l'oeuvre d'Antonio Vieira* (París, Ediciones Hispanoamericanas, 1960).

En la carta al obispo hace hincapié en que ella es una mujer que desempeña un papel anormal. En los primeros párrafos de la carta afirma que sólo escribe por obediencia, asegurándole al obispo que trabar una polémica es ajeno a su naturaleza. También insiste en el carácter privado de la carta y en su seguridad de que será leída por buenos ojos, lo que excusará aquello que "a otros ojos pareciera desproporcionada soberbia, y más cayendo en sexo tan desacreditado en materia de letras que la común acepción de todo el mundo". Al final de la carta vuelve a hacer hincapié en su condición devaluada de mujer y sugiere que Dios la ha utilizado para humillar a Vieira. Cuando afirma que refutar a Vieira es una tarea hercúlea, y por ello en apariencia imposible para una mujer, agrega que "no es ligero castigo a quien creyó que no habría hombre que se atreviese a responderle, ver que se atreve una mujer ignorante, en que es tan ajeno este género de estudio, y tan distante del sexo, pero también lo era de Judit el manejo de las armas y de Débora la predicatura". En un solo párrafo Sor Juana enumera la tradición de mujeres que obraron como hombres cuando la ocasión lo requirió, y sugiere que las de su sexo son menos propensas al pecado de orgullo.

No es menos categórica en su refutación: defiende a los Padres de la Iglesia (de quienes difiere el padre Vieira), subrayando así su propia ortodoxia y actuando como polemista. Sus argumentos son dos. El varonil orgullo de Vieira lo llevó a interpretar errónea y caprichosamente los escritos de los Padres de la Iglesia y la pasión de Cristo, al grado de que cree "que su ingenio puede superar al de los Padres y no cree que nadie pueda igualarlo". El segundo argumento, al final de su refutación, es cuando, cumpliendo su promesa al obispo de dar su propia opinión sobre la mayor fineza de Dios, escribe que Dios se abstiene de demostrar amor "debido a nuestra ingratitud, aunque para Él es más fácil ser amoroso" (p. 436). Y concluye: "Agradezcamos y ponderemos este primor del Divino Amor en quien el premiar es beneficio, el castigar es beneficio, el suspender los beneficios es el mayor beneficio, y el no hacer finezas, la mayor fineza" (p. 439).

Sor Juana no sólo interviene en un argumento teológico, sino que se dirige a un obispo que constantemente prometía a las monjas de su jardín espiritual que Dios premiaría su espiritualidad. En cambio, Sor Juana argumenta que Dios, al no conceder su favores, no sólo nos permite evitar la abrumadora responsabilidad que significan, sino también nos permite demostrar una correspondencia activa sin buscar recompensas inmediatas. La coda, dentro del contexto de una sociedad y un obispo para quien las mujeres, en el mejor de los casos, eran instrumentos pasivos de la voluntad divina, pide un individuo activo que pueda realizar sus capacidades. Sor Juana termina esta carta reiterando su naturaleza privada: "puesto que este papel es tan privado que sólo lo escribí porque me lo solicitó y para que pueda verlo, lo someto por completo a la corrección de nuestra Madre Iglesia y detesto y cuento por nada y por no dicho cuanto pueda desviarse de vuestro sentido común y del de los Santos Padres".

La conclusión de la *Carta Atenagórica* es una paradoja: Sor Juana había creado un espacio de motivación intelectual des-controlada, en el cual la voluntad del hombre es el elemento activo. Y, sin embargo, insiste en su "sujeción" a una institución que no está regida por Dios, sino por el "sentido común" de los prelados que, como el padre Vieira, podrían errar por orgullo. De aquí se infiere que una persona irracional puede exigir que se le obedezca y que la libertad es la verdadera indicación de lo divino dentro de lo humano.

La tercera carta, y más definitiva, la *Respuesta a Sor Filotea*, fue provocada por el abuso de la confianza implícita en los últimos párrafos de la *Carta*. El obispo de Puebla publicó la *Carta Atenagórica* sin solicitar el consentimiento de Sor Juana. Desde un punto de vista moderno, esto parece una afrenta, pero, como ya vimos, los obispos y los confesores se arrogaban el derecho de controlar los escritos de las monjas. Sin embargo, era inusitado, incluso en la Nueva España del siglo XVII, que el obispo agregara a la publicación una advertencia pública, pues aunque las autoridades eclesiásticas por lo general prologaban los libros, lo que solían decir (cuando no constituía una introducción laudatoria o una apología) era que el contenido del volumen no contrariaba a la doctrina católica. El obispo tomó el seudónimo Sor Filotea, que había sido el seudónimo de San Francisco de Sales, su santo preferido.[48] Es muy probable que considerara su acción como un favor a Sor Juana, al recriminarla como una amiga e igual, y disfrazando su posición de autoridad. Sin embargo, no logró desprenderse del tono de autoridad sacerdotal; en privado se quejó de que Sor Juana había escrito versos sutiles y hermosos para innumerables festivales de la Iglesia: "Lástima es que un tan gran entendimiento de tal manera se abata a las raseras noticias de la

---

[48] Miguel de Torres, *Dechado de principios eclesiásticos que dibujó con su ejemplar y virtuosa vida el Ilmo. y Excmo. Sr. D. Manuel Fernández de Santa Cruz* (Madrid, 1722), p. 380, menciona la devoción del arzobispo a este santo que defendía la piedad práctica en el mundo. Torres afirma también que la carta del arzobispo fue la que reformó a Sor Juana e hizo que muriera de manera ejemplar (p. 421). Sin embargo, Antonio de Oviedo atribuye este "milagro" a Núñez de Miranda.

Tierra, que no desee penetrar lo que pasa en el Cielo; y ya que se humilla al suelo, que no baje más abajo considerando lo que pasa en el Infierno".

Además de esta violenta censura, el obispo prometió a Sor Juana que pronto "ardería y sería dulcemente herida por el amor de Dios", un Dios que le había mostrado tantos favores que desde luego mejor haría ella en volverse santa que en deleitarse en los "beneficios negativos" (como había hecho al refutar al padre Vieira).

La publicación de la *Carta Atenagórica* le demostró a Sor Juana (si acaso necesitaba pruebas) que, fuera del terreno del discurso eclesiástico o cortesano, no existía ningún espacio privado.

Escribir implicaba hacerlo dentro de una institución. Las únicas respuestas posibles eran las de la parodia y la imitación. Por ello, a lo largo de su respuesta, Sor Juana se dirige al obispo como si éste fuera Sor Filotea, mostrándole al mismo tiempo que en sus palabras el obispo hacía gala de una autoridad institucional que ninguna mujer podía tener. En términos semióticos, tenemos una oposición con su negación:

hombre	mujer
no hombre	no mujer

Este sencillo esquema de diferencias, con todo, no muestra las desigualdades que surgen cuando el hombre representa a toda una institución, mientras la mujer sólo se representa a sí misma. Bajo su disfraz de mujer, el obispo conserva su autoridad masculina: no se transforma en "no hombre". Por otra parte, Sor Juana podía imitar la voz masculina, pero nunca estaría investida de verdadero poder.[49] Al dirigirse al obispo como "mi señora", si bien insistiendo en sus "insinuaciones pastorales", en su alta autoridad e inteligencia, Sor Juana destaca el hecho de que Sor Filotea desde luego es *rara avis:* la mujer imposible que está investida de autoridad. Si Sor Filotea es mujer y además inteligente, entonces no hay razón para que las mujeres no sean sacerdotes. Pero si Sor Filotea es mujer y menos inteligente que un sacerdote, ¿con qué derecho amonesta a Sor Juana?

Protestando que le escribe a Sor Filotea con "casera familiaridad o menos autoridad, de que tratándoos como a una religiosa de velo, hermana mía, se me ha olvidado la distancia de vuestra ilustrísima persona", Sor Juana juega a eliminar la diferencia

---

[49] Sobre la investidura de la autoridad y su relación con los actos de expresión oral, véase, de Pierre Bourdieu, *Ce que parler veût dire* (París, Fayard, 1982).

jerárquica, y luego la reinstala mediante frases como "vuestra pastoral insinuación": de este modo juega al cambio de sexo de tal manera que expone la desigual relación de poder. La transparente manipulación del seudónimo "Sor Filotea" se transforma en un arma de dos filos y permite que trate con exagerada deferencia al destinatario, supuestamente una mujer sin poder mientras revela las verdaderas relaciones de poder que oculta la máscara de igualdad.

La manifestación más flagrante de poder es la de permitir la publicación, favor que en el primer párrafo de la *Respuesta*, Sor Juana afirma que la ha dejado suspensa, debido al "excesivo favor [del obispo] de dar a la prensa mis borrones", lo que "excede la capacidad del agradecimiento". Sor Juana demuestra luego que también el silencio es polisémico: existe el silencio de quienes, como ella, quedan abrumadas por el agradecimiento; el silencio de quienes, como San Pablo, poseen conocimientos esotéricos que no deben divulgarse a las masas; y el tercer silencio, el del propio obispo, que publicó su carta sin comunicárselo (en otras palabras, el silencio de la traición). Esta cuidadosa distinción entre silencios es importante, pues no coloca el silencio del obispo en la categoría del conocimiento, sino en la de la traición. Aun en el silencio debemos comprender la diferencia entre conocimiento divino y conducta interesada. Para Sor Juana fue relativamente fácil refutar al obispo: por ejemplo, arguyó que la lectura de los textos sagrados no siempre era señal de virtud, como lo demostraba el que a los jóvenes no se les permitiera leer el *Cantar de los cantares* "porque de la dulzura de aquellos epitalamios no tomase ocasión la imprudente juventud de mudar el sentido en carnales afectos". El arte no presentaba el mismo riesgo que la lectura de las Sagradas Escrituras "pues una herejía contra el arte no la castiga el Santo Oficio, sino los discretos con risa y los críticos con censura" (p. 444).

No cabe duda de que a Sor Juana le complacía resaltar su habilidad, y por lo menos una crítica eminente se ha maravillado ante el ingenio con que articulaba los diferentes niveles de la *Respuesta* por medio de cuatro términos significativos: hablar, conocer, no hablar y no conocer, con todas sus variantes posibles.[50] Sin embargo, es importante atender a las desarticulaciones, a los lugares del texto en los que no puede conservarse la coherencia, donde se introducen otros textos (hagiografías sobre todo) y en las fluctuaciones entre los extremos de un "Yo" representativo de

[50] Véase, de Josefina Ludmer, "Las tretas del débil", en *La sartén por el mango*, comp. de Patricia Elena González y Eliana Ortega (Río Piedras, Huracán, 1984), pp. 47-54.

todas las mujeres, y un "yo" singular y excepcional. Precisamente estas desarticulaciones (y todo lo inarticulado porque es imposible articularlo) demuestran la autoridad siempre que carece de bases institucionales para ejercer dicha autoridad, cuando nada autoriza a una mujer a hablar sobre asuntos religiosos.

Esto produjo una paradoja interesante: precisamente la mujer que trataba de establecer que el espacio del conocimiento es "neutro", ahora se ve obligada a remitirse a su propia experiencia como mujer para explicar su obsesión por el conocimiento. Esta sección de la *Respuesta* en la que Sor Juana describe su constante empeño por aprender, es la que ha llevado a muchos a considerar feminista este texto. Empero, al escribir la historia de su vida intelectual, Sor Juana sin duda estaba consciente de los textos anteriores, cuyo modelo por supuesto no seguía: la historia de la vida de las monjas místicas. Sor Juana trata de incluirse en la tradición de mujeres eruditas como Débora, que fungió como juez, y como Ester, que defendió con éxito una causa; menciona a Nicóstrata, inventora de las letras latinas; a Aspasia Milesia, maestra de Pericles; a la astróloga Hispasia y, entre las cristianas, a Santa Gertrudis, Santa Paula, la docta esposa de San Jerónimo, y a sus bellas hijas Blesila y Eustoquia; a la reina Isabel de España y, entre sus contemporáneas, a la reina Cristina de Suecia y a la duquesa de Aveyro, protectora de las misiones jesuitas en América. Sin embargo, en esta lista no aparecen monjas místicas, salvo Santa Teresa, mencionada como escritora, no como mística (p. 467). Los argumentos de Sor Juana para que se le permitiera a las mujeres estudiar y a las ancianas enseñar los textos sagrados los tomó de la obra del padre Juan Díaz de Arce, *Compendium Operis de studioso sacrorum Bibliorum,* en la que éste afirmaba que nada impedía que las mujeres estudiaran, escribieran y enseñaran en privado.[51] Pero, si bien "nada impide" que las mujeres estudien, Sor Juana sabía que había *quienes* sí lo impedían: es decir, los confesores que las presionaban para que mortificaran la carne y que ensalzaban a las ignorantes. Para contrarrestar todo esto, Sor Juana recurrió a un arma, a sabiendas de que tenía doble filo: la autoridad de su propio talento personal.

En la América del siglo XVII, las mujeres que descollaban de la masa solían ser las santas o beatas.[52] Por supuesto, Sor Juana debió de conocer las historias de vida de las beatas, puesto que en el mismo convento había vivido Sor María Magdalena de Lorrava-

[51] Juan Díaz de Arce, *Compendium Operis,* pp. 21-30.
[52] Véase, de Luis Martín, *Daughters of the Conquistadores: Women of the Viceroyalty of Perú* (Albuquerque, University of New México Press, 1983), pp. 282-294.

quio Muñoz, que, según su propio relato, casi desde el nacimiento estuvo destinada a la vida santa: "Por la divina gracia y Misericordia de Dios, que cuidó de mi alma desde mi más tierna edad, desde que tuve uso de razón y supe cómo emplearla, tuve grandes deseos de amar y conocer a Dios y de emplearme sólo en esto, y con estos deseos traté de evitar los juegos normales a esa edad".[53] Es precisamente esta clase de textos lo que Sor Juana se propone desplazar imitándolos al grado de la parodia, de manera que puede sustituir otro tipo de singularidad —la de la mujer erudita—.

La estructura de la hagiografía es referencial: el relato de la historia ejemplar de una vida tiene por apéndice la ilustración de las virtudes teológicas de humildad, pobreza, obediencia y castidad. En el siglo XVII estos textos tenían una estructura fija: el biógrafo insistía en la temprana vocación de santidad de su biografiada y en los obstáculos que hubo de superar.[54] De manera parecida, Sor Juana habla de su vocación, obra de Dios, que no se enfrenta a las burlas del diablo que con frecuencia acosaban a las místicas, sino con obstáculos impuestos por el hombre, como la falta de libros y maestros y el medio hostil del convento, donde a veces le prohibían que leyera. A pesar de estos obstáculos, prevaleció su "negra inclinación": aprendió a leer sin el conocimiento ni el permiso de su madre, acompañando a su hermana mayor con la "amiga", como se llamaba entonces a las mujeres que enseñaban a los pequeños; y se impuso castigos cuando no aprendía tal o cual cosa que se había propuesto. Ya en el convento, no sólo le estorbaron las reglas de la vida conventual, sino su aislamiento y la falta de maestros. Imitando a las místicas, describe cómo le había pedido a Dios que la aliviara del peso de su talento y que sólo le dejara el necesario para cumplir con sus deberes religiosos: "pues lo demás sobra (según algunos) en una mujer: y aun hay quien diga que daña"; la última frase se refiere seguramente a su antiguo confesor, Núñez de Miranda. De la misma manera que las místicas progresaban en la oración hasta unirse con Dios, Sor Juana describe su progreso por una jerarquía de disciplinas (la lógica, la retórica, la física, la geometría, la arquitectura y la música) cuya cúspide es la teología; considera que la oración y la castidad, en las que también hacían hincapié las místicas, son necesarias para llegar a la sabiduría.

Sor Juana afirmó que su deseo de aprender era tan intenso que la mantuvo alejada de la activa vida social del convento y le pro-

---

[53] Sor María Magdalena de Lorravaquio Muñoz, citada por Muriel, *Cultura femenina novohispana*, pp. 320-321.
[54] Michel de Certeau, *L'Ecriture de l'histoire* (París, Gallimard, 1975), pp. 284-287.

vocó conflictos con el antiintelectualismo de algunas de sus supe-
rioras. En cierta ocasión, cuando una de ellas le prohibió que leyera, pasó el tiempo observando los ángulos de un dormitorio, a
dos niñas que jugaban con un trompo y las reacciones químicas
del huevo al mezclarse con diferentes sustancias, acumulando así
conocimientos, llegando a la conclusión, muchas veces citada de
que: *Si Aristóteles hubiera guisado, mucho más hubiera escrito.* De esta
manera hace que el campo de los razonamientos sea más amplio
que el del aprendizaje libresco. Y, como afirma la crítica argentina Josefina Ludmer: "si lo personal, privado y cotidiano se consideran puntos de partida para otras prácticas y perspectivas, desaparecen como lo personal, lo privado y lo doméstico. De esta
manera, el argumento de Sor Juana impugna la separación misma
de lo privado y lo público que se emplea para subyugar a las mujeres".[55] Es importante subrayar, sin embargo, que no se trata de
la misma distribución de lo público y lo privado que configuraba
el Estado burgués. En los tiempos de Sor Juana las mujeres excep-
cionales no eran excluidas del poder político (por lo menos como
soberanas), pero las mujeres sí eran excluidas de la determina-
ción de la verdad: esta distinción es importante. Cuando Sor Juana declara que puede seguir aprendiendo sin libros, de ninguna
manera está elogiando a la mística que detesta la vida práctica,
sino más bien demuestra que las experiencias supuestamente femeninas pueden ampliar el campo del aprendizaje. En la lucha
por el poder interpretativo, las mujeres se ven obligadas a llevar
la vida práctica a los terrenos del conocimiento.

Por lo general, los críticos han tomado al pie de la letra las referencias autobiográficas de la carta de Sor Juana. Sin embargo,
esta autobiografía calla sobre muchos aspectos importantes de su
vida: el que fuera hija ilegítima, los años que pasó en la corte y
sus razones para salir de la orden carmelita a la que entró por
poco tiempo en 1667. Incluso como biografía espiritual, esta carta debe considerarse en referencia a las vidas de beatas. Fray Luis
Tineo de Morales lo indicó claramente cuando escribió su "aprobación" para la *Inundación Castálida*, al contrastar a Sor Juana con
quienes "bautizan a la estupidez en nombre de la santidad" y la
emplean en sus propios intereses.[56]

Pero la mayoría no podía aspirar a la espiritualidad que Sor
Juana recomendara. En su *Respuesta* se ve obligada a repetir varias
veces que constituye "un caso especial", que es un "ave rara". Al

[55] Josefina Ludmer, "Las tretas del débil", pp. 53-54.
[56] Fray Luis Tineo de Morales, Aprobación, *Inundación Castálida*, páginas sin numerar.

hablar sobre la envidia que rodea a quienes llevan a cabo hazañas inusitadas se compara con Cristo, que "hizo cosas señaladas", y con los emperadores romanos, que recibían afrentas luego de salir vencedores.

Así pues, la autoridad de Sor Juana proviene de su erudición, que ella misma proclama, y que se enfrenta al conocimiento (y a la ignorancia) institucionalizado en la Iglesia. Sor Juana estaba consciente de la diferencia y la disparidad. Al discutir sobre la amonestación de San Pablo, de que las mujeres deben guardar silencio en la Iglesia *(Mulieres in Ecclesia taceant)*, aventura una serie de interpretaciones: o San Pablo se refiere específicamente al púlpito y a la cátedra, o se refiere a la Iglesia con todos sus fieles:

> si lo entienden de lo primero, que es (en mi sentir) su verdadero sentido, pues vemos que, con efecto, no se permite en la Iglesia que las mujeres lean públicamente ni prediquen ¿por qué reprenden a las que privadamente estudian? Y si lo entienden de lo segundo y quieren que la prohibición del Apóstol sea trascendentalmente, que ni en lo secreto se permita escribir ni estudiar a las mujeres ¿cómo vemos que la Iglesia ha permitido que escriban una Gertrudis, una Teresa, una Brígida, la monja de Agreda y otras muchas?

Éste es uno de los argumentos fundamentales de la *Respuesta*, pues distingue a la Iglesia y a sus textos sagrados de quienes interpretan dichos textos. La Iglesia reviste de facultades a los hombres, pero esto no los autoriza a interpretar caprichosamente los textos. Es peligrosísimo poner el poder en las manos de un solo sexo y concederle el monopolio de la interpretación, pues, como lo demuestra Sor Juana, los hombres, no las mujeres, son responsables de las grandes herejías; los hombres, no las mujeres, interpretan las Sagradas Escrituras en contra de la misma Iglesia.

Empero, cada vez que Sor Juana afirma que es un caso especial, se enfrenta también a la afirmación contraria: que es una mujer devaluada, sujeta a los actos arbitrarios del poder de los hombres, como cualquier otra mujer. En ningún otro lugar es más evidente esto que en los últimos párrafos de la *Respuesta*, donde de nuevo se refiere al acto alevoso de Sor Filotea, que publicó la carta personal: compara este documento con una expósita bautizada por quien la encuentra: el obispo. Sor Juana desenmascara los mecanismos de este acto aparentemente bondadoso: el obispo la había utilizado al poner en circulación la carta: un acto alevoso que la llevó a afirmar:

> si pudiera haber prevenido el dichoso destino a que nacía, pues como a otro Moisés la arrojé expósita a las aguas del Nilo del silencio donde

la halló y acarició una Princesa como vos: creo (vuelvo a decir) que si yo tal pensara, la ahogara antes entre las mismas manos en que nacía, de miedo de que pareciesen a la luz de vuestro saber los torpes borrones de mi ignorancia (p. 471).

Incluso tomando en cuenta el agresivo tono de la *Respuesta*, la metáfora del filicidio y de la adopción es especialmente violenta. La propia Sor Juana era hija de una madre soltera y había sido "adoptada" por la Iglesia. Se había visto obligada a encarar la incómoda verdad de que en la sociedad en que vivía, la erudición, como la persona, podía ser ilegítima; los productos literarios eran hijos que a veces nacían contra el deseo de la madre como resultado de un rapto, la seducción u obligación, y muchas veces "se abortaban".[57] El conocimiento resultaba legítimo, como los hijos, si recibía el bautizo de la institución. Los hijos literarios que no tenían padre eran huérfanos, como la *Carta Atenagórica*, la cual, a pesar de su nacimiento no ortodoxo, fue "adoptada" y recibió un nombre sin ser legitimada. La reprimenda firmada por Sor Filotea había puesto la refutación conscientemente al margen de los contendientes legítimos en las grandes polémicas teológicas de la época. Así, mejor hubiera sido que muriera antes de que su destino fuera controlado de este modo.

Sor Juana rechaza expresamente la publicación en los términos normales para las mujeres en el siglo XVII; es decir, se niega a ser adoptada por el padre. Sin embargo, la publicación de la *Respuesta* le había demostrado que las instituciones también podían apoderarse de las transgresiones y de las utopías simbólicas para utilizarlas. Para Sor Juana, la creación se forja precariamente con pleno conocimiento de la triste perspectiva de tener que elegir entre la institucionalización y el "infanticidio".

EL CUERPO POLÍTICO Y EL ORDEN DEL MUNDO

Hasta aquí hemos analizado dos empresas contradictorias: el intento de Sor Juana de volverse "neutra" y el aprovechamiento de su singularidad de erudita. Sin embargo, Sor Juana también era una monja que vivía dentro de un sistema de patrocinios al que no se resistía ni oponía. Es importante comprender que, como

---

[57] En un romance en que bromea con las "Plumas de Europa" que han elogiado su talento, Sor Juana se asombra de que elogien a una ignorante, "a un casi rústico aborto/ de unos estériles campos,/ que al nacer en ellos yo,/ los hace más agostados". Sin embargo, las palabras "aborto" y "feto" se empleaban comúnmente como analogía de algo incompleto. Véanse las *OC*, I:159.

otras personalidades "barrocas", no era una francotiradora solitaria que se resistiera al Estado, sino que, en ocasiones, era la voz
misma de dicho Estado.

Y, en efecto, el centro del mundo de Sor Juana lo constituía el
poder mítico de la Iglesia divina y su reino de este mundo, representado en el Nuevo Mundo por el clero y la corte virreinal, y Sor
Juana hizo mucho por legitimizar este poder. Es difícil comprender esto desde nuestra perspectiva moderna, en la cual el escritor
es el disidente eterno. Pero aquí nos ayudan Antonio Maravall y
Richard Morse, que han indicado el lugar tan diferente que ocupaban los individuos en la sociedad hispánica del siglo XVII, en la
cual la adaptación al sistema superaba la expresión de los principios personales, si es que podemos hablar de principios personales en este contexto.[58]

Por ello importa subrayar que la mayor parte de los poemas de
Sor Juana fueron escritos usando las convenciones de la corte o
de la Iglesia, y auspiciados por ellas. Sor Juana le dedicó poemas
a una serie de virreyes: primero a Antonio de Toledo, marqués de
Mancera (1664-1773), que era virrey cuando ella llegó a la corte
en 1665, donde era favorecida por la virreina. Le dedicó poemas
a otros virreyes, a fray Payo Enríquez de Rivera (1673-1680); a Tomás Antonio de la Cerda y Aragón, conde de Paredes, marqués de
la Laguna (1680-1686), cuya esposa, la Lisi y Filis de las poesías
de Sor Juana, fue una benefactora importante; y al conde de Galve
(1688-1696). El patrocinio de la Iglesia era también esencial. La
Catedral le encargó el arco del triunfo para la entrada del marqués
de la Laguna, y apenas pasaba un año sin que compusiera villancicos que se cantaban durante la misa de los grandes días festivos.
Según Benedict Anderson, los grandes imperios religiosos, como
el de España en el Nuevo Mundo, se fundamentaban en el lenguaje sagrado. Al apoderarse de éste los letrados llegan a formar "los
estratos estratégicos de una jerarquía cosmológica cuyo vértice era
divino".[59] Sor Juana estaba lejos de sentirse inquieta dentro de
este sistema, y con frecuencia lo describía como un "cuerpo político" ideal, dentro del cual el papel del poeta era el de celebrante
y, de vez en cuando, de consejero humilde y respetuoso. El acto
evidentemente convencional de besarle los pies a los poderosos
(literal o simbólicamente) aseguraba la conveniente circulación
del poder dentro de un sistema sin el cual hubiera sido imposible

---

[58] Véase, de Maravall, *Culture of the Baroque;* y, de Richard Morse, *El espejo de
Próspero: Un estudio de la dialéctica del Nuevo Mundo* (México, Siglo XXI, 1982).

[59] Benedict Anderson, *Imagined Communities: Reflections on the Origin and Spread of
Nationalism* (Londres, Verso, 1986), p. 22. [Hay edición en español en el FCE.]

el significado. Refiriéndose a la condesa de Paredes, Sor Juana escribió: "Sin ti, hasta mis discursos/ parece que son ajenos".[60] No niego que la pasión que muchos han advertido en los poemas dirigidos a la condesa sea real, ni que sean poemas de amor; sin embargo, es imposible separar el amor personal del amor al cuerpo político, y este amor incluía el reconocimiento de la autoridad.

Sor Juana estaba muy consciente de que la legitimidad del cuerpo político se basaba en la fuerza. Sin embargo, al acentuar la actitud femenina frente al poder, en cierta medida logra marcar un punto político, por ejemplo, al contrastar el amor espontáneo que le inspira la condesa con los instrumentos de tortura empleados para obtener confesiones.[61] Sor Juana creía en la bondad esencial del sistema, cuyos representantes, los virreyes, simbolizaban un orden divino, aunque al mismo tiempo enumeraba sus instrumentos de opresión: los ganchos y cuerdas de la tortura. Sor Juana quería a la condesa como amiga, pero también como al símbolo de un orden mundano en el cual representaba al elemento femenino, así como la Virgen María simbolizaba a lo femenino dentro del orden religioso. En un romance endecasílabo, Sor Juana identifica a la condesa con la mujer cósmica: "cálamos forme el Sol de sus luces,/sílabas las Estrellas compongan",[62] y compara las diferentes partes del cuerpo de la condesa con la naturaleza, el paisaje y el Estado con sus instituciones. Sus cejas son como las armas del ejército, ella es una prisión, sus mejillas, cátedras; describe su barbilla en términos arquitectónicos, su garganta es la música, se compara el cuerpo con la geografía o con la arquitectura dórica y jónica. Esto no es sólo el elogio de una persona, sino un homenaje a la representación ideal de un imperio.

En sus obras religiosas, Sor Juana justificó la conquista por la misión religiosa de los españoles. Sin embargo, el argumento con que defendía la superioridad del cristianismo sobre el paganismo era de índole literaria: la cristiandad remplaza los sacrificios humanos con símbolos abstractos, exactamente como la escritura remplaza a la comunicación oral. También aceptaba las diferencias étnicas de las prácticas religiosas a condición de incluirse en la forma superior.de la cristiandad.[63] Aunque pensaba que la con-

---

[60] *OC*, I:82.

[61] "Darte, Señora, las Pascuas", *OC*, I:82. El acto normal de obediencia (besarle los pies a los que ostentan el poder) constituye siempre un tropo ingenioso que atrae la habilidad del poeta. Véase, por ejemplo, *OC*, I:70, que termina "Doyle por ella a tus pies/ mil besos en recompensa,/ sin que parezca delito/ pues quien da y besa, no peca".

[62] "Lámina sirva al cielo", *OC*, I:17.

[63] Véase "Sor Juana et les Indiens", en Marie-Cécile Benassy-Berling, *Humanisme et religion chez Sor Juana Inés de la Cruz*, pp. 317-335.

SOR JUANA EXPLORA EL ESPACIO

quista y el imperio habían sido necesarios, no aprobaba la crueldad; le preocupaban los peones negros, y sus poemas en náhuatl
indican un respeto por la cultura indígena que, desde luego, no
todos compartían. Su serie de villancicos religiosos, muchos escritos en diferentes lenguas mexicanas, apuntan a una visión ideal
del Imperio como imagen de la ciudad de Dios en la que todas
las razas tendrían un lugar.[64]

Lo que da significación al mundo de Sor Juana es la Encarnación, es decir, la redención del mundo profano gracias a la divinidad. Y, así como el cuerpo de la condesa de Paredes representa
el cuerpo político, la religión también encuentra su representación más elevada en la Virgen María. Al promover la doctrina de
la Inmaculada Concepción, que apenas adquirió la calidad de dogma en el siglo XIX, Sor Juana forma parte de un inmenso mar de
fondo de creencia católica... aunque, como señala Marina Warner,
la Inmaculada Concepción tenía dos filos para las mujeres, pues
ponía a la Virgen al margen de la raza humana "dado que no está
mancillada por la caída del hombre. Y, si en un plano la perfección de María se define como la conquista de las leyes naturales
del parto y la muerte, entonces la idea existente de la perfección
niega la bondad del mundo creado y del cuerpo humano".[65]

Sin embargo, a Sor Juana, que la Virgen fuera perfecta y humana le parece una reafirmación de la bondad de la creación:

> ¿Quién duda que si en los ángeles cupiera envidia, nos envidiaran
> esta dicha? Yo de mí sé decir que si fuera posible conmutar las mise
> rias de mi naturaleza humana con los privilegios y perfecciones de la
> angélica, perdiendo la relación que tenemos de parentesco con María
> Santísima, no lo admitiera, aunque pudiera, atenta a este respeto y a
> lo que estimo y aprecio en toda mi alma el ser de su linaje.[66]

Como en *Primero Sueño*, donde festeja tanto la abstracción como
el mundo creado, a Sor Juana le fascina ese momento de transi

---

[64] Véanse las *OC*, vol. IV. Cada grupo de villancicos tenía letras con diferentes
estilos sobre el tema del día festivo del caso, por ejemplo la Asunción. Los "lenguajes" que empleaba Sor Juana iban desde el verso latino hasta los dialectos de
los negros y de los españoles, además de poesías en náhuatl. Estos villancicos contenían además una mezcla de estilos elevados y bajos, versos que ponían el acento
en el juego de palabras y poemas de elogio. Precisamente esta variedad es posible
gracias a la Iglesia ecuménica. Véase, de Elías L. Rivers, "Diglossia in New Spain",
University of Dayton Review (primavera de 1983) 16 (2):5-7.

[65] Marina Warner, *Alone of All Her Sex: The Cult of the Virgin Mary* (Londres, Pan
Books, 1985), p. 254.

[66] "Ejercicios de la encarnación", *OC*, IV:500. Electa Arenal llama la atención
hacia este asombroso juicio en "Sor Juana Inés de la Cruz: Speaking the Mother
Tongue", en la *University of Dayton Review* (primavera de 1983), 16 (2):93-105.

ción de la carne al espíritu que es la obra del intelecto. Por eso la Virgen María es representada como erudita y por eso Sor Juana acepta la idea propagada por María de Agreda de que Dios le había enseñado a la Virgen todos los secretos del cosmos.[67] Su propia versión de la Mariolatría modificaba el dogma de manera característica, pero sin transgredirlo, subrayando el papel intelectual de la Virgen y de las santas cultas como Santa Catalina de Alejandría. La Virgen es "La soberana Doctora/ de las Escuelas divinas,/ de que los Ángeles todos/ desprenden sabiduría".[68] Considera feliz incluso el pecado original, porque fue redimido a través de la Encarnación y de la necesaria intervención de María, sin la cual la Encarnación no hubiera sido posible.[69] Sor Juana dice que María es como la máquina armonizada con la Gloria, como el Libro Divino, "un libro limpio, sin correcciones ni erratas" y como la divina Minerva. En la poesía y en los escritos religiosos de Sor Juana, el cuerpo femenino lacerado, grotesco y maltratado por la práctica mística se transforma en un cuerpo perfecto, templo de Dios, al grado de que puede escribir: "Ciñéndose al tálamo virginal de vuestras purísimas entrañas el que no cabe en la portentosa máquina de los Cielos".[70] Igual que en los poemas en loor de la condesa cuando Sor Juana celebra a la Virgen puede ponderar el poder y el intelecto de la mujer. Describe a María como la Madre del Mundo; si esto se interpreta literalmente, significa que el cuerpo femenino es la matriz que da nacimiento al logos: el vientre no es sólo el recipiente mancillado e impuro del pecado original; también es la fuente de redención sin la cual no habría ni vida ni significado.

OTROS MUNDOS

Pero todo esto nos remite de nuevo a la representación y a cómo, en este mundo ya repleto, pueden encontrarse nuevos espacios sin subvertir la *raison d'être* misma del imperio español. Sor Juana propone una solución en su obra religiosa *El cetro de José* y, como siempre, utiliza una alegoría. En la loa que introduce la pieza, la Ciencia/Conocimiento exclama lo siguiente: "Y pues tiene retórica licencia/ de fabricar, la Ciencia,/ sus entes de razón, y hacer

---

[67] María de Jesús de Agreda, *Vida de la Virgen María*, pp. 68-69.

[68] Villancico 3 para la fiesta de la Asunción, 1676, 2:6.

[69] Villancico acerca de la Encarnación, *OC*, II:221. "¿Qué bien al mundo no ha dado/ la Encarnación amorosa,/ si aun la culpa fue dichosa/ por haberla ocasionado?"

[70] "Ejercicios de la Encarnación", *OC*, IV:505.

posible/ representable objeto lo invisible..." *(OC,* III: 204). En la
loa introductoria a *El mártir del sacramento, San Hermenegildo,*
muestra cómo funciona esto. Un grupo de estudiantes discute sobre la mayor fineza de Cristo; sobre este punto Santo Tomás y
San Agustín no coinciden. Uno de los estudiantes sugiere una salida "mágica" de la aporía, que consiste en representar una obra
dentro de la obra, cuyos protagonistas son Hércules y Cristóbal Colón. Hércules se ufana de que su pilares rodean al mundo y
Colón le enseña que existen "otros mundos" más allá de los pilares *(OC,* III: 106). Éste es un ejemplo interesante, pues muestra
que el descubrimiento del Nuevo Mundo había subvertido las
ideas recibidas. De aquí se infiere que el método para resolver los
dilemas no es el debate teológico (en manos de los sacerdotes)
sino la investigación (como la del discurrir de la corriente de Aretusa). En la pieza de *San Hermenegildo* se ilustra otra forma de representación que fascinaba igualmente a Sor Juana, pero que
constituía el aspecto más ortodoxo de su pensamiento. La obra
culmina con una representación del Sacramento por el cual había sido martirizado San Hermenegildo y la sangre del mártir se
transforma en la púrpura que tiñe las ropas de los monarcas españoles. Así, en el escenario, San Hermenegildo encarna a una
idea abstracta, y el martirio del santo, a su vez, se transforma en
un símbolo personificado. Esta conversión de la persona en símbolo y de éste en persona constituye una forma de representación que implica la división de clases en quienes necesitan símbolos personales y quienes captan las abstracciones.

Sor Juana tuvo la desgracia de vivir tiempos oscuros, tiempos
de revueltas provocadas por el hambre, de desbordamientos, de
autoridades vacilantes, cuando las instituciones inevitablemente
se hacían más rígidas. Al referirse a este periodo, los críticos dicen que hubo "una crisis de la autoridad colonial".[71] Por supuesto, las revueltas por el hambre en 1692, cuando los indios in-
sultaban abiertamente a los españoles en las calles, difundieron el
"gran miedo" que se reavivaría a intervalos, sobre todo durante
las guerras de Independencia y las "guerras de castas" del siglo
XIX. Los críticos suelen interpretar como una derrota los últimos
años de Sor Juana, cuando regaló sus instrumentos musicales y
sus libros para dedicarse a las buenas obras, lo que consideran
prueba de su "silenciamiento". Desde luego, en ese momento la
lucha había terminado para ella.

Marina Warner ha afirmado que el catolicismo por una parte

---

[71] Paz, *Sor Juana Inés de la Cruz,* pp. 524-533, de acuerdo con Puccini, "Dalla crisi
di Sor Juana alla crisi dell'ordine coloniale", *Sor Juana Inés de la Cruz,* pp. 49-69.

"afirma la belleza y bondad del mundo natural e insiste en que el propósito del hombre es cultivar plenamente los dones que Dios le ha dado en esta tierra; pero por otra parte apoya el autosacrificio más pesimista de negación del mundo como el estado de los elegidos, y rinde el mayor homenaje a la virginidad, símbolo de la renunciación".[72] Sor Juana se inclinaba por la afirmación de la bondad de la Creación, pero ¿no desearía también la solución de sus conflictos? No debemos olvidar que en los últimos meses de su vida reiteró su devoción a la Inmaculada Concepción, firmó unos votos con su propia sangre, prometiendo abandonar sus actividades profanas y seguir el camino de la perfección (¿reconocimiento último a Santa Teresa?); escribió un documento en el que pedía perdón por sus pecados y en el Libro de Profesiones del convento asentó que renovaba sus votos monásticos, firmando "Yo, la peor del mundo, Sor Juana". Todo esto indica una resolución muy clara (OC, IV: 516-523). Si ejercieron coacción sobre ella, nunca lo sabremos. Quizá no, pues en su sistema de creencias sólo había una rara avis, y ésa era la Virgen: todos los otros fénix eran superfluos.

fénix – persona superior, única en su cla...
ave fabulosa
subvertido – transformar

---

[72] Warner, *Alone of All Her Sex*, p. 337. Julia Kristeva, en su artículo "Stabat Mater", incluido en Susan Rubin Suleiman, comp., *The Female Body in Western Culture* (Cambridge, Harvard University Press, 1986), se inspira en Warner, pero con base en este texto pide una ética contemporánea adecuada para el segundo sexo y sustentada en la maternidad.

III. EL PODER DE LA MUJER ARAÑA: LA ILUSA Y LA INQUISICIÓN

HABÍA una clase de mujeres que constituía un verdadero desafío para la sociedad colonial, y eran las denunciadas al Santo Oficio como *ilusas*. Se consideraban una amenaza social por varias razones: solían desafiar el control de los confesores o eludirlo inventando sus propios mitos religiosos y por lo general no tenían estado; es decir, no estaban recluidas en los conventos ni bajo el cuidado de sus padres o esposos. A pesar de que la sociedad colonial se esforzó por encerrar a esta población flotante en "recogimientos", no siempre tuvo buenos resultados.[1] Las ilusas no eran brujas ni tampoco habían establecido pacto con el diablo, de manera que la Iglesia tenía que encontrar cómo descalificar su discurso, considerándolo "ilusión" o engaño del diablo. Las ilusas empleaban el mismo lenguaje que las monjas místicas, pero a diferencia de éstas, con frecuencia "representaban" arrobos y éxtasis en público y exhibían sus cuerpos grotescos asegurando que tenían las marcas del favor especial de Dios.

Los márgenes y los límites siempre son peligrosos. Las ilusas estaban marginadas socialmente; además, su comportamiento "incorrecto" las transformaba en una parodia viviente y con frecuencia inconsciente de cuanto se tenía por sagrado. Las ilusas eran una amenaza para la "rigidez de los límites", pues, como John Frow (siguiendo a Mary Douglas) señala,

> Lo que conforma [el espacio del sistema discursivo] más o menos es la autoridad normativa que ejerce como institución, autoridad que se ejerce de manera más o menos estricta y que siempre es el intento de imposición de una unidad centralizadora, más que el hecho cumplido de dicha unidad. La autoridad institucional (que por definición está repartida asimétricamente entre los miembros "centrales" y "marginados" de la institución) se despliega en particular para conservar la pureza y la rigidez de los límites, y esto implica tanto definir estas prácticas como restringir el acceso a agentes autorizados y preparados.[2]

---

[1] Véase, de Josefina Muriel, *Los recogimientos de mujeres, respuesta a una problemática social novohispana* (México, UNAM, 1974).

[2] John Frow, *Marxism and Literary History* (Cambridge, Harvard University Press, 1986), p. 178.

Precisamente porque la Inquisición se fundó para conservar la
pureza del sistema, sus actas pueden iluminar claramente cómo
se produce la "subalternidad" y cuáles son los puntos de conflicto
que surgen cuando el estigma de la raza se opone al estigma del
sexo.[3]

En este capítulo me propongo hablar sobre el juicio que le hizo
la Inquisición a Ana Rodríguez de Castro y Aramburu Moctezuma, la cual se presentó ante el Santo Oficio de la Inquisición de
la Ciudad de México el 21 de noviembre de 1801, y que después
fue condenada al internamiento en una de las cárceles inquisitoriales secretas.[4] Lo que hace especialmente interesante este juicio
es que tuvo lugar no sólo cuando la sociedad se veía amenazada
por las ideas "francesas", sino cuando también empezaban a
aparecer nuevas configuraciones del discurso y ya no existía sólo
un marco de interpretación aceptado universalmente (véase el
capítulo IV). Como en el caso de Pierre Rivière descrito por Foucault, este juicio constituye "un singular encontronazo entre diferentes clases de discurso; una historia sin héroes, villanos ni destino; una batalla sin escenario. El poder que participa no es el de las
personas, sino el de los discursos empleados para describirlas".[5]
Sin embargo, la gente vive estos conflictos "como si" se tratara de
sujetos o individuos. Es evidente que Ana de Aramburu creía que
el discurso místico la diferenciaría de los demás y la ayudaría a superar su estatus devaluado. No obstante, en esta ocasión la lucha
por el poder interpretativo tiene lugar en el territorio más humilde y gira en torno a la interpretación que la clase dominante
hace del comportamiento subalterno.

Sin embargo, en el juicio de Ana no sólo hubo un "encontronazo" entre "su historia" y "la historia de ellos", sino también entre la configuración nueva y la vieja del comportamiento de las
mujeres. Tradicionalmente se pensaba que la "ilusión" era obra
del demonio; esta interpretación entraba en conflicto con otra

[3] Véase, de Gayatri Chakravorty Spivak, "A Literary Representation of the Subal-
tern: A Woman's Text from the Third World", en *Other Worlds: Essays in Cultural
Politics* (Nueva York y Londres, Methuen, 1987), pp. 241-268, donde aparecen algunas teorías sobre este tema.
[4] *Ana Rodríguez de Castro y Aramburu, Ilusa, Afectadora de Santos, Falsos Milagros y
Revelaciones Divinas: Proceso Inquisitorial en la Nueva España (siglos XVIII y XIX)*, prólogo
de Dolores Bravo, transcripción de Alejandra Herrera (México, UAM, 1984). Ésta es
una selección de documentos del juicio; los números de páginas entre paréntesis
son los de esta edición. En una o dos ocasiones cité documentos que no pertenecen a esta selección y que se encuentran en el Archivo General de la Nación (AGN,
Ramo Inquisitorial, vol. 1358, exp. 14 o 16).
[5] John Rajchman, *Michel Foucault: The Freedom of Philosophy* (Nueva York,
Columbia University Press, 1985), p. 70.

que la atribuía a la histeria. No podemos hablar de algo tan dramático como una "ruptura epistemológica" en la que todo el campo del discurso sufra una transformación, sino de la recodificación de la postura devaluada desde el punto de vista de la debilidad física.[6] Además, esto sucede en un periodo en el que los intelectuales laicos ya empezaban a desafiar el poder de la Iglesia. Lo que el juicio de Ana de Aramburu pone en claro es que incluso antes de la institucionalización de la histeria, hasta los más insignificantes desafíos a la autoridad patriarcal podían resolverse al diagnosticar a la mujer de "enferma".

Todo lo que sabemos de Ana de Aramburu procede de los archivos del juicio inquisitorial; gran parte de éste acaba de ser transcrito y publicado en un libro cuya introducción describe a Ana como a una *pícara*, presentando el proceso como una novela picaresca.[7] Esta lectura moderna no toma en cuenta el hecho de que el juicio es un drama o una lucha por el significado, que trabaron la autoridad masculina institucionalizada y el conocimiento informal y, por ende, ilegítimo. Por un lado estaba un sistema racional que reclamaba el monopolio de la verdad y que podía defenderlo, si era necesario, por la fuerza. Por el otro estaba una mujer que recurría a la fábula y a la actuación místicas para superar su estatus devaluado. Con este fin hizo profecías en público, afirmó tener los estigmas y vomitó abundante sangre. Algunos que la vieron afirmaban que la sangre que vomitaba era sangre menstrual: si era así, es que Ana utilizaba simbólicamente la misma fuente de la inferioridad femenina para elevar su estatus.[8]

Sin embargo, lo más interesante acerca de Ana de Aramburu no es su singularidad, sino el que perteneciera a una clase de mujeres perseguida sistemáticamente desde el siglo XVI tanto en España como en Hispanoamérica. La similitud entre sus "síntomas" y su lenguaje simbólico sugiere que persistía una tradición transmitida oralmente, y por otro lado, ellas no podían menos de explicitar y representar en sus propias personas las exigencias contradic-

---

[6] Esto es claro en el resumen de las actas, que se refieren específicamente a la histeria; se dice que las mexicanas son muy propensas a ésta. Véase *Ana Rodríguez de Castro*, p. 121.

[7] María Dolores Bravo, "Del espacio de la historia al espacio de la ficción", prólogo a la versión publicada del juicio, *Ana Rodríguez de Castro*, pp. 7-18. En este prólogo hay cierta confusión entre la retórica y la literatura, aunque, por supuesto, el caso de discutir el juicio es que no está marcado genéricamente, pero sí aclara el modo en que se forman las culturas subalternas.

[8] Una de las versiones clásicas del simbolismo de lo puro y lo impuro se encuentra en la obra de Mary Douglas *Purity and Danger: An Analysis of Concepts of Pollution and Taboo* (Londres, Routledge and Kegan Paul, 1966). Es obvio que Ana contamina y altera los límites que determinan la identidad.

torias del ascetismo y la femineidad. Estas mujeres exhibían su
sangre y la vomitaban, simulaban la lactancia y el éxtasis, y de esta
manera representaban simbólicamente y en público hechos "privados" de la vida de las mujeres: la menstruación, la maternidad y
el orgasmo. Mary Douglas afirma: "el cuerpo es un modelo que
puede representar a cualquier sistema... Todos los márgenes son
peligrosos... la saliva, la sangre, la leche, la orina, las heces y las lágrimas traspasan los límites del cuerpo sólo por expelerse".[9]

Sin embargo, Ana no vivía en la Edad Media ni en el siglo XVI:
vivió a fines del siglo XVIII y a principios del XIX, cuando en México dominaba una amplia clase inferior. En esta ciudad, que entonces tenía una población de 137000 personas, había 6700 artesanos, 14000 criados y 15000 pordioseros. Sólo una tercera parte
de la población tenía empleo fijo. Era una ciudad hambrienta, de
febril vida callejera, en la que se erigían suntuosos conventos e
iglesias. Las calles "no sólo servían para la circulación de personas
y de mercancías, eran el centro mismo de la vida social, su espacio privilegiado. En ellas, los habitantes de la ciudad trabajaban,
compraban, comían, realizaban ceremonias civiles y religiosas, se
paseaban, se divertían y se embriagaban. Ahí también se manifes-
taban cotidianamente la sexualidad y la muerte".[10] Precisamente
esta heterogeneidad, y por encima de todo el desorden que podía
causar, era lo que inspiraba miedo a la crema y nata de la sociedad. A fines del siglo XVIII hubo una lucha por controlar estas
mismas calles reglamentando las diversiones escandalosas como el
carnaval y las funciones callejeras. De hecho, el inmenso trabajo
de investigación que implicaba el juicio de Ana de Aramburu sólo
se explica si tomamos en cuenta el ambiente contemporáneo y la
lucha generalizada por el control del espacio público.

Antes de analizar el juicio más detalladamente, es importante
señalar los procedimientos de la Inquisición en la Nueva España,
puesto que la enjuiciada sólo nos habla por medio de sus archivos.
La Inquisición se estableció formalmente en la Nueva España en
1568 y en un principio sólo se interesaba en los judíos, los protestantes y alguno que otro musulmán, aunque también se ocupaba
de los casos de bigamia, brujería y literatura sediciosa, además de
los "ilusos". Por lo demás, no tenía jurisdicción sobre los indígenas y, a pesar de efectuar el ritual del auto de fe, quemó a relativamente pocos herejes.[11]

[9] Douglas, *Purity and Danger*, p. 145.
[10] Juan Pedro Viqueira Albán, "¿Relajados o reprimidos?", suplemento de *La Jornada*, 3 de enero de 1988, núm. 155, pp. 5-6. [Editado en FCE.]
[11] Véase, de Toribio Medina, *Historia del Santo Oficio de la Inquisición en México*,

Pero la Inquisición no tenía que quemar para que la temieran. Los escritos de Sor Juana demuestran que el Santo Oficio se sentía como una amenaza cuyos procedimientos eran tan bién conocidos por la población que producían una especie de autocensura. Los acusados pasaban meses en las cárceles secretas sin saber quién los había denunciado ni de qué se les acusaba. Se les prohibía hablar de los interrogatorios, salvo cuando éstos se efectuaban.

Las pruebas se reunían con todo cuidado (algunas se conseguían mediante torturas que se aplicaban al acusado o a sus conocidos) y todas se asentaban por escrito. Cuando se le dictaba sentencia al acusado, se le despojaba de todas sus posesiones y por lo general se le obligaba a participar en el auto de fe. En su último acto de desafío público o de humillante retractación sufría el desprecio de la multitud; cargaba velas verdes, llevaba la capucha y vestidos en los cuales estaban pintadas las llamas del infierno. Los condenados a la hoguera eran entregados a las autoridades civiles para que los quemaran. Los demás eran exhibidos, a veces se les azotaba en público; después se les regresaba a las cárceles secretas de la Inquisición, donde se les negaba el trato con otras personas.[12] Cuando se sometió a juicio a Ana, ya no se efectuaba el auto de fe ni se torturaba a los presos; con todo, la cultura del miedo se había inculcado con tan buen éxito en la población que el Santo Oficio seguía siendo un importante instrumento de intimidación social.

Los procesos de las ilusas aumentaban a medida que disminuía el poder del confesionario como instrumento de control social. A veces, los inquisidores identificaban a las ilusas con el movimiento herético de los "alumbrados", una secta del siglo XVI que había

2a. ed. ampliada por Julio Jiménez Rueda (México, Ediciones Fuente Cultural, 1952). Este libro apareció originalmente en Santiago de Chile, en 1905, dedicado a Porfirio Díaz. Véase también, de Solange Alberro, "Herejes, brujas y beatas: mujeres ante el Tribunal del Santo Oficio de la Inquisición en la Nueva España", en *Presencia y transparencia: La mujer en la historia de México* (México, El Colegio de México, 1987), pp. 79-94, y, de la misma autora, "La sexualidad manipulada en la Nueva España: modalidades de recuperación y de adaptación frente a los Tribunales Eclesiásticos", en las actas del primer simposio sobre la Historia de las Mentalidades, *Familia y Sexualidad en la Nueva España* (México, El Colegio de México, 1982), pp. 238-257.

[12] Existe una interesante descripción del auto de fe de 1659 en la que se habla de la procesión y de sus oficiantes. Véase *Auto General de la Fe a que asistió presidiendo en nombre y representación de la Cathólica Magestad del Rey N. Señor Felipe Quarto (que Dios guarde) con singulares demostraciones de Religiosa y Christiana piedad, y ostentaciones de grandeza, su Virrey Governador y Capitán General de esta Nueva España, el excellentíssimo Señor D. Francisco Fernández de la Cueva, celebrado en la Plaza Mayor de la muy noble, y muy leal Ciudad de México el 19 de noviembre de 1659 años.*

sostenido que no era forzoso que los creyentes se confesaran.[13] Sin embargo, las ilusas de la Nueva España no siempre eran heréticas; más bien trataban de imitar los arrobos y éxtasis de las mujeres santas, o deseaban serlo, o deseaban hacerse pasar por santas; con frecuencia su lenguaje era parecido al de las monjas místicas como Sor María de Jesús Tomelín. Se distinguían de las beatas en que desafiaban el poder del confesor y en que se exhibían en público levitando y profetizando.[14]

El clero definía a la ilusión como una forma de autoengaño en asuntos espirituales, aunque parece haber existido cierta confusión respecto de si esto era voluntario o resultado de la ignorancia: confusión evidente en el juicio de Ana.[15] En los juicios de la Inquisición era frecuente que se considerara a las ilusas como estafadoras que recurrían a los raptos y al lenguaje místico con toda clase de razones perversas, para ganar dinero o para hacer pasar como trucos del diablo embarazos no deseados. Por ejemplo, en el siglo XVII, las mujeres de la familia Romero, que reunían a un gran público durante sus representaciones, eran consideradas místicas falsas. Una de ellas, Teresa de Jesús, dio a luz a un niño ilegítimo en las cárceles secretas de la Inquisición;[16] suceso que confirmó, a criterio de los inquisidores, la vida escandalosa que esperaba ocultar diciendo que todo era obra del diablo.

Pero si consideramos que todas estas mujeres son seudomísticas, negamos aspectos interesantes del fenómeno, pues, de manera muy distinta a Sor Juana, luchaban por un espacio discursivo en la sociedad que se los negaba. Como carecían de instrucción, empleaban el único instrumento que en realidad poseían: su cuerpo. Al sangrar daban pruebas de su especial relación con Dios. Asimismo creaban fantasías relativas a la maternidad. La ilusa del siglo XVII, Teresa de Jesús, fingía amamantar a una ima-

[13] Véase, de Claire Guilhem, "La Inquisición y la devaluación del verbo femenino", pp. 171-207, en la obra citada de Bartolomé Bennassar, comp., Inquisición española, 2a. ed. (Barcelona, Editorial Crítica, 1984). Claire Guilhem señala que las ilusas formaban una categoría llamada de las "iludentes". En Perú hubo una verdadera fiebre de ilusas. El caso más famoso fue el de Ángela de Carranza, que decía sermones vestida como monje en las gradas de la Catedral. Luis Martín la menciona brevemente en Daughters of the Conquistadores; Women of the Viceroyalty of Perú (Albuquerque, University of New Mexico Press, 1983), pp. 298-299.

[14] Véase, de Guilhem, "La Inquisición y la devaluación del verbo femenino", p. 194, donde afirma que lo que hace peligrosa la "locura" de la ilusa es que la gente la escucha.

[15] Guilhem, "La Inquisición y la devaluación del verbo femenino", p. 191.

[16] El juicio de Teresa Romero, que se hacía llamar Teresa de Jesús, fue transcrito como "El proceso de una scudo iluminada" en el Boletín del Archivo General de la Nación, 17 vols. (1649), 1:35-72, 2:217-242, 3:387-442. Véase en 2:218-219 la historia del niño que parece haber sido criado con ella en la cárcel.

gen del Niño Jesús.[17] Ana de Aramburu afirmaba que era virgen y
adoptó a un huérfano con quien tenía, según los delatores, una
relación demasiado íntima. Estas dos mujeres transgredieron las
categorías aparentemente naturales de virgen o madre alegando
ser ambas cosas. En el juego de oposiciones

virgen   madre
no virgen   no madre

sólo una mujer puede transgredir la oposición, y es la Virgen María, única porque es al mismo tiempo virgen y madre.[18] No ser virgen ni madre era ser prostituta. Las únicas categorías legítimas
eran virgen/no madre (monja y soltera) y madre/no virgen (casada). Así, cuando Teresa de Jesús amamantaba al Niño Jesús
transgredía este sistema de significado de tal modo que alcanzaba
un lugar que no podía alcanzar el clero, pues éste no podía tener
una relación corporal con Cristo, ni siquiera imaginariamente.
Teresa también regresó a la niñez comportándose, hablando y ali-
mentándose como bebé.[19] De esta manera se transformó en *in-
fans*, es decir, alguien que todavía no alcanza la edad para hablar,
ser consciente y pecar.

Ana de Aramburu se hizo sospechosa en 1799, cuando vivía en
Puebla, pero se le celebró juicio sólo en 1801, en la ciudad de
México. Los detalles de su vida antes de que se hiciera famosa
son escasos. Parece que había vivido con un tío sacerdote, que había deseado entrar a un convento y, por supuesto, no tuvo para la
dote. Cuando se presentó por primera vez ante la Inquisición estaba casada pero vivía separada de su marido, el sastre Juan Ortiz.
A los inquisidores les pareció sumamente irregular esta separación, pues, como lo señalaron en el resumen del juicio, San Pedro había exhortado a las mujeres mal casadas a permanecer bajo
el cuidado de sus esposos porque una esposa con una conducta
admirable y piadosa era una buena influencia para un marido
que se descarriaba (p. 134). Sin embargo, Ana de Aramburu no
era una paciente Griselda. A principios de siglo vivía entre México y Toluca; con frecuencia cambiaba de domicilio: a veces vivía
con otras mujeres, a veces de la caridad de los sacerdotes, a veces

[17] "El proceso de una seudo iluminada", 3:411.
[18] Marina Warner, *Alone of All Her Sex: The Cult of the Virgin Mary* (Londres, Pan
Books, 1985). El libro más importante sobre la Inquisición en México es de Solange Alberro, *Inquisición y sociedad en México*, FCE, 1988.
[19] "El proceso de una seudo iluminada", 1:65. Se dijo que Teresa hacía obsceni-
dades con una imagen de Cristo y también que fingía estar tullida.

de lo poco que ganaba enrollando puros o ayudando a los enfermos a cambio de la pitanza. Pero más que nada explotaba un misterioso mal físico que la hacía vomitar sangre; Ana hacía de esto un verdadero espectáculo, pues al mismo tiempo levitaba, profetizaba y afirmaba tener los estigmas.[20]

El 1º de noviembre de 1801 se presentó ante el Santo Oficio "voluntariamente"; había sido denunciada por un vecino, pero también había ejercido presión sobre ella una verdadera horda de confesores ansiosos por quitarla de en medio. Entre éstos estaban fray Francisco de Jesús María y Joseph y fray Felipe. Este último la había querido encerrar en un "recogimiento" acusándola de inquietadora de niñas (p. 46). Las actividades de Ana de Aramburu perturbaban a tal punto al padre Ynfantas que la persiguió a lo largo de todo el proceso inquisitorial, ejerció presión sobre los testigos y le siguió la pista cuando trató de ocultarse al ser declarada culpable. Incluso un sacerdote que simpatizaba con ella, el licenciado Ildefonso de Esquivel y Vargas, sintió la necesidad de mantenerla bajo constante vigilancia.

Diez meses después de su primera aparición, el 2 de septiembre de 1802, y tras de que fueron interrogados minuciosamente varios confesores, amigos, conocidos suyos y médicos de la ciudad de México y Toluca, se ordenó la confiscación de sus propiedades así como su arresto; se le acusó de ilusa, de haberse hecho pasar por santa, de haber efectuado falsos milagros; había fingido tener revelaciones divinas y sangraba de la boca y de los costados (p. 83). Gracias al pormenorizado expediente y a las cuidadosas investigaciones de los inquisidores, su juicio nos permite captar la vida cotidiana de las casas de vecindad de la ciudad de México y da voz a una serie de personajes, entre los cuales aparecen sacerdotes, pintores, comerciantes, un almidonador y varias mujeres que vivían solas. Todavía más interesante que este panorama "de los de abajo" es la actuación simbólica de la propia Ana, pues constituía tanto una parodia de la fábula mística como una lucha por el poder.

Es importante entender la cronología del juicio, porque pasó por varias etapas en el transcurso de un año. Los principales episodios son los siguientes:

1. En noviembre de 1801, Ana de Aramburu se presenta ante el inquisidor Antonio Bergara y Tordán, caballero de la Real y Distinguida Orden de Carlos III y obispo de Oaxaca (estos títulos indican la desigual distribución del poder). Al inquisidor lo ayuda Juan Bautista de Arrecherredeta, quien reúne evidencias e interroga a los testigos. En su única declaración, se interroga a Ana

[20] AGN, vol. 1358, fol. 272.

en tercera persona, como era costumbre, y se le pregunta si sabe de alguien que haya atentado contra la Iglesia católica o contra la Inquisición, o si ella misma lo ha hecho (p. 25). Ana declara que ha hablado de sus achaques (los estigmas, el vómito de sangre, la levitación) con varias personas, entre ellas dos confesores carmelitas, fray Joseph de la Expectación y el padre Ildefonso Esquivel, que la había denunciado. También había hablado de sus "accidentes" con algunos legos, entre ellos Juan Domingo Gutiérrez, almidonero de oficio, cuya mención le permite deslizar cierta información que a todas luces tenía el propósito de desacreditar a sus acusadores. Parece que cuando la esposa de Gutiérrez estuvo enferma, un fraile carmelita, fray Manuel, fue a confesarla y trató de acostarse con ella. Cuando Gutiérrez se quejó, el padre Francisco de Jesús María dijo que ni siquiera el Papa podía cambiar al confesor, de manera que fray Manuel siguió visitando a la esposa de Gutiérrez.

Tras la declaración preliminar, los confesores de Ana declaran personalmente o por escrito. Además, son llamados varios de sus discípulos, entre ellos Ana de la Colina, "agente de comercio", y Juan Gutiérrez; ambos atestiguan en su favor. Otros testigos, por ejemplo María de la Merced Álvarez, atestiguan en su contra por consejo de sus confesores (p. 49).

2. Después de examinar a estos testigos, Juan Bautista Arrecherredeta se impacienta, se queja de que si el Santo Oficio hubiera de registrar todos los milagros y profecías atribuidos a Ana de Aramburu, no bastaría un volumen en folio (p. 48) y la acusa de haberse trasladado de uno a otro extremo de la ciudad y menciona como testigos de sus engaños a todas las beatas que acuden a los mismos confesores que ella, pues han vivido con ella y han visto sus éxtasis, profecías y sudores por todas partes. Agrega que ha examinado a los testigos más importantes, y considera que la mujer causará escándalos mayores si no es corregida por el tribunal inquisitorial (p. 71).

A cambio de esta severa condena de Ana, "suspende el juicio" contra fray Manuel por su supuesto intento de seducir a la señora Gutiérrez, porque "conozco la miseria y frivolidad de los hombres pero mi concepto del acusador [Gutiérrez] es que es un hombre muy caprichoso y terco, el cual, sintiendo exageradamente el peso de la cruz del matrimonio porque su esposa gasta sin el cuidado y la economía que a Gutiérrez le gustaría, trató de abandonarla en la casa de una hermana para que viviera de una bicoca" (p. 72). Sean los que fueren los méritos de la acusación que Ana hace acerca del libertinaje del cura, Arrecherredeta se niega a discutirlos más. No es el clero el sometido a juicio.

3. Entre noviembre de 1801 y marzo de 1802, Ana de Aramburu afirma públicamente que el inquisidor la exoneró y hace varias profecías favorables para congraciarse con el tribunal. Por otra parte, algunos miembros del clero ejercen presión sobre los testigos, induciéndolos a dar pruebas en contra de Ana.

4. Se señala a un nuevo comisionado, el marqués de Castañiza, cuidadoso y paciente, quien, en compañía de un notario, presencia uno de sus éxtasis, reúne pruebas en Toluca, donde había vivido Ana varios meses protegida por un prior carmelita, y vuelve a examinar a varios de los testigos de Arrecherredeta, entre ellos a Ana de la Colina y a Juan Domingo Gutiérrez, que fueron presionados a cambiar sus testimonios (p. 98). Ana de la Colina afirma ahora que su ex amiga es borracha, de mal genio y mentirosa, que cambia de casa y confesor con frecuencia pues en cuanto la presionan (como ella dice) los deja y los critica diciendo que están locos, y que son imprudentes, como dijo expresamente del licenciado Esquivel, del padre fray Francisco de Jesús María y de fray Joseph de la Expectación (p. 91). Empiezan a acumularse pruebas de perversiones sexuales. Gutiérrez acusa a Ana de masturbarse en público durante sus trances, de exponer el cuerpo y de haber sido vista abrazando lascivamente a un huérfano que había adoptado (p. 104). Además, presenta un pasquín que había sido puesto en la casa de una tal Josefa Orcolaga cuando Aramburu vivía ahí. Continuamente se acusa a Ana de bellaca y tramposa, de haber fingido santidad, escandalizado el vecindario y engañado a los crédulos.

5. Ana de Aramburu ya había roto con su "discípula" Ana de la Colina. En mayo de 1802, temiendo que se volvieran en su contra más testigos, causó un escándalo al insultar y amenazar a Micaela Orcolaga y a Juan Domingo Gutiérrez, acaso mientras estaba borracha.[21]

6. La Inquisición, en el resumen de lo que ha encontrado, con fecha del 5 de agosto de 1802, la declara culpable de ser "ilusa": Ana no ha dado muestras de especial devoción que apoye sus afirmaciones de ser beata y ha hecho profecías falsas. Los inquisidores atribuyen sus afecciones a la histeria, argumentando que, sobre todo, las mujeres de la capital son muy propensas a padecer ese mal que se expresa en prácticas y palabras que horrorizan, asustan, asombran y confunden a quienes las miran, sobre todo si no conocen ese mal que debería inspirar compasión porque quienes lo padecen están al borde de la locura (p. 121).

Además, Ana buscó *auras favorum*, el atractivo del aplauso al escenificar milagros falsos, y, en su ignorancia, difundió inexactitudes acerca de la Inmaculada Concepción. Un ejemplo que citan los inquisidores es la conversación que Ana supuestamente tuvo con Nuestro Señor, y en la cual él le propuso que intercambiaran sus corazones. Los inquisidores expresan sus dudas acerca de que Nuestro Señor pudiera hablar de manera tan frívola, dado que, según Santa Teresa, Dios sólo expresa juicios graves y complejos. Así pues, estas conversaciones deben ser falsas e inventadas para engañar a la gente y para que Aramburu tuviera fama de piadosa.

Todavía más serio es el ataque de Ana al confesionario, porque se dice que es dirigida sólo por Dios y que la confesión es una formalidad para evitar murmuraciones (p. 116), y que generalmente busca confesores poco rigurosos, y quienes no lo son los considera tontos (p. 119). En sus observaciones, los inquisidores señalan que nunca se ha sabido que Nuestro Señor aleje a las almas de las enseñanzas de los ministros del Sagrado Sacramento de la Penitencia. En cuanto a sus profecías, siguiendo a Tomás de Aquino, las atribuyen a la facultad femenina de adivinar los efectos tras la observación de las causas. Los inquisidores concluyen que Ana ha mentido en su propio beneficio, o que sus visiones son ciertas y son obras del demonio, dado que Dios sólo envía visiones para mejorar la comprensión. Es muy significativo que en todo el resumen no se mencionen sus supuestas aberraciones sexuales.

7. El 2 de septiembre se emite la orden de arresto y se resumen los cargos: fingir la santidad, escenificar milagros falsos, profecías, éxtasis, arrobos, devociones y visiones celestiales; fingir hablar con Dios, tener sus heridas y derramar sangre, sobre todo de la boca y del corazón, con la que empapa un trapo, a fin de que los crédulos le crean; se le acusa de prometer favores a quienes creen en ella y la protegen, y terribles castigos a los que no; de predecir la muerte de algunos y afirmar que algunas almas han salido del Purgatorio gracias a su intercesión "y muchas otras ficciones, mentiras e intrigas".[22]

8. El 27 de septiembre de 1802, después de que la Inquisición había emitido el juicio, aparece una nueva testigo: María de la Encarnación Mora; presenta un documento de cerca de treinta y un páginas "formado con ayuda de su confesor, don Francisco Ynfantas". Este mismo confesor había aconsejado a Ana de la Colina para que cambiara su testimonio. Las acusaciones de María de la Encarnación son mucho más serias que las de los demás testigos, pues tienen que ver con la perversión sexual y la herejía. En su testimonio, María declaró haber sido posesa del demonio

[22] AGN, vol. 1358, fol. 272.

entre enero y septiembre de 1802, y declaró que Ana de Aramburu había expresado que descreía en la eficacia del rosario y que la confesión espiritual al Santo Cristo en la presencia de Dios bastaba para la salvación, de modo que no necesitaba practicar la meditación, y cuando la recomendaba sólo era como un medio de autoconocimiento, dijo también que no tenía fe en María ni en los santos pues no la habían escuchado y por eso sólo creía en Jesucristo.

María de la Encarnación no sólo acusa a Ana de arrastrar el crucifijo por el excremento (una de las acusaciones comunes que se hacían a los judíos), sino también de conducta sexual pervertida, de lesbianismo y de tener relaciones antinaturales con el huérfano que había adoptado.

9. Esta terrible acusación no es tomada en cuenta por el marqués de Castañiza, que, en una carta cubierta al Inquisidor, le dice que observó "artificio y ficción en el modo de producirse, fingiendo por una parte mucho rubor y por otra descaro y desemboltura contraria a la vergüenza que se aparentaba".[23] Al marqués también le pareció raro que María de la Encarnación estuviera endemoniada en la época en que aparentemente era su confesor el padre Francisco Ynfantas, y señala que éste había aconsejado a María de la Encarnación y le había dicho que tomara notas. Todo lo que ha logrado ha sido por interrogatorio e insistencia del confesor. El marqués descubrió en la interrogación de este confesor "algunas imprudencias"; aunque lo califica de piadoso y de buenas intenciones, no tiene confianza en su educación ni en su talento. Le pareció algo crédulo ante las habladurías, orgulloso, caprichoso y tímido, y afirma que probablemente gran parte de lo declarado por María de la Encarnación fuera interpretado por él.[24]

El marqués se muestra igualmente escéptico acerca de diferentes objetos que Mora había presentado para probar las malas intenciones de Ana de Aramburu: una muñeca con alfileres, una piedra y un pedazo de plomo. Un libro que le había quitado a un niño porque supuestamente era diabólico resultó ser un libro de devociones común y corriente. El marqués no cree en las acusaciones de que Ana María de la Colina fuera depravada pues cuando la trató no le dio esa impresión. Sin embargo, aceptó que las ficciones de Ana la habían inducido a alucinar.[25]

---

[23] AGN, vol. 1358, fol. 435. El marqués de Castañiza declara que observó "un no sé qué, que me hace dudar de la verdad de lo mismo que se refiere" y demuestra ser un agudo juez de caracteres y no estar dispuesto a seguir el celo del padre Ynfantas en su cacería de brujas.

[24] AGN, vol. 1358, fol. 436.

[25] AGN, vol. 1358, fol. 436.

El 19 de octubre se expide la orden de que Ana sea encarcelada en una cárcel secreta de la Inquisición, pero no pueden localizarla durante varias semanas. En este tiempo, su viejo enemigo, el padre Francisco Ynfantas la busca diligentemente. Por fin encuentra a Ana, viviendo con su marido en el barrio de La Lagunilla. Cuando el marqués de Castañiza la toma bajo su custodia el 27 de enero de 1803, queda impresionado por su serenidad y porque "prosiguió calentándose las manos ante el bracero durante los procedimientos". Camino a la cárcel, Ana habla con aplomo y moderación, pero también con franqueza, sin mostrar temor ni inquietud por saber la razón de su encarcelamiento, como lo habría hecho culquier otra persona en tales circunstancias (p. 176). Antes de destinarla a la celda número trece, la Inquisición describe detalladamente su apariencia física y sus ropas, que consisten en una gastada blusa, un rebozo, varias enaguas y un rosario que lleva al cuello "sin que tenga ningunas otras posesiones en ningún lugar".

11. Luego de ingresar en la cárcel, Ana es examinada por un médico, que descubre una inflamación en el útero y "pus fétido" que atribuye a una enfermedad venérea. Como esta enfermedad sólo puede ser curada por alguien de su propio sexo, es enviada al hospital de San Andrés, donde vomita sangre, por lo que hacen llamar a su confesor, Juan Díaz de Montoya, quien informa que Ana no había errado en nada concerniente a la fe, que conocía la doctrina cristiana y tenía suficiente conocimiento de los principales misterios de la religión, y que por esta razón escuchó su confesión, observando que le contestó con "orden y detalle" (pp. 181-182). La "ilusión" de Ana de Aramburu está "curada".

12. El 3 de septiembre de 1808, Ana escribe a la Inquisición pidiendo que se le admita en el hospital de San Juan de Dios, solicitud cortésmente rechazada debido a que pronto será liberada. Hasta aquí con Ana de Aramburu.

El juicio, resumido de esta manera, ofrece la historia de una mujer que fracasa en su intento de salir del anonimato y la de una institución (la Inquisición) que actúa con paciencia, pero que no obstante la considera lo bastante peligrosa como para encarcelarla. Sin embargo, por medio de las denuncias, muchas veces contradictorias e incoherentes, y por medio de las distintas interpretaciones del comportamiento de Ana de Aramburu puede trazarse otra historia: la de una mujer que no se sentía interpelada por el discurso hegemónico y que trató de marcarse su propio espacio. Incide también de forma inquietante la cuestión racial: uno de los apellidos de Ana era el de Moctezuma, lo que indica que descendía de una familia indígena. Cuando se presentó por primera vez ante la Inquisición, fue descrita como "española", es decir, criolla, aunque tenía la piel "parda". Asimismo, Ana se quejó cuando un confesor la mandó a vivir con una familia indígena, que la puso a moler maíz. Todo esto no sólo indica los problemas de una marginada sin apoyo de su familia, sino también el estatus inseguro de la mestiza que se esforzaba por subir de categoría de la única manera posible. Es probable que se casara con el sastre Juan Ortiz poco antes de 1800: es decir, cuando ya no era tan joven, puesto que había cumplido los treinta y ocho cuando la detuvieron, y esto parece haber coincidido con su traslado a la ciudad de México, donde entró en contacto con artesanos y artesanas que después se convirtieron en sus discípulos. Cuando se casó ya padecía de una rara "enfermedad" en la cual se basaba para declarar que tenía poderes extraordinarios: de la boca le fluía sangre. No hay razones para pensar que no hubiera podido seguir viviendo con su esposo, pues él la recibió cuando se escondió de la Inquisición. Parece que de manera consciente eligió vivir independiente, acaso porque en verdad creía en su don milagroso, acaso porque era contraria al matrimonio o a los hombres.

Empero, en la Nueva España no había lugar para las mujeres sin estado, a menos que pudieran confiar en la caridad del clero. Ana se refugió primero con el padre Esquivel; luego se fue a Toluca con el padre Jesús María y San Joseph, que había sido nombrado prior de un convento carmelita, en el cual Ana fue mantenida por los feligreses. En determinado momento Ana estuvo en la casa de una de las hijas espirituales del sacerdote, María de la Luz Rainaudo, a la que convenció de que alquilara un carruaje que las llevara de nuevo a la ciudad de México, donde (dijo) trataba de reclamar la herencia de Moctezuma. Sin embargo, no cabe duda de que Ana tenía mucha ambición e incluso de que quizá algunos sacerdotes la alentaran. Su amiga Ana María de la Colina se quejó de que primero la elogiaran y luego estuvieran en su contra, eso la indignaba. Algunas de las jóvenes impresionadas por sus actividades llegaron a transcribir sus palabras sobre los misterios de la Trinidad y la Encarnación.[26]

El testimonio de Ana de la Colina explica por qué causó tal conmoción en el vecindario Ana de Aramburu. Aunque esta testigo no podía recordar bien los milagros, su testimonio indica claramente que su amiga estaba retando al clero, sobre todo al afirmar que tenía poder sobre la vida y la muerte.

Ana de la Colina recordó que María de la Merced Álvarez, hermana de un pintor que vivía cerca del Carmen, le dijo que la

---

[26] AGN, vol. 1358, fol. 279.

Aramburu había visto cosas terribles durante su muerte, aunque no precisó cuáles; que afirmaba llevar impresas las cinco heridas sangrantes de Cristo; haber resucitado un niño en Puebla, y a una tal Mariquita; haber predicho el día y la hora de la muerte del señor Serruto[27] y luego haberlo sacado del purgatorio. Durante esos días se escucharon ruidos en la casa del licenciado Esquivel, donde por entonces vivía Ana, producidos por Serruto, que regresaba a pedirle perdón por haberla insultado (pp. 58-59).

También se dijo que la Aramburu pospuso la muerte de una mujer porque no podían localizar a su confesor para que le proporcionara los últimos auxilios. Condenaba a sus enemigos a largos periodos en el purgatorio y salvó a una mujer haciéndola invisible cuando su amante estaba a punto de golpearla. Después, éste ingresó como novicio a la orden franciscana. Ana también sabía predecir los terremotos.

Ana explotaba la creencia de sus vecinos en la magia simpática y en los espíritus de los animales o nahualismo.[28] Afirmaba que la imagen del Niño Dios había inclinado la cabeza para poder caber en un nicho de su casa y que compartía sus sentimientos, pues cuando a ella se le hinchaba la pierna, también se hinchaba la imagen.

Todos estos milagros están relacionados con los problemas cotidianos de la vida, la muerte y la enfermedad, y resuelven los problemas prácticos de la sobrevivencia: la necesidad de hacer un testamento antes de morir, la infidelidad y la enfermedad. Al mismo tiempo, satisface el deseo por lo milagroso y lo sensacional, y quizá alimentan cierto resentimiento contra el clero. Por ejemplo, parece que Ana de Aramburu animaba a la gente para que no hiciera caso de la vigilancia del confesionario, pues a una testigo le dijo que en cierta época, sin la guía de ningún confesor y ayudada sólo por los libros, había crecido grandemente en virtud, y que por supuesto volvería a tomar ese camino, abandonando a su confesor, el padre Francisco de Jesús María y San Joseph, quien, afirmaba, no le hacía caso.[29]

Si nos conformamos con la explicación de que es una farsante

---

[27] Serruto, del que se decía que era "doctor y maestro" fue uno de los que la denunciaron como ilusa. Según Ana María de la Colina, había pasado catorce días en el purgatorio por esto antes de que saliera debido a las oraciones de Ana de Aramburu, y su espíritu también había vagado por la casa del licenciado Esquivel, pidiéndole perdón a la Aramburu cuando ésta vivía ahí (p. 83).

[28] La mención del *nahualismo* procede de la sospechosa evidencia de María de la Encarnación Mora (p. 155). Lo interesante es que demuestra que el temor de las tradiciones populares indígenas se filtra entre la población criolla.

[29] AGN, vol. 1358, fol. 119.

o una pícara, corremos el riesgo de pasar por alto el significado simbólico de la actuación de la Aramburu y la manera en que transcodificó el misticismo en la tradición popular. De hecho, dos de sus discípulos, Juan Domingo Gutiérrez y Ana de la Colina, mencionaron textos místicos; además, la segunda parece haber conocido *Las Moradas* de Santa Teresa. El propio uso que Ana de Aramburu hacía del lenguaje místico bastó para impresionar cuando menos a uno de los testigos eclesiásticos (aunque también comentó que acaso el demonio la hubiera inspirado). Este testigo, el licenciado Ignacio Pico, había escuchado cómo explicaba Ana el misterioso significado del sueño de San Pedro, diciendo que se trataba de una figura o símbolo de "almas perezosas, ociosas, sin interés en su salvación", aunque también le pareció tibio el discurso amoroso de Ana con Nuestro Señor (p. 99). De la misma manera, el padre Esquivel observó que, aunque en su trato diario Ana era una mujer ordinaria, cuando estaba en éxtasis hablaba con un conocimiento de las cosas que excedía a su capacidad natural, si bien nunca cometió ningún error contra la fe ni se opuso a la disciplina de la Iglesia, ni hizo nada ridículo ni disonante o indigno de Dios (pp. 32-33). Sugirió que los libros que Ana había leído de joven podían haber inspirado las alegorías del jardín y el campo que empleaba cuando parafraseaba la Oración del Señor y el Ave María (p. 33). Con todo, estas explicaciones sólo muestran la incomodidad del clero ante Ana, que se apodera de "su" lenguaje. Si bien es cierto que las visiones y los diálogos piadosos de Ana de Aramburu, copiados por Ana María de la Colina e incluidos en los documentos de la Inquisición, se refieren a lugares comunes de la religión (por ejemplo, Cristo como el jardinero divino, siendo el jardín el lugar predilecto para la teología contemplativa), ella los transforma de manera interesante.

Por ejemplo, describe detenidamente a Cristo, atribuyéndole todas las características físicas del amante ideal, haciendo hincapié en su piel blanca, mencionando la hermosura de su color sonrosado como el de un caballero; la de sus ojos tranquilos y ligeramente inyectados que seducen; la de su cabello largo y rojo; la hermosura de su boca pequeña y de sus mejillas. Habla también de su estatura, de la delgadez de su cuerpo y de sus pies pequeños; de sus manos largas, sus cejas y sus uñas de bella forma. Preguntándose si habría alguien que no lo amara, pues con sólo mirarlo engendra amor, por su humildad, su honradez y su paciencia. Y concluye ofreciéndole su corazón para que imprima en él su pasión (pp. 69-70).

Cristo no sólo es un "caballero" de aspecto europeo, sino que representa un ideal andrógino muy distinto de los machos fanfarrones y los léperos de la ciudad de México. Ana explota la retórica (el vocativo, la interrogación y la respuesta) para indicar que en realidad estaba hablando con él, y lo hace de tal manera que quienes la escuchaban podían imaginar lo que decía Cristo. En vez de trascender el "yo", como las místicas, para unirse al amor divino, Ana de Aramburu lleva la atención a la propia actuación[30] y a ella misma como autora de un discurso amoroso.

Sin embargo, para los confesores, más seria que este lenguaje amoroso es su subversión del dogma, pues se afirma que Ana de Aramburu dijo a la Virgen que era "hija del Padre, esposa del Espíritu Santo, e hija del Hijo", y que había sido concebida "sin pecado original antes del nacimiento, durante el nacimiento y después del nacimiento". La Inquisición dijo que esta declaración era "hija de la estupidez y hermana de la verborrea" (o sea, la *pariente* femenina de estos defectos), pues ¿qué tenía que hacer el pecado original, que sólo se cometía durante la animación del feto, con el tiempo anterior al nacimiento, el del nacimiento y el posterior al nacimiento, cuando nadie tenía la menor idea de si la Virgen había sido concebida sin tal pecado? (p. 128). Si bien Ana ofrecía una versión confundida del Nacimiento Virginal y de la Inmaculada Concepción (que todavía no era dogma), los aspectos que trata no son triviales de ninguna manera. Los inquisidores limitan el pecado original al acto sexual, la "animación del feto", y niegan toda relación entre el Nacimiento Virginal y la Inmaculada Concepción (o sea, la creencia en que, de toda la humanidad, sólo la Virgen escapó del pecado original). La explicación de la Inquisición, que es por demás técnica, tiene el propósito de poner en su lugar a Ana de Aramburu, pero su corrección racional no puede eliminar la carga simbólica de las afirmaciones de Ana, ni su significado como tradición popular. Desde el punto de vista actual, las declaraciones de Ana acerca de Cristo y de la Virgen no parecen más ficticias que la biografía de la Virgen escrita por Sor María de Agreda con mucha fantasía (aunque fue aprobada por la Iglesia), y en la que explicaba muy imaginativamente cómo sucedió la Concepción Inmaculada.[31] Pero para los hombres que juzgaron a Ana, las afirmaciones de ésta, hechas sin el apoyo de ninguna "autoridad", tenían que ser incorrectas.[32]

---

[30] El guión de la actuación de Ana es la fábula mística transpuesta del teatro interior del *ser* al teatro público de las calles.

[31] Sor María de Jesús Agreda, *Vida de la Virgen María* (Barcelona, Montaner Editores, 1899), pp. 75-85.

[32] Michel Pêcheux, *Les Vérités de la Palice* (París, Maspero, 1975), pp. 144-145, presenta el útil concepto de "formación discursiva" para demostrar la investidura

Ana de Aramburu trató de superar la "inferioridad" de la especie humana (sobre todo de las mujeres) y la supresión de la sexualidad empleando las mismas fuentes de su inferioridad (el cuerpo) para demostrar que tenía poderes extraordinarios. Sólo podía transformarse en una persona de valor transcodificando los signos de inferioridad social en un discurso distinto. Aunque no hay manera de suponer cuál era su verdadera conducta moral a partir de los documentos inquisitoriales (la enfermedad venérea que padeció en la cárcel secreta pudo habérsela transmitido su esposo), desde luego podemos suponer que su cuerpo era su mayor recurso. Si bien afirmaba que era virgen, la habían visto amamantando a un niño (lo que quiere decir que tuvo un mal parto o un aborto), y cuando se la enfrentó a esta contradicción dijo que lo hizo por humildad, para que la gente no supiera que era virgen. Muchos la vieron arrojar abundante sangre o sangre mezclada con agua, e incluso al clero le fue difícil explicarlo. El vómito constituye una inversión grotesca de la boca y la vagina en la cual la sangre remplaza a las palabras. La sangre menstrual, que suele relacionarse con la impureza y, por ende, con la devaluación femenina, se utiliza aquí como signo de un poder especial y transforma a Ana de Aramburu en una persona única, más allá de las reglas que rigen a los demás.[33] También encierra un significado el que ni siquiera en los cargos de aberración sexual que se le imputaron a Ana de Aramburu (verdaderos o falsos) estuviera implicado ningún hombre. La acusaron de besar al huérfano que había adoptado (y cuya edad se dijo a veces que era de seis años y veces de diez) y de llevárselo a la cama, de masturbarse en público y de hacer que otras mujeres le tocaran las partes sexuales. Por supuesto, todo esto procede de los testimonios que se proponían estigmatizarla como "antinatural".

Para convencer, Ana de Aramburu tenía que producir pruebas convincentes de sus poderes sobrenaturales, y, por la explicación de Ana María arriba citada, resulta claro que confiaba para ello en sus dotes de narradora experta. En esto es la verdadera predecesora de Blacamán el Malo, el mago de García Márquez, quien

---

del poder de clase en el lenguaje: "Nous appellerons des lors *formation discursive* ce qui, dans une formation idéologique donnée, c'est-à-dire, a partir d'une position donnée une conjoncture donnée determinée par l'état de la lutte des classes, determiné *ce que peut et doit être dit* (articulé sous la forme d'une harangue, d'un sermon, d'un pamphlet, d'un exposé, d'un programme, etc.)". Véase, de Pierre Bourdieu, *Ce que parler veût dir* (París, Fayard, 1982), donde se encuentra una definición sociológica de la investidura de poder en algunas formas apelativas.

[33] Véase, por ejemplo, AGN, vol. 1358, fol. 315. Juana Francisca López informa que vio a Ana de Aramburu vomitar sangre con agua, y dijo que era Sangre Divina.

afirmaba que había resucitado de la muerte.³⁴ También Ana afirmaba haber resucitado el día del Sagrado Corazón o el de la Santísima Trinidad, y después de esto adoptó el nombre de Mariana de Jesús (p. 57). También puede comparársele con la mujer araña de Manuel Puig, pues los inquisidores compararon sus actividades con una red de mentiras y ficciones que merecían el mayor desprecio (p. 74). Precisamente la imaginación que produjo su caída es la que siglo y medio más tarde emplearían los escritores para elevar a la literatura sobre otras actividades más mundanas.

La mujer araña no sólo tramaba sus historias, sino que las representaba, aunque no siempre de modo convincente. Ni siquiera los crédulos podían dejar de observar que fumaba un cigarrillo cuando supuestamente estaba en trance y que con frecuencia ingería mistela, una bebida alcohólica muy fuerte. También trató de realizar actuaciones complicadas, entre ellas, una en la que trataba de juntar a cinco personas para que intercambiaran sus corazones con Cristo. El padre Ignacio Joseph Pico observó una de estas actuaciones en la que Ana estaba acostada con la cabeza sobre algunas almohadas y las manos sobre el pecho, con los ojos bien abiertos fijos en lo alto y sin parpadear. La observó cuidadosamente durante largo tiempo y vio que no movía los ojos, así que hizo que movieran una luz de un lado a otro, y aunque lo hicieron muy cerca de sus pestañas, no los cerró ni movió; pasado un cuarto de hora empezó a hablar como si conversara con otra persona, haciéndoles comprender que estaba viendo a Jesucristo, puesto que entre otras cosas amorosas decía que era su amado, su redentor, su esposo, y que su amor era dulcísimo(p. 94).

La actuación de Ana se parece a prácticas y tradiciones populares, por ejemplo al espiritismo y al chamanismo modernos, que también necesitan un médium, que suele ser una mujer. Estas representaciones combinan el exhibicionismo con la *autodesautorización:* situación que al mismo tiempo pone a la médium en el centro de la atención sin que tenga que aceptar la responsabilidad de lo que dice.

Sin embargo, lo que le importaba al clero era controlar el significado y establecer límites, y uno de los límites más importantes era el que separaba a la verdad de la ficción. Tradicionalmente se pensaba que la ficción era cosa del diablo, porque él podía fingir éxtasis, raptos, conversaciones espirituales, conversaciones entre Dios y el alma, falsas profecías; producir efectos externos como el

³⁴ Gabriel García Márquez, "Blacamán el bueno, vendedor de milagros", en *La increíble y triste historia de la cándida Eréndira y de su abuela desalmada, siete cuentos,* 4a. ed. (Barcelona, Bruguera, 1981).

brillo, la efusión, la aparición de la sangre, las enfermedades y aun la muerte y la resurección de las personas sujetas a su obediencia (p. 28).

Para determinar la naturaleza de estos acontecimientos, el clero había desarrollado una tecnología del cuerpo mucho antes que la institución moderna de la medicina. Por supuesto, no era completamente científica, ya que el clero no podía examinar el cuerpo de una mujer, pero aprendió a tomar en cuenta lo que era creíble, la congruencia de las visiones y el modo de vida de la persona del caso, y todo lo que destacaba de lo normal. De esta manera, el padre Esquivel observa la periodicidad de los ataques de Ana de Aramburu, que se sucedían aproximadamente cada mes o cada dos meses, en los que, se decía, arrojaba sangre de la espalda y de los costados. Y prudentemente agrega "según lo que dicen", pues él, por castidad, sólo ha visto las ropas manchadas de "un licor brillante como el bermellón y tan *odorífero como el bálsamo*". También examinó varias veces su costado, el que mostraba marcas de arañazos o raspones. Según su opinión, Ana "sufre estas adversidades cuando desea y convalesce a voluntad, y mientras tanto lo disfruta a costas de los devotos, y a veces incluso bebe vino si lo desea, e incluso contra la orden expresa del director" (p. 32).

Asimismo deduce que Ana no podía haber estado en un verdadero trance, ya que escuchaba las cosas que le decían.

Evidentemente, se trata aquí del problema de identificar lo "ficticio" y diferenciar los acontecimientos "sobrenaturales" buenos de los malos. Lo que constituía el poder del clero era precisamente su autoridad para discriminar.[35] Sin embargo, el clero sabía que su poder ya era contestado: a principios del siglo XIX el temor de un levantamiento de las clases subordinadas se sentía en las instituciones. Pocos años después del juicio de Ana de Aramburu, se levanta el sacerdote Miguel Hidalgo contra los españoles.

El pasquín clavado en la puerta de Ana de Aramburu cuando vivía con la familia Orcolaga refiere a este ambiente. El pasquín consistía en una serie de dibujos sobre incidentes en los que Ana había tratado de aconsejar a las señoritas Orcolaga, primero consiguiéndole pareja a una de ellas, y luego aconsejándoles que ingresaran a un convento. De las bocas de los personajes salen bur-

---

[35] Por ejemplo, Esquivel cita a Le Brun: *Histoire critique des pratiques superstitieuses qui ont séduit les peuples et embarassé les scavans, avec la méthode et les principes pour discerner les effets naturels d'avec ceux qui ne sont pas* (París, 1702). A Le Brun le preocupa demostrar que los fenómenos aparentemente sobrenaturales tienen causas físicas. La explicación física que da Esquivel para la "enfermedad" de Ana revela que las explicaciones demoniacas ya no convencían ni al clero.

bujas como en las tiras cómicas de hoy. Como no hay forma de reconstruir el incidente a que se refiere el pasquín, es imposible decodificarlo con exactitud. A pesar de que el dibujante considera ridículas las pretensiones de Ana, los dibujos pertenecen claramente a la tradición del "mundo de cabeza". En uno de los cuadros Ana está sentada en un estrado, como si usurpara el lugar del poder, diciendo: "Estoy loca y carezco de sentido". Abajo aparece el lema "orgullo, vanidad, majestad y pobreza", lo que resume qué sucede cuando, según el autor de este libelo, las mujeres usurpan el lugar de los hombres.[36] Como para subrayar esta amenaza, una de las figuras del pasquín se refiere a *su citoyen,* acaso el gorro frigio, o sea la Revolución francesa, que de hecho había puesto al mundo de cabeza: las ambiciones de Ana de Aramburu se representan como potencialmente revolucionarias.

Si bien sería fácil considerar que este juicio es un acontecimiento aislado en el que una mujer se enfrenta sola a la Iglesia, en realidad se trata de un caso que forma parte de un problema mucho más general: es decir, de la constitución de una cultura subalterna como un bricolaje de elementos del misticismo; y de la constitución de un espacio para el placer corporal fuera de lo pecaminoso. Ana transformó su propio cuerpo en valores que transformaban el estatus de las mujeres, que ponían "arriba" lo que estaba "abajo". Sólo esto puede explicar las resmas de papel, las horas y el aparato burocrático que se gastaron en esta mujer humilde en un periodo crítico. Desafortunadamente, en este caso de una lucha por la interpretación, los frágiles instrumentos de Ana no estaban a la altura del poder institucional.

Con todo, el caso de Ana de Aramburu marca claramente el momento en que la Inquisición pierde terreno y la religión ya no es la fuente del poder y la ideología. Sus "ficciones" fueron muy peligrosas porque correspondían a necesidades reales. Años más tarde, cuando la Iglesia fue atacada, el clero cambió de terreno y llegó a confiar en el "irracionalismo" de las mujeres para luchar contra el estado laico. A su vez, esto inauguró una nueva fase de la relación confesional, en la que las mujeres se transformaron en instrumentos políticos de la Iglesia en su lucha contra el laicismo. La nueva ideología del liberalismo reaccionó inventando una nueva demonología en la que "el malo" era la Iglesia. José Joaquín Fernández de Lizardi, en su novela sobre la educación de las mujeres, *La Quijotita y su prima,* escrita apenas veinte años des-

---

[36] Sobre el "mundo de cabeza", véase, de Peter Stallybrass y Allon White, *The Politics and Poetics of Transgression* (Ithaca, N.Y., Cornell University Press, 1986), pp. 183-187.

pués del encarcelamiento de Ana, hace una parodia de la religiosidad de las mujeres burlándose de la protagonista, la "Quijotita", cuando ésta considera que un gato negro es el diablo (véase el capítulo IV). Su religión y otras extravagancias la llevan a la humillación y, finalmente, a la prostitución. No podemos dejar de preguntarnos si Lizardi, que también fue encarcelado por la Inquisición, había tropezado con Ana de Aramburu, cuya estrategia para la supervivencia no la habría congraciado con los intelectuales laicos, así como no la congració con los inquisidores.

Las conclusiones de la Inquisición dejan bien claro que Ana de Aramburu fue encarcelada en parte porque carecía de estatus y porque hizo un esfuerzo ilegítimo por tener poder. A diferencia de las monjas místicas, cuyas constantes profesiones de obediencia y humildad las ponían a cubierto del peligro, Ana pertenecía a una clase que carecía de lugar, historia y poder dentro del contexto social. Es tanto más asombroso que lograra armar una escenificación e incluso constituir un "sujeto romántico" con la maquinaria (como en las películas de Buñuel) que supuestamente controlaba los deseos (el apego amoroso a un objeto de amor ideal). La mujer araña urde su tela con materia sacada de su propio cuerpo, el cual es el único recurso que le queda cuando las instituciones oficiales cierran o monopolizan todos los demás espacios para el discurso.

SEGUNDA PARTE

LA NACIÓN

IV. SENTIDO Y SENSUALIDAD: OBSERVACIONES SOBRE EL PERIODO NACIONAL, 1812-1910

La desintegración del paraíso: nada vuelve más arbitraria la fatalidad. El absurdo de la salvación: nada vuelve más necesario otro estilo de continuidad. Así, lo necesario era una transformación laica de la fatalidad en forma de continuidad, y de la contingencia en forma de significado. Como veremos, pocas cosas (estuvieron) están más de acuerdo con este fin que la idea de nación.[1]

LAS NACIONES, como ha mostrado Benedict Anderson, no sólo tienen territorios, pueblos y gobierno, sino que también se "imaginan": es decir que articulan significados, crean narraciones ejemplares y sistemas simbólicos que garantizan la fidelidad y el sacrificio de los individuos. En México, como en otros países latinoamericanos, la nación emerge de la red burocrática del Imperio español. Durante el periodo postindependiente se elaboró una nueva configuración del discurso empleado en las imprentas y los cafés y manejado por una intelectualidad laica que aspiraba a remplazar al clero.[2] Posiblemente la nación fuera su interlocutor ficticio, pero a fuerza de dirigirse a él cobró realidad: los poetas le dedicaban odas amorosas a la "madre patria", que concebían como nueva creatura nacida del lóbrego oscurantismo de la Colonia.

En 1821, año de la Independencia, los intelectuales liberales tenían la mirada puesta en una sociedad moderna y homogeneizada, a la cual esperaban integrar la diversidad de población mexicana: una sociedad vestida a la europea, bien arreglada y, en general, limpiecita. Nunca llegaría a ser una sociedad blanca, aunque quizá los léperos (como se llamaba al lumpenproletariado) de las calles citadinas, los indios "salvajes" del norte y los descendientes de los esclavos negros llegaran a "blanquearse" simbólicamente mediante la educación, la influencia de la prensa y la literatura civilizadora.

---

[1] Benedict Anderson, *Imagined Communities* (Londres, Verso, 1983), p. 19. [Hay edición en español en el FCE.]

[2] Véase una discusión acerca del papel de los cafés en la formación de los usos burgueses en la obra de Peter Stallybrass y Allon White, *The Politics and Poetics of Transgression* (Ithaca, N.Y., Cornell University Press, 1986), pp. 95-100.

El ataque a la Iglesia, que ayudó a que estallaran las guerras civiles de mediados de siglo, fue el resultado lógico de la idea liberal del progreso y de la batalla por la hegemonía intelectual; esta batalla dio la victoria a los liberales en 1857, pero dejó a la Iglesia poderosa en los estados, apoyada por las mujeres y por los pueblos marginados. Tras el breve imperio de Maximiliano, impuesto por los franceses (1864-1867), se cerraron los monasterios y los conventos, se enajenaron sus tierras y quedó abierto el camino para que la ciudad de México se transformara en una metrópoli moderna. Esto se logró durante el prolongado mandato de Porfirio Díaz, que se inició en 1876 y terminó en 1910, con la Revolución. Durante el porfiriato, los pueblos y estados del país, tan heterogéneos, empezaron a adquirir cierta unidad que era algo más que un fantasma. Los ferrocarriles unían a las provincias, hubo intentos de subyugar a las poblaciones indígenas rebeldes, y la ciudad de México se transformó en un escaparate de la modernización. Sin embargo, quedó en el limbo un amplio sector de la población (el campesinado, las clases inferiores, el clero y muchísimas mujeres), parte de la cual debe haberse preguntado, como los habitantes de la legendaria Luvina de Juan Rulfo, qué clase de animal raro podría ser la nación, si nadie conocía a su madre.[3]

También en la ciudad de México el cuerpo clásico de la nación porfiriana (que se veía en el Palacio de Bellas Artes, en los edificios de los bancos y en las estatuas) se veía rodeado de mercados hormigueantes, de salas de música popular y de teatros en los que la incontrolable variedad de la población era por demás evidente. Además, los rostros morenos y las ropas autóctonas, las costumbres y los idiomas no europeos de los recientes inmigrantes a la ciudad, eran testigos mudos de la verdadera estratificación del país. El desarrollo económico del México del porfiriato se basaba en el subdesarrollo de algunos sectores de la población, mientras que la esencia misma de su idiosincrasia como nación colocaba simbólicamente en el centro precisamente a las masas indígenas y mestizas. Da la casualidad que uno de los monumentos famosos del porfiriato es la estatua del vencido príncipe azteca Cuauhtémoc.

Esta extravagante yuxtaposición no era tan arbitraria como parece. Junto a las comunidades indígenas, en las cuales toda la

---

[3] "Luvina", de Juan Rulfo, se encuentra en el libro *El Llano en llamas* (México, Fondo de Cultura Económica, 1953), y aparece traducido al inglés por George D. Schade en *The Burning Plain and Other Stories* (Austin, University of Texas, 1967), pp. 111-121. En este cuento se habla de un maestro enviado por el gobierno a un pueblo desolado en el que sólo viven mujeres enlutadas para las cuales la idea de gobierno es misteriosa.

producción simbólica (artesanías, bailes y fiestas) y económica, así como la reproducción de la fuerza de trabajo, se concentraban en una sola institución —la familia—, coexistían las haciendas y los esclavos mineros, en los cuales la familia se había desintegrado.[4] La cultura de los mulatos florecía junto a las culturas indígenas. Ni todos los programas educativos del mundo podían alterar el hecho de que el subdesarrollo y la heterogeneidad de la población rural era la base misma en la que descansaban la economía y el nacionalismo cultural.[5] La estatua de Cuauhtémoc, situada en el centro mismo de la moderna metrópoli, simbolizaba esta cruel realidad. No obstante, el anacronismo de las mujeres —su fidelidad al catolicismo, su existencia confinada al hogar— también era necesario para la conservación de la familia burguesa, dada la falta de una ética capitalista viable. Los intelectuales se enfrentaban a problemas como el de la heterogeneidad, presentándose como maestros y guías que en el futuro (nunca en el presente) sacarían de la barbarie a los indios, a los negros y a las mujeres, mediante la educación. Y como los intelectuales eran los maestros, sus lectores en general se constituían como los alumnos (y niños) del aula de la nación.

EL DEPLORABLE EJEMPLO DE LA MUJER "QUIJOTE"

Desde un principio, la intelectualidad reconoció la necesidad de reclasificar la posición de las mujeres dentro de la sociedad: ellas tenían una importancia medular para la comunidad, imaginadas en cuanto madres de los nuevos hombres y defensoras de la vida privada que, a partir de la Independencia, se consideraban cada vez más como el refugio para quienes participaban en la agitada vida política. Dos aspectos de la recodificación sexual merecen aten-

---

[4] Hay dos artículos útiles sobre las mujeres en el siglo XIX y principios del XX: de Françoise Carner, "Estereotipos femeninos en el siglo XIX", en *Presencia y transparencia: La mujer en la historia de México* (México, El Colegio de México, 1987), pp. 95-109, trata sobre el problema de la periodización; en el mismo volumen aparece, de Carmen Ramos Escandón, "Señoritas porfirianas: mujer e ideología en el México progresista, 1880-1910", pp. 143-161. Néstor García Canclini muestra la desintegración del modelo indígena de la familia en los últimos tiempos en *Culturas populares en el capitalismo* (México, Editorial Nueva Imagen, 1982).

[5] Una manera de registrarlo es mediante el cambio de lenguaje y política educativa de México descrito por Shirley Brice Heath, *Telling Tongues: Language Policy in Mexico: Colony to Nation* (Nueva York, Teacher's College Press, 1972). Como muestra Bryce Heath, a lo largo del siglo XIX hubo una preocupación casi constante por la educación del indio; sin embargo, antes de la Revolución de 1910 los resultados concretos fueron pocos.

ción especial: la construcción del hogar como un territorio de estabilidad y decencia domésticas sin ningún elemento de vulgaridad,
y el desplazamiento de lo religioso hacia lo nacional, que una vez
más marcaba que la "pureza" era responsabilidad de las mujeres.

La necesidad de modernizar la vida familiar había sido prevista
por los intelectuales laicos incluso antes de la Independencia, aunque desde luego no deseaban minar la jerarquía en la cual el que
gobernaba era el padre de la nación, y el esposo, el gobernante de
la familia. Lo que los intelectuales impugnaban no era la subordinación de la mujer dentro de la familia, sino más bien su devoción a la Iglesia, que podía hacerle transmitir ideas oscurantistas
a la siguiente generación. Los intelectuales se propusieron educar a las madres a fin de que instilaran en la nueva generación el
patriotismo, la ética laboral y la fe en el progreso. Los políticos
progresistas creían que la nación sólo podía construirse sobre la
base del trabajo productivo, para el cual no la había preparado
la familia "colonial"; las "costumbres ociosas" eran el legado del
sistema colonial, y la Iglesia las había fomentado.[6] En el México
colonial, había sido tradición que los niños de las clases superiores y medias fueran enviados al campo con amas de cría, o que se
dejaran bajo el cuidado de criadas sin experiencia. Ahora se con-
vencía a las madres de que amamantaran a sus hijos y los educaran desde la primera infancia, para garantizar el futuro bienestar
de la nación.[7]

Debido a este enfoque en la familia, los intelectuales progresistas ansiaban educar debidamente a las mujeres, y con este fin empleaban las oportunidades didácticas que ofrecía la prensa perió-

---

[6] De Jean Franco, "En espera de una burguesía: la formación de la *intelligentsia*
mexicana en la época de la Independencia", *Actas del VIII Congreso de la Asociación
Internacional de Hispanistas* (Madrid, Istmo, 1986), pp. 1253-1268. Por ejemplo,
véase, de Charles A. Hale, *El liberalismo mexicano en la época de Mora, 1821-1853*, 3a.
ed. (México, Siglo XXI, 1978), p. 282, sobre los esfuerzos de Esteban Antunano
por instilar en México el espíritu industrial.

[7] Este nuevo interés en la primera infancia se encuentra en los diversos artículos sobre el mismo tema publicados en el *Diario de México* fundado con aprobación
del virrey en 1805. Véase una discusión sobre la situación de las mujeres en esta
época en la obra de Silvia Marina Arrom, *The Women of Mexico City, 1790-1857*
(Stanford, Stanford University Press, 1985), pp. 32-43. La autora estudia la diferencia entre la literatura prescriptiva mencionada en la primera parte de este capítulo y la situación real de las mujeres. Véase también, de Johanna S. R. Mendelson, "The Feminine Press: The View of Women in the Colonial Journals of
Spanish America, 1790-1810", en la recopilación de Asunción Lavrín, comp., *Latin
American Women: Historical Perspectives* (Westport, Conn., Greenwood Press, 1978),
pp. 198-218 [hay edición en español en el FCE]; y, de Jane Herrick, "Periodicals
for Women in Mexico during the Nineteenth Century", *The Americans* (octubre de
1957), 14(2):135-144.

dica. Con el desarrollo de la prensa, a fines del siglo XVIII, habían
surgido nuevos géneros que no dependían del conocimiento es-
pecializado ni de la erudición tradicional: cabe mencionar sobre
todo al ensayo expositivo. Cualquiera que tuviese acceso a los libros importados podía asimilar las ideas modernas; por lo tanto,
en teoría no había nada que impidiera a hombres y mujeres edu-
carse. La prensa derrumbaba la jerarquía colonial del conocimiento. Los editores recibían cartas del público, que los trataba
de igual a igual, sintiéndose en libertad para hacer propuestas en
bien de la comunidad.[8] Sin embargo, las mujeres poco ganaron
con este nuevo espacio público: en primer lugar, carecían del
"capital cultural" de los hombres, pues no habían recibido la misma instrucción ni podían asistir a la universidad. En segundo lugar, aunque gracias a un esfuerzo autodidacta podían discutir de
igual a igual con el público predominantemente masculino, se
veían obligadas, como Sor Juana en el siglo XVII, a rendirse a la
evidencia de que no podían expresar su inteligencia sino limi-
tadamente, puesto que su principal función era la maternidad.

Dada la escasez de escritoras, los hombres con frecuencia usaban
seudónimos femeninos, y de esta manera reafirmaban su dominio sobre las esferas pública y privada.[9] Las mujeres participaban
en este discurso sobre todo como *lectoras* pasivas: como recipien-
tes de la literatura didáctica, que se dirigía a ellas como alumnas
a las que había que enseñarles, o como mentes que habría que
modificar; en este sentido se les clasificaba entre los bellacos, los
ladrones, las prostitutas, los léperos y otros elementos heterogéneos que constituían el nuevo público en potencia según el criterio de escritores como Fernández de Lizardi.[10] Esta división entre

---

[8] Sin embargo, debe observarse que el número de suscriptores era muy bajo. El
Diario de México es interesante porque, junto con informes de robos y artículos
perdidos, cartas de los lectores e información política, avisaba sobre las fases de la
luna, el tiempo y los principales acontecimientos del calendario litúrgico. Véase,
de Ruth Wold, *El Diario de México: Primer cotidiano de Nueva España* (Madrid, Editorial Gredos, 1970).

[9] Véase, por ejemplo, "Diálogo entre la Coquetilla y su Doncella", *Diario de México*, 3 de enero de 1806, núm. 95. Muchas cartas y muchos artículos eran firmados
con seudónimos, de manera que no puede darse por sentado que las cartas fir-
madas "una viuda de Querétaro", por ejemplo, en realidad hubieran sido escritas
por mujeres, si bien en un artículo sobre este asunto trabajé como si el escritor en
realidad sí hubiera sido una mujer. Véase, de Jean Franco, "Cartas queretanas",
Fem, año 8 (oct-nov de 1984), núm. 36.

[10] Véase, por ejemplo, la introducción a *El Periquillo Sarniento* de Lizardi, en el
que señala el cambio del patronato aristócrata a una economía de mercado en la
cual no pueden darse por un hecho ni la integridad moral del lector ni su noble-
za. Véase Nancy Vogeley, "Defining the Colonial Reader: *El Periquillo Sarniento*",
PMLA (octubre de 1987): 102(5):784-800.

quienes se consideraban los pensadores del nuevo México, y así
se proclamaban, y quienes sólo ocupaban las bancas del aula
imaginaria, era establecida por el acceso al capital cultural; los
que tenían acceso a la contemporaneidad no sólo se sentían con
poder sino se sabían capaces de instruir sobre todos los aspectos
de la vida, incluso sobre la conducta dentro del hogar... el terreno que la tradición había considerado dominio de la mujer.

En ninguna parte se ilustra mejor esto que en *La Quijotita y su
prima*, novela escrita por el periodista y defensor infatigable de la
prensa libre, José Joaquín Fernández de Lizardi, que se publicó
por primera vez en 1818.[11] Aunque según las normas contemporáneas es una "mala" novela (es decir, primitiva en cuanto a su
construcción), es paradigmática no sólo porque presentaba el
ideal utópico de la nueva familia posterior a la Independencia,
sino también porque creó dos paradigmas femeninos: la buena y
obediente Pudenciana y la malvada "Quijotita".

Lizardi insistió en la base real de la Quijotita, y la describió
como "una historia verdadera que yo he presenciado y cuyos personajes vosotros conocéis" (p. XXVII). De hecho es todo un tratado o proyecto sobre los nuevos valores de la familia secular, en la
cual los niños deberían socializarse mediante el trabajo y la disciplina, y en la cual la felicidad personal sólo podía alcanzarse
cuando las esferas masculina y femenina se separaban decidida-
mente. Para escribir su novela, Lizardi se inspiró mucho en la
gran cantidad de textos existentes sobre el tema, sobre todo en
la literatura francesa, aunque su fuente no fue tanto Rousseau
como la obra del abate Fénelon, *Traité de l'éducation des filles;*[12]
además, cita a escritores como Jean Baptiste Blanchard y Antoine
Leonard Thomas,[13] que pertenecían a una tradición de filosofía
conservadora que basaba la sujeción de las mujeres en su debilidad física y en la necesidad de protegerlas para el alumbramiento. Parece que la corriente más radical de la Ilustración, re-

---

[11] Las citas pertenecen a *La educación de las mujeres o La Quijotita y su prima* (México, Feria del Libro, 1942). El primer volumen de *La Quijotita* se vendió por suscrip-
ción y en pliegos sueltos en 1818. En 1819 apareció el segundo volumen; el tercero
no fue publicado en vida de Lizardi. La segunda edición, de 1832, fue la primera
completa. Véase la introducción de María del Carmen Ruiz Castañeda a la edición
de Porrúa, de 1967, en la cual afirma que *La Quijotita* se basó en el "Diálogo entre
Cecilia y Feliciano sobre la educación de las niñas", publicado en el *Semanario
Económico de México* de enero de 1810, probablemente escrito por Juan Wenceslao
Sánchez de la Barquera.

[12] François de la Motte Fénelon, *Education des filles* (París, 1687).

[13] Leonard Thomas, *Essai sur le caractère, les moeurs et l'esprit des femmes dans les dif-
ferents siècles* (París, 1772), y de Jean Baptiste Blanchard, *L'École des Moeurs* (1775),
traducida al español en 1797.

presentada por Diderot y Helvetius, no llegó a México durante el siglo XIX.

Supuestamente, Lizardi escribió *La Quijotita* como respuesta a la carta de una lectora de otra novela suya, *El Periquillo Sarniento*, que firmó como "La Curiosa", en la que le pedía una novela sin los pesados sermones ni el oscuro lenguaje de los tratados eruditos "porque las niñas, que algún día han de ser madres, por lo común no son aficionadas a esta clase de lecturas serias, que parece no hablan con ellas" (p. 8). No importa si "la Curiosa" existió o fue un invento de Lizardi, en dado caso, éste muestra así su sensibilidad, cuando menos en teoría (igual que en *El Periquillo Sarniento*) a una nueva clase de lectores cuya cultura no era la clásica del periodo colonial, sino adquirida mediante la lectura de las publicaciones periódicas más variadas. En la práctica no logró producir un texto placentero, en parte porque concebía su novela no con el propósito de deleitar sino de educar a los lectores a través de la homilía y el diálogo razonado.

Tal vez la novela no es el género más apropiado para lo que resultó una serie de sermones laicos que atacaban las costumbres de la vieja familia aristocrática tanto como la "locura" moderna de la "Quijotita". La concesión de Fernández de Lizardi a la forma novelística consiste sobre todo en un narrador en primera persona que, como si fuera una mosca en la pared, puede escuchar la conversación de las mujeres y transmitírsela a don Rodrigo, el verdadero padre del texto. Quizá este nuevo paternalismo tenía el propósito de anunciar el Estado laico que todavía no existía (la novela se publicó poco antes de la Independencia). Sin embargo, la responsabilidad de la independencia nacional se atribuye a la familia, que no sólo tenía a su cargo la asimilación de la moral cristiana, sino también el desarrollo de las virtudes necesarias para el buen funcionamiento de una sociedad que ya no podía ser vigilada por la burocracia imperial española, la Inquisición o la Iglesia.

Los filósofos franceses habían hecho la distinción entre el poder absoluto del viejo orden y un nuevo poder paterno considerado tanto un deber como un derecho; un deber que era consecuencia inevitable de la superioridad natural del padre respecto de su familia. Lo nuevo en la definición de los franceses era el hincapié en el amor y la bondad, más que en la coerción.[14] Mientras en la familia aristócrata las mujeres habían ejercido el poder

---

[14] Véase, de Jean Bethke Elshtain, *Public Man, Private Woman: Women in Social and Political Thought* (Princeton, N. J., Princeton University Press, 1981), sobre Rousseau, sobre todo las pp. 148-170.

mediante la herencia, en la familia burguesa se veían obligadas a
conjuntar el amor y el matrimonio de tal manera que se producía
un nuevo tipo de dependencia, la de la vida doméstica que se
aceptaba libremente (en aras del amor y como rechazo consciente al viejo tipo de matrimonios forzados). En *La Quijotita*, Lizardi
compara la familia de don Rodrigo, cariñosa y ordenada, con una
familia "dionisiaca" y desordenada: la del que apropiadamente se
llama don Dionisio, regida por las mujeres y por el principio del
placer. Los nombres de los miembros de estas familias indican la
función de cada uno de ellos. Más que personajes en el sentido
normal, son como tesis y antítesis de un argumento. La familia
buena está encabezada por un coronel retirado que tiene el muy
castizo nombre de don Rodrigo. Su esposa tiene el nombre sencillo y sin pretensiones de Matilde, con su connotación de tran-
quila respetabilidad. El nombre de Pudenciana es epítome de la
modestia y la reserva adecuadas al papel de la hija. La hermana
de Matilde y su familia son el reverso de la medalla. El padre, don
Dionisio, es lánguido, desganado, incapaz de conducir sus asuntos y de resistirse al placer. Su esposa es Eufrosina, cuyo nombre
simboliza la frivolidad pagana. Su hija, Pomposa (la Quijotita del
título) es, como su nombre indica, pomposa, y al mismo tiempo
una pompa o burbuja.

Lo que impresiona de este tratado liberal es que el ideal de
vida doméstica se ha vuelto más limitado que el descrito por fray
Luis de León en su ensayo clásico sobre la vida matrimonial, *La
perfecta casada*, escrito en el siglo XVI sobre la base del ideal católi-
co de la familia.[15] Para fray Luis, la familia era una unidad económica y una alianza para la reproducción. La perfecta casada tiene
a sus órdenes a un regimiento de criados y dependientes que pro-
porcionan comida, ropa de vestir y de cama para el hogar, y
cuenta con poco tiempo para el ocio y el descanso. En cambio,
en *La Quijotita*, Matilde ya no tiene ninguna función en la producción. Antes que nada es madre y una vez que su hija entra a la
escuela, tiene poco que hacer como no sea cumplir con sus devociones religiosas, vigilar la instrucción moral de su hija y de sus
criadas y procurar la mayor comodidad en la vida de su esposo.
Pasa sus tardes de la manera siguiente:

> Acabada la comida reposamos un rato hasta las tres o poco más; él
> suele irse y yo me pongo en el estrado rodeada de mi familia, o con el

---

[15] Fray Luis de León, *La perfecta casada*, publicada por primera vez en 1584, ha
sido traducida al inglés por Alice Philena Hubbard como *The Perfect Wife* (Denton,
Texas, The College Press, 1943).

bastidor o con la almohadilla hsta las cuatro y media que van por mi
hija; luego que ésta viene rezamos el rosario y les leo algo del catecismo a mi hija, a Tulitas y a las mozas, pues, porque ya sabes que es
obligación precisa de los amos enseñar la doctrina a sus criados. En
esto dan las oraciones, se van a sus quehaceres, las niñas a jugar y yo a
guardar mi ropa. A esta hora viene Linarte, tomamos chocolate, y
unas veces nos ponemos a platicar, otras a tocar mi clave, o me voy a
tu casa, y algunas veces al coliseo (p. 102).

En una de sus largas homilías, don Rodrigo Linarte (que, vale la
pena señalarlo, es coronel retirado, si bien pasa mucho tiempo en
la calle atendiendo negocios) justifica la limitación impuesta a las
mujeres por su debilidad física, que les impide emprender las mismas actividades que el hombre. Una mujer con un niño de brazos
difícilmente podría cargar un arma, manejar un cincel o dirigir
un arado.

La mujer es inferior al hombre en cuanto al cuerpo, pero igual en
todo a él en el espíritu. Una señorita no podrá levantar del suelo un
tercio de seis u ocho arrobas de peso, que un arriero alza con la mayor ligereza sobre el lomo de una mula; pero será capaz de penetrarse
de una pasión amorosa y honesta, de derramar lágrimas de ternura
sobre una infeliz y de ejecutar los actos más piadosos de virtud, cuyo
espíritu, aunque igual en la substancia, tal vez no está adornado de
los mismos sentimientos o no los posee en igual grado (p. 78).

Como sea, esta superioridad espiritual de nada sirve, ya que el
cuerpo de la mujer afecta a su espíritu: durante la adolescencia
está expuesta al furor uterino: "Un delirio o frenesí que las hace
cometer por obra o palabra mil excesos vergonzosos y repugnan-
tes a toda persona honesta y recatada " (p. 75).

Cuando la paciente esposa de don Rodrigo le señala que a pesar de sus capacidades las mujeres han sido muy mal tratadas (algo
que difícilmente podía dejar de reconocer Lizardi), él le responde
débilmente que sólo los bárbaros golpean a sus esposas, y arguye
que los hombres civilizados han excluido a las mujeres de la esfera pública, pero no porque las desprecien, sino debido a su débil constitución y con el fin de reservarlas para aquellos fines para
los que las destinaba la naturaleza (pp. 78-79).

La maternidad es don de la naturaleza y la principal justifica-
ción de que las mujeres sean confinadas al hogar; es la razón por
la cual no pueden ser admitidas en los estudios serios de las cuestiones abstractas, en la universidad y las carreras universitarias, y
por la cual su desarrollo intelectual ha de limitarse estrictamente.
El coronel permite que su hija vaya a la escuela, pero insiste en

que desde muy chica sea separada de los niños. A medida que va creciendo, él mismo (no la madre) la aconseja acerca del noviazgo y sobre el mal del adulterio. Aunque a Pudenciana se le permite bailar (una de las pocas formas legítimas del galanteo), no debe bailar valses. Le recomienda que monte a horcajadas y no a mujeriegas, pues el ejercicio es importante para las futuras madres, y también hace que aprenda a reparar relojes para que tenga una ocupación en caso de que llegara a quedar viuda. Por lo demás, su educación difiere poco de la que preconiza el abad Fénélo en el siglo XVII, y su vida hogareña le da pie a menos vida social de la que habría tenido en un convento.

Como la novela es ante todo una polémica en la que se yuxtaponen dos estilos de vida, Lizardi la estructura en torno a dos jóvenes de caracteres muy distintos, Pomposa y Pudenciana. Curiosamente, las dos son hijas únicas, hecho que facilita la estructura polémica de la novela, pero que le resta verosimilitud, sobre todo ante el hecho de que la maternidad se valora tanto. En el caso de la madre de Pomposa, la frívola Eufrosina, se explica que su familia sea pequeña: había enviado a dos hijos suyos con un ama de crianza y habían muerto. En cambio, la virtuosa Matilde, de la que el lector esperaría que tuviera una familia numerosa, padece una enfermedad misteriosa que la deja estéril. Don Rodrigo no tiene un hijo que lo suceda, de ahí la gran importancia del matrimonio de Pudenciana. La pequeña familia del coronel, ensimismada y sin contacto con otra parentela, vaticina el ideal burgués del grupo pequeño y autosuficiente. Como señala Phillippe Ariès, "en el siglo XVIII, la familia empezó a guardar cierta distancia respecto de la sociedad, para mantenerla atrás de la raya de la vida privada, cada vez más amplia".[16] La familia con un solo hijo constituye una conveniencia novelística que representa, de manera utópica, la ampliación del espacio privado, en el cual el esposo y la esposa no sólo están unidos por el interés y la herencia, sino también por la intimidad y los afectos. De esta manera, a pesar de las limitaciones que Lizardi impone a las mujeres, aboga por una familia más humanitaria y en la cual las relaciones entre padres e hijos estén regidas por el amor y el respeto más que por el interés propio. Empero, esta nueva forma de educación racional no puede coexistir con los viejos métodos que por tradición habían sido transmitidos a través de las mujeres. Lizardi se sirve de don Rodrigo para rechazar las viejas consejas, los cuentos de aparecidos, la brujería y otras tradiciones de las mujeres (p. 57).

[16] Phillipe Ariès, *Centuries of Childhood: A Social History of Family Life,* tr. de R. Baldick (Nueva York, Vintage Books, 1962).

Ahora, el esposo tiene la responsabilidad definitiva de la educación y el bienestar de la familia, elevadas al rango de disciplinas y que, por lo tanto, ya no son meras prácticas transmitidas por los medios tradicionales. La esfera de las mujeres se reduce al hogar, donde vela por las necesidades físicas de los hijos hasta que dejen de ser esclavas de la naturaleza.

En la novela de Lizardi, Pudenciana justifica espléndidamente los métodos de crianza del coronel. Se casa con don Modesto, hombre sin familia, "totalmente solo": un hombre que se ha hecho a sí mismo y que, por lo tanto, no necesita de los lazos familiares para tener éxito. Lizardi hace que tenga ciertas ocupaciones comerciales no precisadas y "aunque contaba con poco capital, era bastante para mantener a una joven decente". La pareja pone su casa aparte, formando así una familia pequeña y autosuficiente en la cual el nuevo elemento femenino es colocado ideológicamente como instrumento de la naturaleza. Su educación tiene el propósito de disciplinar sus pasiones naturales y de completar su inclinación también natural por la maternidad. La disciplina se ha hecho tanto más necesaria por la cultura seductora de consumo representada por Eufrosina, la hermana de Matilde, y por su hija, Pomposa, llamada la Quijotita.

Como ésta es una novela didáctica, ni Eufrosina ni Pomposa son presentadas desde un buen ángulo, para que no seduzcan al lector. Lizardi tampoco puede dejarlas sobresalir como personajes cómicos, porque podrían inspirar simpatía. De esta manera, existe una marcada distancia entre la obra de Lizardi y su paradigma cervantino, pues no sólo Lizardi es un narrador menos hábil, sino que el placer del texto, el "deleite" que Cervantes relacionaba con los aspectos éticos de la literatura, se ha vuelto verdaderamente peligroso. El coronel, que, como Eufrosina observa, se conduce como un misionero o sacerdote, interviene siempre que el discurso "dionisiaco" parece correr el peligro de salirse de su cauce.

Eufrosina y Pomposa deben representar todos los papeles posibles en que la mujer actúa como amenaza para el orden social; esto impide que sean verdaderos "personajes" en el sentido de la novela realista. Eufrosina parece más un polemista que discute y que no sólo defiende la superioridad de las mujeres, sino también su derecho a buscar el placer sin que los hombres las dominen. Podemos apreciar la energía libidinal que amenazara, por el empeño de Lizardi, con exorcizarla por medio de largas refutaciones y sermones.

Eufrosina describe su vida como una ronda constante de diversiones y distracciones sociales, subrayando el temor que sentía Lizardi de que la liberación de las mujeres sólo las estimulara al libertinaje amenazando así la reproducción social. Como ella y la Quijotita son los únicos actores generados por el "actuante desorden", las dos deben representar formas de desorden muy distintas y con frecuencia contradictorias. Por ejemplo, Eufrosina es altanera y al mismo tiempo íntima demasiado con los miembros de las clases inferiores. Por su parte, Pomposa ha de encarnar los papeles contradictorios de la religiosidad exagerada y del libertinaje también exagerado, el amor al lujo y una austeridad poco saludable; su esnobismo hace que busque a su marido entre la aristocracia, y su falta de discriminación no le permite identificar la categoría social de la gente. Lizardi trata de darle verosimilitud a estas violentas contradicciones atribuyéndoselas a su carácter "quijotesco", que la obliga a satisfacer todos sus caprichos.

Pomposa recibe el apodo de "La Quijotita" de un tal Sansón Carrasco (bautizado como un personaje del Quijote), que define su forma de locura como la locura femenina del exceso. De esta manera, lo que en determinadas circunstancias pudiera considerarse una virtud (su vivacidad y su fantasía) es representado como un vicio peligroso. Aprende el catecismo con demasiada rapidez para comprenderlo; pronuncia a tontas y a locas discursos pedantes, y de esta manera aspira de manera imperfecta al discurso masculino sin poder dominarlo; su imaginación hace que vea al diablo en un gato; su falta de juicio la impulsa a celebrar un funeral por su perro muerto y a huir de su casa para hacerse ermitaña. No obstante, observemos que todos los vicios de la Quijotita constituyen tentativas de incursionar en el territorio masculino; es esta incursión la que Lizardi tacha de locura.

Cuando el padre de la Quijotita pierde su fortuna y abandona el hogar, ella realiza un casamiento desafortunado y después, al no tener dinero, su madre la obliga a prostituirse; de esta manera, Eufrosina resulta la verdadera villana de la novela y la persona con más responsabilidad por la muerte y el infortunio de su hija. Este grave castigo novelístico tenía a todas luces el propósito de constituir una advertencia contra la movilidad y singularización de las mujeres, y por el contrario, al subrayar el éxito de Pudenciana, Lizardi demuestra la superioridad de la educación en la que el padre desempeña el papel principal. En el caso de Pomposa, la movilidad constituye un verdadero peligro. Cuando huye de su casa para hacerse ermitaña, se ve expuesta a horrores sin nombre y tiene que rebajarse hasta albergarse en la cabaña de un indio carbonero: de aquí se desprende que el hogar es el único lugar seguro para la mujer. Además, según Lizardi, las virtudes requeridas para la sociedad utópica que él tenía en mente (ahorro, trabajo, obediencia y disciplina), aunque supuestamente son racionales e inseparables de la naturaleza humana, necesitan el complemento de la educación, pues una naturaleza sin guía ni disciplina puede ser víctima de las seducciones del placer. Aparte de los preceptos generales sobre la educación de las mujeres, ilustrados por medio de las vidas dispares de las dos hijas de familia, Lizardi prescribe también lo que deben leer las mujeres y cuáles han de ser sus diversiones. Las actividades que antiguamente habían constituido un espacio para la creatividad femenina (la conversación, la moda, la narración de historias, las visiones de santos y del diablo, el baile y la música) son censuradas por el padre, quien insiste en que sólo es válido el conocimiento práctico y "racional".

Tanto la "nueva mujer" de Lizardi como su representación grotesca de la mujer liberada son paradigmáticas. En el siglo XIX había una producción continua de textos moralizadores que condenaban a la mujer demasiado coqueta (por ejemplo, *La coqueta* de Nicolás Pizarro Suárez) y exponían el peligro de las relaciones sociales indiscriminadas (por ejemplo, en los bailes como el que describe José Tomás Cuéllar en *La linterna mágica*).[17] Al mismo tiempo, estos textos ridiculizan profundamente a mujeres como la Quijotita, que tenían la audacia de leer libros y expresar sus opiniones. Aun en 1946, Mariano Azuela publicó *La mujer domada*, una parodia del esfuerzo de una joven provinciana, Pinita, por estudiar y superarse. Cuando la Secretaría de Educación Pública la reeditó en 1958, el prefacio subrayaba que los personajes se basaban en la realidad.[18]

A lo largo del siglo XIX, los intelectuales siguieron "enseñándole" a las mujeres las artes domésticas. Uno de los vehículos más importantes de esta reeducación fue el "calendario", que adaptó el tradicional calendario religioso a los fines laicos. Se publicaban calendarios anuales para los dos sexos, pero, por razones no del todo claras, en el decenio de 1849 hubo muchas ediciones de calendarios y periódicos para las mujeres. El editor Mariano Galván, por ejemplo, parece haber sido un hombre orquesta que incluía en sus calendarios poemas, cuentos, consejos, artículos sobre modas y sobre ciencia junto con la lista de los días de fiestas religiosas; género híbrido que incluía a lo tradicional y lo moderno, a los emblemas religiosos y los poemas románticos, los cuentos y los consejos de actualidad.

---

[17] Nicolás Pizarro Suárez, *La coqueta* (México, Premiá, 1982); y José Tomás Cuéllar, *La linterna mágica*, ed. y prólogo de Mauricio Magdaleno, 3a. ed. (México, UNAM, 1973).

[18] Mariano Azuela, *La mujer domada* (México, El Colegio Nacional, 1946).

Las revistas destinadas a las mujeres seguían un esquema pareci-do. Vicente García Torres publicó *El Semanario de las Señoritas Meji-canas* (1841-1842) y el *Panorama de las Señoritas* (1842), aunque gran parte de sus textos fueron escritos por Isidro Gondra.[19]

Es difícil imaginar que las mujeres reaccionaran con mucho entusiasmo a sus recomendaciones sobre el comportamiento so-cial. Uno de los artículos comenzaba con una recomendación para que las mujeres perfeccionaran sus talentos escuchando a sus profesores y supieran las ventajas que obtendrían de la buena conversación.[20] A las mujeres se les instruía para que pudieran re-sistir la seducción del mundo y cumplir con el destino "que la Providencia les tenía señalado". Debían comprender la importan-cia de sus deberes tanto religiosos como morales y, desde la niñez, adquirir aquellos conocimientos que pudieran servirles de con-suelo cuando pasara su juventud. Se consideraba que la literatu-ra, la moral y el cuidado de su físico enriquecería a las mujeres mexicanas.[21]

El primer número de *Panorama de la Señoritas* señalaba clara-mente la diferencia entre la esfera pública masculina y la esfera femenina. Las mujeres debían participar en un programa de modernización, pero no como iguales, sino como bellezas, como madres, como amantes y como esposas, como amigas y como pa-ños de lágrimas.

Frances Calderón de la Barca, escocesa casada con el emba-jador español que llegó a México en 1839, proporciona una visión

[19] *El Semanario de las Señoritas Mejicanas* (3 vols.) se dedicó a "la educación cientí-fica, moral y literaria del Bello Sexo". Isidro Rafael Gondra, director del Museo Nacional, su editor, escribió muchos de los artículos firmándolos "I.G." El primer número apareció en 1841 en la ciudad de México y fue publicado por Vicente García Torres. *Panorama de las Señoritas* (México, Vicente García Torres, 1842) se anunciaba como "una revista pintoresca, científica y literaria". *La Semana de las Señoritas Mexicanas* fue publicada por Juan R. Navarro en la ciudad de México de 1851 a 1852. Todas estas publicaciones fueron más o menos efímeras y muchos de sus textos eran traducidos. En "Periodicals for Women in Mexico", de Herrick, aparece una revisión de estas y otras publicaciones para mujeres.

[20] "De las facultades intelectuales", *Semanario de las Señoritas Mejicanas* 3, pp. 164-168. Las mujeres eran prevenidas, mas no se les pedía su opinión. Si bien en este artículo Isidro Gondra se dirigía a sus suscriptoras, muchos de sus escritos eran acerca de las mujeres. En el *Calendario de las Señoritas Mejicanas*, de 1840 y 1841 (Librería de Mariano Galván), que he estudiado, en repetidas ocasiones Mariano Galván se refiere a las mujeres como "el sexo bello", y las insta a que se instruyan ellas mismas. Es interesante notar que las mujeres cuyos méritos destacaban en los calendarios eran actrices. Galván no dudaba en recomendar determinadas modas, calificándolas como de buen gusto.

[21] *Semanario de las Señoritas Mejicanas*, I, pp 14-15. En este primer tomo se narra cómo la idea de editar la revista había surgido en una discusión (entre hombres), durante una tertulia.

menos atractiva de esta domesticación; le parece que las mujeres mexicanas son cordiales y cálidas, pero carecen de buen gusto y son limitadas en lo intelectual. Las escuelas y las institutrices son deficientes y las madres no ofrecen ningún estímulo a sus hijas.

> Carecen de diversiones públicas y de entretenimientos en la casa... Cuando chicos, suelen asistir a las escuelas, en donde niños y niñas aprenden a leer en común, o cualquiera otra tarea que las viejas maestras pueden enseñarles; pero a los doce años se les considera ya demasiado grandes para seguir concurriendo a estas promiscuas asambleas, y se les ponen maestros de música y de dibujo para completar su educación.[22]

En cuanto a los intelectuales, se contentan con que sus hijas "se confiesen con regularidad, asistan asiduamente a la iglesia y lleguen a bordar y cantar un poco".[22]

El tono de condescendencia y la distancia que toma la narradora respecto al país es característico de la literatura metropolitana de viajes en aquel periodo; esta literatura convertía a todo el mundo periférico en un panorama de objetos curiosos o sórdidos desde un punto de vista superior. Sin embargo, los intelectuales mexicanos también tomaban distancia de sus compatriotas cuando hablaban de su comportamiento retrógrado.[23] Si bien la intelectualidad ponía a las mujeres en la misma categoría que a los niños, también creó una imagen del hogar como esfera privada e inviolable en la cual reinaba la mujer. Las escenas de la vida doméstica publicadas en los diarios y escritas por intelectuales y periodistas destacados como Guillermo Prieto y Manuel Payno, celebraban los altibajos de la vida matrimonial y con frecuencia insistían en el mito de la sujeción de los hombres a los ardides de las mujeres.[24] Con todo, existen abundantes pruebas de que lo

[22] Frances Calderón de la Barca, *La vida en México*, México, Porrúa, 1990, p. 168.

[23] Los textos sobre viajes estaban muy relacionados con la literatura costumbrista, que solía describir a las clases bajas. A mediados de siglo este género era frecuente en los diarios; uno de sus exponentes fue Guillermo Prieto, que escribió con el seudónimo de "Fidel". Los costumbristas mexicanos imitaban el estilo del famoso escritor español Mariano José de Larra, uno de los primeros escritores en establecerse sobre todo mediante la prensa periódica. Sobre la relación de viajes y la etnografía, véase, de Mary Louise Pratt, "Field Work in Common Places", en la recopilación de James Clifford y George E. Marcus, *Writing Culture: The Poetics and Politics of Ethnography* (Berkeley, University of California Press, 1986), pp. 27-50.

[24] *El placer conyugal y otros textos similares*, Matraca, 2a. serie (México, Premiá, 1984), núm. 6, es una antología de los textos de Guillermo Prieto sobre el amor y el matrimonio. También hay una antología de textos de Manuel Payno sobre los mismos temas: *Sobre mujeres, amores y matrimonios*, Matraca, 2a. serie (México, Premiá, 1984), núm. 3.

128 LA NACIÓN

doméstico no siempre implicaba lo apolítico y pasivo. Durante la
guerra civil, las mujeres abrazaron la causa política de sus maridos,
con lo que muchas veces corrían graves peligros. Por ejemplo,
cuando Concepción Lombardo de Miramón, esposa del general
Miramón, supo que su esposo había sido condenado a muerte
junto con el emperador, imploró que lo perdonaran e incluso in-
trigó para ello. Esta mujer casera y sumamente religiosa emprendió viajes peligrosos hasta el frente de batalla; luego de la muerte
de su esposo, cuando vivía en el extranjero como la viuda de un
"traidor", escribió dos volúmenes de memorias que combinan en
forma interesante lo personal con lo político; entrelaza con mucha
habilidad la historia de su infancia protegida con sus relatos sobre las guerras civiles, las luchas políticas de mediados de siglo y
testimonios de contemporáneos.[25] Sin embargo, este valor supri-
mido sólo sirve en situaciones desesperadas. La vida de esta viuda
conservadora es ejemplar a su manera: a la muerte de su esposo, es
como si se invistiera de sus energías. No cabe duda de que existen
varios ejemplos parecidos en los bandos liberal y revolucionario.

La literatura y la formación del Estado

Uno de los cambios importantísimos que marcaron el periodo de
estabilidad pacífica del porfiriato fue el surgimiento de la institución literaria. Peter Bürger describe cómo ocurrió este proceso en
Europa; la institución literaria sólo es reconocida como tal cuando establece la autonomía de la literatura. Entonces se puede observar la transición de un arte que sirve a la sociedad burguesa (el
realismo) al esteticismo, el arte no sólo se despeja de "todo lo que
le es ajeno", sino que se vuelve "problemático en sí mismo. A medida que coinciden el contenido y la institución, se revela la inefi-
cacia social como la esencia del arte en la sociedad burguesa".[26]
En este respecto, el modernismo en México corresponde al esteticismo *fin de siècle* europeo.[27]

Sin embargo, lo que Bürger afirma no se aplica del todo a la experiencia latinoamericana, ya que en este continente el esteticismo del movimiento modernista, cuya figura ejemplar es el ubicuo

[25] Véase, de Concepción Lombardo de Miramón, *Memorias,* comp. de Felipe
Teixidor, 2 vols. (México, Porrúa, 1980).
[26] Peter Bürger, *Theory of the Avant-Garde,* tr. de Michel Shaw (Minneapolis, University of Minnesota Press, 1984).
[27] Véase, de Ángel Rama, *Rubén Darío y el modernismo* (Caracas, Biblioteca de la
Universidad Nacional de Venezuela, 1970); Françoise Perús, *Literatura y sociedad*
(México, Siglo XXI, 1976).

nicaragüense Rubén Darío, no restaba importancia a la función social de la literatura. El modernismo rompe los estrechos lazos del arte con el nacionalismo, rechaza el didactismo y proclama un esteticismo desenfadado. Con todo, el modernismo mexicano fue *sui generis* y comprende tanto los ensayos de Manuel Gutiérrez Nájera sobre la "modernidad" de la vida en la capital del país, como la poesía experimental de José Juan Tablada.[28]

A lo largo y ancho del continente, las escritoras luchaban por establecer sus posiciones tanto en los debates sobre la formación nacional cuanto en la discusión del modernismo. La cubana Gertrudis Gómez de Avellaneda y la peruana Clorinda Matto de Turner, para mencionar sólo dos ejemplos, defendieron a las razas oprimidas de manera muy parecida a como lo hizo Harriet Beecher Stowe en los Estados Unidos. En Uruguay, Delmira Agustini abrió un espacio en el modernismo para la mujer liberada. En cambio en México había poca participación de la mujer en estos debates. Las mexicanas, que siempre han sido fuertes en tiempos de guerras y conflictos civiles, tardaron en impugnar la domesticación de las mujeres y con frecuencia temían aventurarse en terrenos donde se pondría en duda su virtud.[29]

La domesticación y comodificación de las mujeres no sólo constituían discursos, sino prácticas que se desarrollaban en lugares de la actividad cotidiana: el hogar y los lugares de espectáculos públicos como la Alameda, donde la clase alta exhibía sus mejores galas. Pero también había otros lugares de discurso, sobre todo la prensa periódica y las academias literarias, que ofrecían otro tipo de espacio público: un espacio en el que los intelectuales podían representarse a sí mismos como alegorías de la nueva nación.

Desde luego, el sistema educativo había llevado a la escena política y cultural del siglo XIX a hombres como Benito Juárez e Ignacio Altamirano, que procedían de familias indígenas y representaban la modernidad progresista.[30] La educación y la prensa

[28] Sobre la relación entre el modernismo mexicano y otros modernismos latinoamericanos, véase la introducción de José Emilio Pacheco a *Antología del modernismo, 1884-1921*, 2 vols. (México, UNAM, Biblioteca del Estudiante Universitario, 1970).

[29] Aunque Gertrudis Gómez de Avellaneda (1814-1873) nació en Cuba, casi siempre vivió en España. Su novela antiesclavista *Sab*, publicada en este país, no se incluyó en sus obras completas, pues su mensaje la habría hecho persona *non grata* en Cuba. Véase el análisis de Beth Miller "Gertrude the Great", en la recopilación que hace en *Women in Hispanic Literature: Icons and Fallen Idols* (Berkeley, University of California Press, 1976), pp. 201-214.

[30] Juárez se educó con los jesuitas; luego inició un programa de educación laica y libre. Cuando menos uno de los miembros de su gabinete apoyaba la educación bilingüe como medio para llevar a los indios a la vida política. Véase, de Brice Heath, *Telling Tongues*, pp. 69-71.

fueron las principales instituciones que permitían a otros hombres como ellos ingresar en el selecto grupo intelectual. Los círculos literarios, sin embargo, estimulaban directamente la literatura nacional. Entre el decenio de 1830 y el fin de siglo se formaron docenas de estos círculos literarios. Si bien algunas mujeres participaron en ellos y llegaron a ser respetadas como poetas, estas instituciones eran sobre todo masculinas, y su discurso tenía un tono altisonante y patriotero.[31]

Ejemplo característico es la conferencia que Francisco Zarco pronunció en 1852 en el Liceo Hidalgo, y en la que propone que la meta de la literatura sea la redención de la humanidad, la enseñanza de verdades luminosas, la corrección de los vicios y la consolación de los que sufren.[32] A fines de siglo, el tono de estas academias literarias era de un patriotismo todavía más exaltado; de esta manera, el novelista Ignacio Altamirano consideraba la velada literaria el "santuario" de los futuros profetas de la civilización, y el lugar donde se conservaría el recuerdo de los patriarcas del pasado; además, aseguraba que los patriarcas dormirían tranquilamente en sus tumbas porque dejarían alumnos valiosos en la nación, discípulos que los recordarían con lágrimas y les pagarían con el más satisfactorio de los tributos: la imitación de sus obras y virtudes. La novela era la Biblia de su apostolado y el medio de iniciar a los órdenes inferiores en los "misterios de la civilización moderna".[33] Es interesante mencionar que Altamirano aconsejaba a las escritoras escribir con pasión y sentimiento, sin imitar la oscura jerga de Sor Juana.[34]

Sin embargo, no sólo se trataba de que las mujeres tuvieran acce-

---

[31] Alicia Peralta de Mercado, "Asociaciones literarias en la época", en *La vida y la cultura en México al triunfo de la República en 1867* (México, INBA, 1968), pp. 105-168, contiene una lista exhaustiva de las asociaciones literarias a partir de 1867. Una de las mujeres que participaron más activamente en las asociaciones literarias fue Laureana Wright de Kleinhaus, que escribió un poema patriótico en contra de la ocupación francesa: "El 5 de mayo de 1862", incluido en la recopilación de José María Vigil, *Poetisas mexicanas: Siglos XVI, XVII, XVIII y XIX* (México, UNAM, 1977), pp. 104-106. Alicia Peralta cita la descripción de Altamirano sobre el ambiente de estas reuniones, que eran "como una fiesta familiar en la cual los poetas intimaban como hermanos y ensayaban sus cantos preferidos. El soldado recordaba sus campañas, el viajero sus viajes y el exiliado regresaba emocionado a visitar la tumba de sus antepasados (p. 111). Sobre las asociaciones literarias y el nacionalismo cultural, véase también, de José Luis Martínez, "México en busca de su expresión", en *Historia General de México* (México, El Colegio de México, 1976), 3:285-337.

[32] Francisco Zarco, "Discurso sobre el objeto de la literatura", *Escritos literarios*, René Avilés, comp. (México, Porrúa, 1980), p. 233.

[33] Ignacio M. Altamirano, "Las veladas literarias", en *La literatura nacional*, comp. de José Luis Martínez (México, Porrúa, 1949), 1:16-18.

[34] Ignacio Altamirano, "Carta a una poetisa", *Obras literarias completas* (México, Oasis, 1959), pp. 653-673. Véanse, sobre todo, las pp. 672 y 673.

so a la vida literaria. Más bien el problema consistía en la separación de las esferas pública y privada y en la incorporación de la literatura nacional a la primera de ellas, cediendo a las mujeres un espacio doméstico, en donde predominaban lo personal y el sentimiento. No cabe duda que el lugar inferior de Latinoamérica dentro del sistema mundial condujo a una "virilización" de la literatura y a una sobrevaloración de los géneros que trataban asuntos nacionales importantes (es decir, las novelas y los ensayos filosóficos e históricos sobre cuestiones sociales).[35] Indudablemente, a las mujeres, que vivían en su recinto doméstico, les impresionó lo trivial de sus propias preocupaciones comparadas con tan apremiantes necesidades nacionales y, como es fácil comprender, se mostraban renuentes a aventurarse en áreas ajenas a su experiencia. Los hombres interesados en alentar a las mujeres a escribir pasaron apuros para encontrarles un lugar dentro de la literatura nacionalista.

José María Vigil, director de la Biblioteca Nacional y promotor de las escritoras, creía que los sentimientos íntimos y la domesticidad constituían temas propios para las mujeres, aunque no negaba que una o dos de ellas habían ascendido a cumbres más heroicas. Lo ideal era que los sentimientos de la mujer, su creatividad y su domesticidad estuvieran en armonía:

[La mujer] siente con intensísima vehemencia la llama del amor, pero en el arrobamiento, en el éxtasis delicioso que envuelve su alma, ninguna imagen impura viene a manchar el candor de sus alas; y cuando el desengaño hiere sus ilusiones juveniles, cuando la mano brutal de su ser que no la comprende aja las flores de su vida, se inclina resignada y dirige sus ojos bañados en lágrimas a esa región suprasensible de eterna justicia donde son bienaventurados los que lloran. El calor del hogar tiene para ella encantos inefables: allí brotan y se desarrollan los afectos más puros y profundos, el amor filial, el amor conyugal, el amor maternal, que fortifican su alma, infundiéndole abnegación heroica para soportar los relieves de la fortuna y las miserias de la vida... La escritora mexicana es ante todo mujer, y la mujer en México es, sin metáforas, el ángel del hogar, de ese santuario en que han tenido poco acceso las teorías disolventes de la familia, y que forma la piedra angular y solidísima del edificio social.[36]

[35] En sus ensayos, por ejemplo en "Las veladas literarias", es claro que Altamirano prefiere a la novela por sobre los demás géneros literarios, y los temas "públicos" a los privados. La novela ha de cumplir un papel social puesto que constituye un puente entre los intelectuales y las masas (p. 40). En cambio, le parece que las historias de amor pueden corromper a la juventud (p. 37). En efecto, ningún novelista del siglo XIX podía aspirar a hacerse popular, dado el altísimo índice de analfabetismo.

[36] "La mujer mexicana", de José María Vigil, en *Poetisas mexicanas*, pp. lxviii-lxxviii. Véanse sobre todo las pp. lxxiv-lxxv.

Lo que parece haber motivado a Vigil fue el deseo de ver una
literatura a la vez patriótica y doméstica escrita por mujeres. Es
sorprendente, dada la época, que su discurso pronunciado ante
la academia mexicana en 1882 fuese un homenaje a doña Isabel
Prieto de Landázuri. Habló de ella como de una mujer ejemplar,
autora de la obra *El ángel del hogar* y de varios poemas sobre la maternidad. La comparó favorablemente con Sor Juana, que no dio
muestras "del menor sentimiento maternal". Doña Isabel murió
muy joven de cáncer del seno, un fin trágico e irónico para esta
heroína de la maternidad.[37]

El cadáver desnudo y el esqueleto de moda

La intelectualidad porfiriana se movía entre los de arriba y los de
abajo, entre la sociedad respetable y el burdel, aunque este último ocultara muchos peligros. Es posible que el doctor Luis Lara
y Pardo, un higienista moralista de la época, haya exagerado
cuando calculó que de cada mil mujeres, ciento veinte estaban
registradas como prostitutas, y cuando además afirmó que las enfermedades venéreas habían alcanzado "proporciones epidémi-
cas"; sin embargo, su advertencia de que las mujeres debían tomar las mayores precauciones durante las relaciones sexuales
difícilmente puede considerarse radical en una época en que la
literatura vinculaba tan íntimamente la sexualidad y la muerte.[38]

De hecho, la separación de lo público y lo privado producía
casi el mismo efecto en la sexualidad femenina que el que había
tenido el discurso religioso, volviéndola una herejía o algo imposible. En cambio, la vida bohemia le permitía al hombre introducirse en el bajo mundo de la promiscuidad sexual. "Bohemia"
es el eufemismo para esta contaminación en la cual el riesgo físico
se mezclaba con la culpa religiosa. Con frecuencia en los textos
literarios la sexualidad sólo se introduce para ser reprimida por
el código moral (esto es típico en la novela) o se disfraza mediante eufemismos (lo típico en la poesía). Como Stallybrass y White
han señalado respecto de Inglaterra:

[37] De José María Vigil, *La Señora Doña Isabel Prieto de Landázuri* (México, 1882),
versión publicada de una conferencia leída ante la Academia Mexicana. Véanse
sobre todo las pp. 102 y 103.

[38] Luis Lara y Prado, *La prostitución en México* (París, México, Librería de la viuda de Ch. Bouret, 1908), pp. 252-253; y de Ramón López Velarde, "Hormigas",
en *Zozobra* (1919), *Poesía completa y el minutero*, 2a. ed. (México, Porrúa, 1957), pp.
185-186.

así como lo "bajo" del cuerpo burgués se vuelve algo que no puede ser mencionado, oímos hablar cada vez más de "los bajos" *de la ciudad:* la barriada, el trapero de viejo, la prostituta, el mesero; de "lo sucio" que está "allá abajo". En otras palabras, el eje del cuerpo se transcodifica a través del eje de la ciudad, y mientras la parte baja del cuerpo "se olvida", lo bajo de la ciudad se vuelve el lugar de preocupación obsesiva, una preocupación íntimamente conceptualizada en los discursos del cuerpo.[39]

En México, esta transposición también puede ser efectuada por medios más tradicionales, aplicando el código de la moral religiosa. Basta un ejemplo breve pero significativo tomado del diario de Federico Gamboa, hombre de mundo, escéptico convertido al catolicismo, diplomático, autor de la famosa novela *Santa*,[40] que recuerda mucho a la *Naná* de Zolá y que en su vida personal practicaba la doble moral.

El diario de Gamboa merece mucho un comentario porque, por lo menos superficialmente, parece pertenecer a la escritura "privada" y femenina. Sin embargo, Gamboa "masculinizó" el género al escribir su diario para que fuera publicado y al revelar sus pensamientos íntimos para construir una persona pública que puede trascender la muerte y la corrupción que lo rodean. Nada ilustra esto mejor que un pasaje de su diario en el que describe una visita a la morgue en la cual vio sobre una losa el cuerpo desnudo de una prostituta, Esperanza Gutiérrez, mejor conocida como "La Malagueña". Esta mujer había sido asesinada por una rival poco después de un baile de disfraces al que había asistido Gamboa, y en el que además había charlado con ella. De esta manera hace alusión a su "pecado", a fin de preparar el terreno para su redención. Acompañado por un amigo que ha decidido dibujar el cadáver desnudo, Gamboa se encuentra contemplando ese cuerpo "totalmente desnudo" y "nada atractivo" que está sobre la losa: "los pies exangües, tirando a marfil viejo [...], el rostro con horrible huella, abajo del ojo izquierdo, la huella del balazo que la quitó de penas; los labios entreabiertos, con el rictus de los que se van de veras [...]".[41]

En *Santa,* la novela de Gamboa, la prostituta es el símbolo de la inevitable corrupción de la provincia debido al efecto corrosi-

---

[39] Stallybrass y White, *The Politics and Poetics of Transgression,* p. 145.

[40] Federico Gamboa, *Santa* (Barcelona, Araluce, 1903). Sobre un complemento de esta novela, véase, de Margo Glantz, "*Santa* y la carne", en *La lengua en la mano* (México, Premiá, 1983), pp. 42-49.

[41] Federico Gamboa, *Mi diario,* 1a. serie (México, Eusebio Gómez de la Puente, Editor; 1910), p. 15.

vo de la vida citadina. En su diario, el cuerpo desnudo se transforma en lo bajo grotesco, los orificios descuidadamente abiertos y despoj.dos de todo atractivo. Sin embargo, lo que le llama la atención son los "centenares de moscas tercas y medio borrachas de sol poniente, de olores sospechosos y de sangres antiguas y resecadas" que volaban alrededor del "cuerpo desnudo e indefenso". Gamboa reflexiona sobre la descomposición del cuerpo y el destino que a todos nos espera. Más que nada "atraíame, fatídicamente, la cicatriz de su ojo herido, cicatriz diminuta sobre la que caían, revueltos, los cabellos rubios de la soberbia cabellera deshecha y sucia…". ¿Qué es lo que lo fascina? ¿Que no pueda devolverle la mirada porque le falta el ojo? La Malagueña muerta hace que el escritor se dé cuenta de la fuerza del alcance de la mirada del hombre, porque en este caso el objeto que contempla no presenta ninguna barrera ni marca ninguna distancia: no lleva velos, no baja la mirada ni la lanza en desafío, y esto incomoda a Gamboa: por una vez, los penetrantes ojos del hombre titubean aunque sólo por un momento: el diario se transforma en el lugar de la penitencia pública donde la culpa sexual puede exorcizarse como una meditación antes del *memento mori*. En otras palabras, la transcodificación de lo bajo sexual en lo social le permite a Gamboa reafirmar los valores tradicionales.

En cambio, los modernistas elevan la sexualidad y la transforman en contemplación estética. En este caso, el escritor ejemplar es Manuel Gutiérrez Nájera, periodista modernista, poeta y autor de paisajes urbanos. En sus historias, como en las novelas de Gamboa, la ciudad presenta la oportunidad para la promiscuidad y para la mezcla de diferentes tipos sociales. Un relato que describe un paseo en tranvía constituye un festejo de la heterogeneidad.[42] Empero, la "contaminación" sigue acechando cerca y la tuberculosis transpone en términos legibles y eufemistas un problema que no puede mencionarse. Por otro lado, Gutiérrez Nájera también encontró maneras de transcribir los sentimientos prohibidos en términos legibles, desplazándolos del cuerpo desnudo al cuerpo-mercancía vestido con todo lujo.

Para la intelectualidad liberal, el comercio era un cemento social y el signo de una mentalidad moderna. Mientras que los moralistas criticaban la moda femenina por excesiva y como un índice de decadencia social, muchos de los intelectuales progresistas veían en la moda un verdadero símbolo de la modernidad. Éste era un terreno en el cual las mujeres podían tomar la inicia-

---

[42] Manuel Gutiérrez Nájera, "La novela del tranvía", *Cuentos frágiles* (México, Libro-Mex, Costa-Amic, 1955).

tiva. La ropa masculina se había vuelto más sobria y uniforme; por el contrario, las mujeres solían vestir prendas tan extravagantes como la crinolina y el polisón. Empero, el significado de la moda iba más allá de los atuendos: era el equivalente estético del mercado, sistema de significantes que parecía no tener referencia más allá de la diferenciación. Si cada nueva moda desplazaba a la anterior, ¿dónde podría uno encontrar un terreno estable de valores? Las consecuencias de la comercialización de la cultura, que lo reducían todo a la elección subjetiva y al gusto personal, parecían conducir el caos. Kant había previsto este problema cuando separó la categoría universal de lo hermoso, de las valoraciones subjetivas aplicadas a lo placentero. El modernismo identificó el gusto con lo bello, pero le reservó la mirada fija y valuadora al hombre. Lo femenino servía como alegoría de la pureza de la poesía y de la liberación del crudo mundo del comercio, y al mismo tiempo de una sensualidad permitida a condición de que no tuviera ninguna referencia humana.

La moda, la belleza y el gusto ayudan a la literatura a liberarse del didactismo retrógrado del cadáver desnudo y transformó al cuerpo femenino velado en un objeto fetichista del deseo. Si bien esto transformaba a las mujeres en algo diferente, ni una función de la vida familiar, ni un cuerpo pecaminoso y despreciado, también subrayaba el vínculo entre las mujeres y la comercialización, como se puede apreciar al leer algunos pasajes de Gutiérrez Nájera; en una ocasión, por ejemplo, el poeta se imagina reducido al tamaño de un hada en el baúl de las ropas de su amada:

Estoy en medio de sedosas enaguas, linos blancos, surah claro, todo tibio, amoroso y perfumado. Dentro del gran baúl respiro un olor de violeta delicioso... Aquí está la preciosa bata de mañana, con sus listones color de rosa; aquí la cofia con encajes, que da un corte tan coqueto y pintoresco a su cabeza rubia: acá las medias de colores claros, con flores y hojas de bordado primoroso...[43]

En esta orgía de sensualidad, la mujer se transforma en un objeto estético y puede ser conjurada metonímicamente gracias a cada uno de los elementos de su ajuar. Gracias a su mágica transformación en un elfo, el escritor puede gozar con todo gusto: ya no es un pedagogo, sino un *voyeur* feliz para quien la sexualidad fe-

[43] Manuel Gutiérrez Nájera, "En hora de calor", en *Cuentos completos* (México, Fondo de Cultura Económica, 1958), pp. 301-303. Margo Glantz, en "Cuerpo y clase", *La lengua en la mano*, pp. 37-41, hace algunas reflexiones graciosas sobre la representación de Manuel Payno del cuerpo vestido y semivestido según la clase social.

menina constituye un lugar de placer erótico. Al "objetivizar" a la sensualidad de esta manera, la literatura aseguró la constitución de la mujer sin la necesidad de entrar en diálogo con mujeres reales. Gracias a esta maniobra, la estética modernista puede aspirar a un público transnacional.

EL LUGAR DE LA MUJER

La crítica argentina Sylvia Molloy habla sobre el aniñamiento de las mujeres durante este periodo; es decir, su reducción a la categoría de niñas,[44] aniñamiento que responde al papel paterno de intelectuales como Vigil. Una de las escritoras más prolíficas de principios de siglo, María Enriqueta, adoptó una máscara de ingenuidad e infantilismo, aceptando una posición subordinada. "Me conformo", escribió en un poema:

> Yo me conformo con el nombre oscuro
> del que entona, sin miras, su querella.
> Bajo naves acordes con la acústica,
> no pretende mi canto dejar huella.[45]

Una talentosa escritora de la época, Laura Méndez de Cuenca, tituló *Simplezas* a sus cuentos cortos, poniéndose así a cubierto de la crítica seria.[46] La contribución de las mujeres al pabellón de la Feria Mundial de Chicago ilustra la extraña canalización de sus dotes y su tendencia a la miniaturización. Cristina Ramírez presentó la maqueta de una mina con todo y mineros en miniatura;[47] esta obra fue exhibida en medio de mariposas bordadas minuciosamente y de suntuosas vestimentas eclesiásticas. Las mujeres y las clases populares practicaba la artesanía, más que el arte.

Sin embargo, algunos de los poemas incluidos en la antología de Vigil reflejan, así sea tímidamente, una falta de conformidad con la domesticación. En uno de sus poemas, Ester Tapia describe el encuentro de dos almas, una que se eleva al cielo, y la otra que

---

[44] Sylvia Molloy, "Dos lecturas del cisne: Rubén Darío y Delmira Agustini", pp. 57-69, en la edición de Patricia Elena González y Eliana Ortega, comps., *La sartén por el mango* (Río Piedras, Puerto Rico, Ediciones Huracán, 1984).

[45] María Enriqueta Camarillo de Pereyra, "Aspiración sencilla", *Álbum sentimental* (Madrid, Espasa Calpe, 1926).

[46] Laura Méndez de Cuenca, *Simplezas* (México, Premiá, 1982).

[47] Gonzalo de Quesada, "En la exposición de Chicago. La mujer de México", publicado originalmente en *El Partido Liberal*, México, 13 de septiembre de 1893, y vuelto a publicar por Vigil en *Poetisas mexicanas*, pp. lxi-lxvii; véase sobre todo la p. lxvi.

está a punto de encarnar y de adquirir forma humana. El alma que asciende al cielo le aconseja a la otra que, si desea disfrutar del amor, no se transforme en el alma de una mujer, ya que éstas pasan la vida sollozando, sujetas a los caprichos del hombre.

> Si en un momento su belleza adora,
> El cruel desamor viene en seguida;
> Sólo se acuerda de ella cuando llora;
> Que cuando goza, a la mujer olvida.[48]

Esta tímida rebelión apenas musitada indica que las mujeres no se sentían a gusto ni con la narrativa nacional ni con la liberación modernista. Los cuentos de Laura Méndez de Cuenca, autora de una de las pocas novelas del siglo XIX escritas por una mexicana, reflejan este desacuerdo. Si bien se apegan a la ideología de la época (el narrador en tercera persona, la intención moralizante y un estilo varonil y escueto), describen relaciones humanas que no son meras alegorías de la nación, como en el caso de sus contemporáneos. Además, no se limitan a las escenas de la vida matrimonial, sino que muchos de sus cuentos parecen girar en torno al problema de la movilidad y de los penosos intentos de los campesinos y los miembros de las clases media y baja por conservarse a flote o por subir en la escala social. Varios de sus relatos tratan de manera indirecta sobre la emancipación femenina. Uno de ellos se refiere a la situación de la mujer más allá de las tribulaciones rutinarias del matrimonio, el amor y la infidelidad; "Heroína del miedo" es un relato corto y convincente sobre el encierro de la mujer en el hogar: María Antonieta, recién casada, se esfuerza por vivir la vida encerrada que se espera que lleve en tanto que su esposo pasa casi todo el tiempo fuera. Sin embargo, está bien protegida por la criada Casimira, y está resignada a una vida "de obediencia e irresponsabilidad" cuya monotonía sólo se ve aliviada por la esperanza de tener un hijo, al que piensa educar para que sea "libre y responsable". Una tarde en que se queda sola ve que un ladrón la espera con un cuchillo debajo de la cama y, en lugar de gritar, lo engaña. En "La tanda", la hija de una mujer que trabaja en una fábrica de puros trata de superarse haciéndose actriz y dando recitales tan buenos que hacen que las obras de poetas inferiores a ella se escuchen mejor. Sin embargo, su carrera llega a un final abrupto cuando muere de tuberculosis. Aunque con timidez, los dos cuentos constituyen una reflexión sobre el talento malgastado.

---

[48] Ester Tapia, "Dos almas", en *Poetisas mexicanas*, de Vigil, pp. 93-96.

Sería erróneo ver esta frustración como la única manera en que las mujeres del siglo XIX podían confrontar los discursos hegemónicos de la domesticidad, pues con frecuencia se encontraban en el frente de las rebeliones en contra de la modernización capitalista. Agustina Gómez Checheb, una chamula, se transformó en "la madre de Dios" durante la llamada guerra de castas chiapaneca en 1868 (véase el capítulo VI). En 1889, Teresa Urrea, hija ilegítima de un hacendado de Cabora, empezó a tener visiones y a curar a la gente; dos años después, la comunidad rebelde de Tomochic la declaró su santa patrona. Los mayos y los yaquis rebeldes combatían contra las tropas federales gritando "Viva la reina de los mayos y de los yaquis, la Santa de Cabora". A pesar de que no participó directamente en estos acontecimientos, Teresa fue exiliada a los Estados Unidos, donde vivió hasta su muerte, llegando a ser una curandera conocida en todo el país.[49] Algunos decenios después, otra mujer, la madre Conchita, fue acusada de instigar para que asesinaran a Obregón.[50] No obstante, todas estas mujeres estaban relacionadas con movimientos étnicos o con la resistencia católica ante la modernización. Por ello, también tenemos que tomar en cuenta una tradición, que apenas ahora está saliendo a la luz, sobre las luchas de las mujeres durante los movimientos de la Independencia y la Reforma, así como durante los movimientos de anarquistas y trabajadores a fines del siglo pasado y principios de este.

Con todo, había de pasar mucho tiempo antes de que la literatura nacional pudiera prescindir de la mujer como símbolo de la pureza o la corrupción, acaso porque, como Octavio Paz iba a señalar en su conocidísimo ensayo de 1950, *El laberinto de la soledad,* la construcción misma de la identidad nacional se basó en la dominación del macho.[51]

Este tema de la identidad iba a volver a definirse con la Revolución de 1910-1917. La participación activa de las mujeres en este movimiento y en los congresos feministas celebrados durante el periodo revolucionario llevó por primera vez a la esfera pública

[49] Véase, de Frank Bishop Putnam, "Teresa Urrea, 'The Saint of Cabora'", *Southern California Quarterly* (septiembre de 1963), 45(3):245-264.

[50] La obra de Vicente Leñero, *El juicio: El jurado de León Toral y la Madre Conchita* (México, Joaquín Mortiz, 1972) se basa en el registro del juicio al asesino de Obregón, José de León Toral, en el cual también se acusó a la madre Conchita de ser la autora intelectual del asesinato. Toral fue ejecutado y la madre Conchita fue encarcelada; se casó en prisión y salió libre después de 12 años, en 1940.

[51] Octavio Paz, *El laberinto de la soledad.* Anna Macías habla de la larga tradición de luchas femeninas en *Against All Odds: The Feminist Movement in México to 1940* (Westport, Conn., Greenwood Press, 1982).

la discusión sobre la emancipación femenina.[52] En los siguientes capítulos examinaré otra etapa de lucha por el poder de la interpretación, en la cual se trata de desplazar a la mujer mítica del discurso posrevolucionario.

[52] Véase, de Ángeles Mendieta Alatorre, *La mujer en la Revolución mexicana* (México, Biblioteca Nacional de Estudios Históricos de la Revolución Mexicana, 1961), núm. 25; y, de Shirlene Ann Soto, *The Mexican Woman: A Study of Her Participation in the Revolution, 1910-1940* (Palo Alto, R&E Research Associates, 1970).

V. CUERPO Y ALMA: LAS MUJERES Y EL MESIANISMO POSREVOLUCIONARIO

LA REVOLUCIÓN de 1910-1917 se representó históricamente como una transformación social importante, y en realidad lo había sido. Murieron un millón de personas y muchas más vieron transformadas sus vidas. Las mujeres habían seguido a los ejércitos, habían peleado, habían abandonado sus casas, habían perdido a sus hombres, habían sobrevivido, habían alimentado a las tropas y habían cuidado a sus enfermos y heridos.[1] Además, durante la Revolución había tomado forma un incipiente movimiento feminista.[2] Empero, esta misma Revolución alentó, con su promesa de transformación social, un espíritu mesiánico que transformó a los hombres en superhombres y constituyó un discurso que asoció la virilidad con la transformación social de tal manera que marginó a las mujeres precisamente cuando en apariencia estaban en vías de liberación.

Nada ilustra mejor el mesianismo que las figuras contrastantes de José Vasconcelos y Diego Rivera. Vasconcelos, en su papel de secretario de Educación durante la presidencia del general Obregón (1920-1924), introdujo un ambicioso plan de alfabetización para las grandes masas rurales; envió "misiones" alfabetizadoras a los puntos alejados del país y encargó murales para los edificios públicos, a fin de enseñarle a la gente los ideales nacionales.[3] La visión mesiánica de Vasconcelos le ganó el apoyo y la admiración de toda Latinoamérica. La aclamada poetisa chilena Gabriela Mistral fue una de las que participaron en la "cruzada evangélica", y cuando Vasconcelos renunció como secretario en 1925, dijo que era "el hombre mayor de ustedes... el hombre más constructor que la raza de Adán ha echado sobre esta pobre América".[4] Vas-

---

[1] Véase, de Ángeles Mendieta Alatorre, *La mujer en la Revolución Mexicana, op. cit.,* y de Shirlene Ann Soto, *The Mexican Woman: A Study of Her Participation in the Revolution, 1910-1940, op. cit.*

[2] Véase, de Anna Macías, *Against All Odds: The Feminist Movement in Mexico to 1940* (Westport, Conn.; Greenwood, 1982). Véase en "Feminismo en México: Antecedentes", *Fem* (oct.-nov. 1983), vol. 8, núm. 30, un examen de la tradición de la militancia feminista.

[3] Véase, de José Joaquín Blanco, *Se llamaba Vasconcelos: Una evocación crítica* (México, Fondo de Cultura Económica, 1977), pp. 98-102.

[4] Citado por Enrique Krauze en *Caudillos culturales en la Revolución mexicana* (México, Siglo XXI, 1990), p. 266.

concelos incluyó a las mujeres en las campañas de alfabetización y las envió a las misiones educativas de las zonas rurales al darse cuenta de que, como maestras, no sólo se crearían un nuevo espacio, sino que modificarían la idea de la educación al darle una imagen más maternal. Las mujeres, que pocas veces podían estudiar carreras largas como la de medicina y otras parecidas, se dedicaron al magisterio, que Vasconcelos trató de dignificar transformándolo en una misión social y haciendo que el maestro y la maestra fueran héroes y heroínas nacionales. José Joaquín Blanco escribe: "En toda la historia de México no existe un proyecto oficial de 'redención' de la mujer comparable al de Vasconcelos, ni más práctico... Dio por primera vez una función importante a la mujer popular en la vida social y política del país, ya no como comparsa sino como actuante".[5]

Sin embargo, ésta es una conclusión optimista: las misiones colocaron a las mujeres en una posición muy parecida a la de las monjas del periodo colonial que servían a su redentor. Se insistía en que fueran solteras y castas; tenían pocas esperanzas de ascender en su carrera y la maternidad seguía considerándose su meta más alta. Gabriela Mistral colaboró en este mito. La antología *Lecturas para mujeres* que recopiló para la Secretaría de Educación contenía sobre todo textos de escritores, muchos de los cuales se consideraban como los grandes héroes de la cultura de la modernidad. En la sección de su antología titulada "La vida superior" incluía a una mujer: Sor Juana Inés de la Cruz. Los pocos textos de mujeres no desmentían la opinión de que los hombres estaban destinados a ser los apóstoles del nuevo orden mundial. En su introducción, Gabriela Mistral afirmaba que la única razón de ser de las mujeres, del estatus que fuere, era la maternidad, porque unía lo material y lo espiritual. Las mujeres que no podían ser madres sólo debían dedicarse a lo espiritual.[6] Además, sostenía la opinión tradicional de que los hombres actuaban y las mujeres sentían, y declaraba que el patriotismo de las mujeres era más sentimental que intelectual, pues estaba inspirado por el paisaje más que por la historia de hazañas históricas.[7]

Vasconcelos tenía ideas más avanzadas acerca de la liberación

---

[5] José Joaquín Blanco, *Se llamaba Vasconcelos*, p. 110.

[6] Gabriela Mistral, Introducción a *Lecturas para mujeres* (México, Departamento de Educación, 1924), p. 12.

[7] Gabriela Mistral, Introducción a *Lecturas para mujeres*, p. 16. En su ensayo "A la mujer mexicana", incluido en la obra *Croquis mexicanos* (México, Costa-Amic, 1956? [sin fecha]), pide a las mujeres que no vuelvan su mirada hacia "las locas mujeres de este siglo" (es decir, las feministas); el papel de las mujeres es el de colaboradoras, "la rama que sostiene al héroe que es como una fruta madura" (pp. 40-41).

femenina y le irritaban las restricciones de la vida familiar. Con
todo, también se consideraba un héroe de la cultura y en distintas
ocasiones se comparó a Prometeo, Ulises y Quetzalcóatl. Su autobiografía, a pesar de que la escribió después del fracaso de su campaña electoral, es el texto de un hombre que enviaba un mensaje
a la posteridad en cada uno de sus actos públicos. El título del
primer volumen, *Ulises criollo*,[8] subrayaba su propio papel de
héroe épico que algún día regresaría para reclamar su Ítaca.
También se comparó a Quetzalcóatl, el héroe que dejó a su tribu
con la promesa de que un día regresaría y reinstalaría la abundancia.[9] Y, por si esto fuera poco, también se identificó con el
héroe y redentor arquetípico, Moisés.

Vasconcelos no fue encontrado entre las cañas, como el Moisés
bíblico; no obstante, encontró la manera de describir su propia
niñez como la del mito del héroe paradigmático. Vasconcelos fue
hijo de un funcionario aduanal y pasó la niñez en un lejano sitio
del norte de México, donde a la gente solían aterrorizarle los relatos de motines de apaches que se llevaban a los niños. Su madre
trató de aliviar este temor inventando un cuento de hadas, y le
mostraba a su hijo la estampa de una historia sagrada que

> representaba al pequeño Moisés abandonado en su cesta de mimbre
> entre las cañas de la vega del Nilo. Asomaba una esclava atraída por el
> lloro para entregarlo a la hija del Faraón. Insistía mi madre en la aven-
> tura del niño extraviado, porque vivíamos en Sásabe, menos que una
> aldea, un puerto en el desierto de Sonora, en los límites con Arizona.

Su madre lo aleccionaba para que, en caso de que lo capturaran,
aprovechara la oportunidad "para llevar el mensaje de Cristo a
los salvajes: ésa es la misión suprema". Y,

> si vienen los apaches y te llevan consigo, tú nada temas, vive con ellos
> y sírvelos, aprende su lengua y háblales de Nuestro Señor Jesucristo,
> que murió por nosotros y por ellos, por todos los hombres. Lo impor-
> tante es que no olvides: hay un Dios Todopoderoso y Jesucristo su
> único Hijo. Lo demás se irá arreglando solo. Cuando crezcas un poco
> más y aprendas a reconocer los caminos, toma hacia el Sur, llega hasta
> México, pregunta allí por tu abuelo, se llama Esteban [...] Ahora bien:
> si no puedes escapar o pasan los años y prefieres quedarte con los in-

[8] José Vasconcelos, *Ulises criollo*, en *Obras completas*, vol. 1 (México, Libreros Mexicanos Unidos, 1957). En el primer volumen se encuentran las tres cuartas partes
de la autobiografía: *Ulises criollo, La tormenta, El desastre*. La cuarta parte, *El proconsulado*, se encuentra en el vol. 2, 1958.
[9] Quetzalcóatl es el dios héroe Serpiente Emplumada que dejó a su pueblo
prometiéndole regresar.

dios, puedes hacerlo; únicamente no olvides que hay un solo Dios padre y Jesucristo, su único Hijo; eso mismo dirás entre los indios.[10]

La historia es perfectamente creíble, aunque no es difícil imaginar
que Vasconcelos pudo haberla modificado para que casara con el
relato de un héroe adoptado por una tribu extraña.
   Durante el periodo posrevolucionario hubo muchos redentores. Cuando Vasconcelos mandó llamar a Diego Rivera, que llevaba once años viviendo en París, le encargó que pintara varios murales en las paredes de algunos edificios públicos, su mesianismo
resultó contagioso. También Diego creía ser más grande que la
propia vida, un gigante que pintaba enormes murales gracias a su
energía sobrehumana. Cuando estaba en París decía haber sentido que su estudio se encogía; entonces empujaba las ventanas y
los rincones "hasta abrir la ventana para sentir que se desparra-
maba por todo París".[11] Al regresar a México afirmó ser una fuerza de la naturaleza y una encarnación de la raza cósmica.
   No obstante, precisamente en esta época de redentores sobrehu-
manos se planteó de manera crítica el problema de la identidad de
las mujeres... y no sólo en México. Por toda Latinoamérica, las mujeres parecían hacer exigencias contradictorias: pensemos en el suicidio de Alfonsina Storni en Argentina, en el asesinato de Delmira
Agustini en Uruguay, en la paranoia de Gabriela Mistral en Chile.
La crítica literaria quiere que separemos la obra y la vida; sin embargo, la violencia y la representación de la violencia hacia la mujer no es sólo un problema de textualidad.
   Las dos mujeres de que hablo en este capítulo, Frida Kahlo y
Antonieta Rivas Mercado, pertenecían a un pequeño grupo van-
guardista. La más adelantada de ellas fue la fotógrafa Tina Modotti, que había llegado a México en los años veinte con Edward
Weston; fue amante de Julio Antonio Mella, político cubano, y
después de su muerte se le acusó de comunista y practicante del
amor libre. Puede decirse que Frida y Antonieta, que vivieron a la
sombra de Diego Rivera y de Vasconcelos, respectivamente, reaccionaron de manera simbólica al mesianismo a que su arte refiere indirectamente. A pesar de que tanto Vasconcelos como Rivera deseaban "mujeres liberadas",[12] tanto Antonieta como Frida

[10] Vasconcelos, *Ulises criollo*, p. 290.
[11] Bertram D. Wolfe, *The Fabulous Life of Diego Rivera* (Nueva York, Stein and
Day, 1969), p. 95. En la película de Paul Leduc, *Frida*, se capta esta misma propor-
ción de los tamaños.
[12] Diego elogió la pintura de Frida en una conversación con Raquel Tibol, diciendo que "es la primera vez en la historia del arte que una mujer ha expresado
con una franqueza absoluta, descarnada y, podríamos decir, tranquilamente fe-

tropezaron con el hecho de que dentro del orden simbólico, en
el que las mujeres siempre representaban al Otro imaginario, no
podía haber liberación. En los escritos de Antonieta Rivas Mercado, la falta de coincidencia de la mujer con la Mujer no sólo es
visible, sino que la organización fálica de significado y sexualidad
provoca una reacción esquizofrénica y una impresionante división en la representación de sí misma.[13] La liberación de Frida
fue superior a la de Antonieta: tuvo amores con Trotsky y varias
aventuras lésbicas. Con todo, las dos aceptaron en determinado
momento de sus vidas el mito del nacimiento del héroe y al mismo tiempo se forjaron una identidad en cierto espacio fuera de
la historia y de la nación.

LA OTRA FRIDA

En 1935, Diego Rivera pintó el mural *México moderno* en el Palacio
Nacional. En el cuadro que muestra la campaña de alfabetización, retrató a su esposa, Frida Kahlo, que lleva una estrella roja y
sostiene un libro para que lo lea un niño moreno, de clase obre-
ra. La hermana de Frida, Cristina, que en esa época era amante
de Diego, está en primer plano, sosteniendo también un libro,
con dos niños a su lado. El rostro de Frida tiene el fervor de una
monja y el de Cristina una expresión voluptuosa, con los ojos
vueltos, como si experimentara un orgasmo o fuera mística. En
otro cuadro, Frida entrega armas a los trabajadores, como su ca-
marada.

La iconografía de Rivera es interesante, tanto por lo que describe como por lo que omite. Por una parte muestra que las posre-
volucionarias cuentan con un nuevo espacio social: son maestras,

---

roz, aquellos hechos generales y *particulares que conciernen exclusivamente a la mujer"*
(el subrayado es mío). Así, pues, el generoso elogio de Rivera tenía dos filos.
Véase, de Raquel Tibol, *Frida Kahlo: una vida abierta* (México, Oasis, 1985), p. 96.
En cuanto a Tina Modotti, que fue militante comunista, Diego la pintó desnuda y
Weston la fotografió también desnuda. Es interesante que, a pesar de los diferentes estilos de Rivera y Weston, ambos la captaron con los ojos cerrados o velados.
Sobre la relación entre la pintura de Frida y su vida personal, véase, de Olivier Debroise, *Figuras en el trópico: plástica mexicana* (México, Océano, 1984), pp. 166-176,
que analiza la pintura como autoconstitución. Sobre el papel de la fotografía y el
espectáculo en la liberación sexual, véase, de Carlos Monsiváis, *Escenas de pudor y
liviandad* (México, Grijalbo, 1988).

[13] Sobre la sexualidad de las mujeres, véase, de Jacques Lacan, "God and the
Jouissance of the Woman", en *Feminine Sexuality: Jacques Lacan and the École Freu-
dienne*, tr. de Jacqueline Rose, comp. de ésta y de Juliet Mitchel (Nueva York,
Pantheon, 1982), pp. 137-148.

compañeras y revolucionarias, si bien siguen siendo consideradas "auxiliares" en cuanto a la épica nacional; por otra parte, no sólo son madres, sino madres sexualmente liberadas.

El que estas múltiples imágenes de la mujer aparezcan en las paredes del edificio de gobierno más importante de la capital de México parece, a primera vista, un mensaje inequívoco para el Estado revolucionario. Sin embargo, el mural de Rivera no sólo constituye un mensaje social, sino también una fantasía polígama que objetivaba sus representaciones (distintas y conflictivas) de la mujer. La fantasía es tanto más interesante cuanto que Diego era un revolucionario y posiblemente representaba una postura política de avanzada.[14]

En esta época, la pintura de Frida revelaba algo diferente. En *Unos cuantos piquetitos* aparece el cadáver de una mujer sobre una cama, acuchillado, y junto, de pie, el asesino totalmente vestido, indiferente como un carnicero ante un animal muerto. En *El suicidio de Dorothy Hale* se ve a una mujer que salta de un edificio y luego yace sobre el piso, muerta. En algunos de sus autorretratos "recurrentes",[15] pintó su propio cuerpo desnudo listo para una intervención quirúrgica, mutilado, adornado o ligado de alguna manera a la naturaleza. Como con frecuencia han observado los críticos, su pintura constituye una dramática ilustración del abismo entre la fantasía masculina de la *jouissance* como trance místico, y el cuerpo socializado de la mujer, traspasado por la tecnología. A pesar de los temas revolucionarios y de la representación de la muerte y la violencia, muchos murales de Diego son distantes, serenos, incluso idílicos. Por su parte, los cuadros de Frida impresionan porque revelan la vida "interior" de la pintora, no en forma de espíritu, sino materialmente. Con frecuencia los órganos interiores están expuestos; coloca en el exterior al corazón y a otros órganos: exhibe la vida interior de la mujer demostrando que su vida interior es su cuerpo interior.

La pintura de Frida muestra una profunda división en su personalidad, y de manera más explícita en *Las dos Fridas*, donde sus dos personalidades, vestidas como si fueran de dos generaciones, están unidas por una arteria que va del pecho abierto de una al de la otra. Esta división impidió que Frida se identificara como individualidad única. ¿Hay una personalidad privada tan diferente

[14] Léase la discusión sobre los murales del Palacio Nacional en el contexto de la pintura mexicana, en la obra de Justino Fernández *A Guide to Mexican Art,* tr. de Joshua C. Taylor (Chicago, University Press, 1969), pp. 159-160.

[15] Diego Rivera empleó la frase "autorretratos recurrentes". Véase, de Raquel Tibol, *Frida Kahlo,* y de Hayden Herrera, *Frida: A Biography of Frida Kahlo* (Nueva York, Harper and Row, 1983), p. 260.

de la personalidad que se exhibe? ¿Hay una "personalidad" privada? ¿Nunca se dividen los hombres de esta manera? En los autorretratos de Frida, una *persona* aparece engalanada con ropas hermosas y exóticas, vestida de tehuana y, por ende, muy distinta de la belleza de la burguesa occidental. Sin embargo, en otras pinturas aparece Frida desnuda, mutilada e indefensa; su cuerpo inerte parece controlado por la ciencia. El cuerpo desnudo no es un "ser", sino un cuerpo socializado, un cuerpo abierto por instrumentos, tecnologizado, herido, con los órganos al aire para que los vea todo el mundo. La Frida "interior" está mucho más controlada por la sociedad moderna que la Frida vestida, la cual suele mostrar que se desvía de la norma, retando con la mirada al espectador. La Frida desnuda no da a los observadores lo que desean (la excitación del desnudo femenino) sino que burla la mirada que quiere tomar el cuerpo como objeto.[16]

Dada la fuerza de esta autorrepresentación, parecería quizás discutible destacar una pintura atípica que, a diferencia de sus demás cuadros, aborda un vasto tema histórico y social. Con todo, *Moisés o El nacimiento del héroe* representa una alegoría de los problemas no resueltos de la división sexual que pone a las mujeres del lado de la naturaleza anónima y a los hombres del lado de la cultura y la "inmortalidad".[17] A pesar de su tema, tan amplio que abarca la historia de la humanidad, la tela es pequeña, y así produce el efecto de una miniatura de los enormes murales públicos que pintaron Diego Rivera, José Clemente Orozco y David Alfaro Siqueiros.[18] El tema de la pintura (el nacimiento del héroe Moisés) fue idea de quien la encargó, aunque antes de pintarla Frida leyó *Moisés y el monoteísmo*, de Freud, con cierto entusiasmo. Este texto se basa en el relato que hace Otto Rank sobre el nacimiento del héroe, según el cual los héroes de la cultura suelen ser "encontrados" y adoptados, en vez de tener los padres que todos

---

[16] Los cúadros *Recuerdo* (1937) y *Recuerdo de una herida abierta* se refieren al romance de Diego con la hermana de Frida. Véase *Frida*, de Herrera, pp. 189-191, donde la autora atribuye *Unos cuantos piquetitos* a la amargura de Frida. Con respecto a la automutilación, véase sobre todo el cuadro *La columna rota*, en el cual su rostro a medio pintar mira de frente al espectador, con el cuerpo abierto de la cintura a la garganta, y, dentro de él, una columna griega que se desmorona. En *Sin esperanza*, Frida arroja sus órganos internos a una escalera que está junto a una cama. En *El árbol de la esperanza* Frida aparece vestida ostentando una bandera y junto a la mesa de operación hay un taladro quirúrgico; sobre la mesa, Frida, a medio vestir, muestra la espalda en la que tiene varios puntos de sutura.

[17] *Moisés* fue un encargo de José Domingo Lavín, solicitado en 1945. A la fecha pertenece a Marilyn O. Lubetkin. Véase, de Herrera, *Frida*, pp. 326-328; y de Tibol, *Frida Kahlo*, pp. 58-62.

[18] Sobre los muralistas, véase, de Fernández, *A Guide to Mexican Art*, pp. 151-176.

tenemos. El héroe "carece" de madre. No sólo eso: el Moisés de
Freud inicia una de las grandes transformaciones históricas: la
transición al monoteísmo (y el patriarcado), empresa narrada en
forma de un viaje cultural lejos del hogar (la familia, la raza y la
tribu) y hacia una tierra extraña. La versión de Freud sobre la leyenda de Moisés hace que la separación del varón y su madre sea
el paradigma del progreso histórico.[19] El propósito de Frida, al
tratar de ser fiel a esta versión, no podía ser sino contradictorio.

Frida afirmó que pintó los acontecimientos e imágenes que le
causaron más impresión luego de leer el libro: "Lo que quise expresar más intensa y claramente fue que la razón por la cual las
gentes necesitan inventar o imaginarse héroes y dioses es el puro
miedo. Miedo a la vida y miedo a la muerte". Luego, Frida hace
una descripción inusitadamente prolija de cada imagen:

> Comencé pintando la figura de Moisés niño (Moisés en hebreo
> quiere decir aquel que fue sacado de las aguas, y en egipcio Mose sig-
> nifica niño). Lo pinté como lo describen muchas leyendas, abandona-
> do dentro de una canasta y flotando sobre las aguas de un río. Plásti-
> camente raté de hacer que la canasta, cubierta por la piel de animal,
> recordara lo más posible a una matriz, pero según Freud la cesta es la
> matriz expuesta y el agua significa la fuente materna al dar a luz a una
> creatura. Para centralizar ese hecho pinté el feto humano en su últi-
> ma etapa dentro de la placenta. Las trompas, que parecen manos, se
> extienden hacia el mundo. A los lados del niño ya creado puse los ele-
> mentos de su creación, el huevo fecundado y la división celular.

A Frida le interesaban sobre todo dos aspectos del Moisés: primero, que su nacimiento representaba el origen de todos los héroes,
"es decir, héroes más abusados que los demás: por eso le puse el
ojo avisor. En este caso se encuentran Sargón, Ciro, Rómulo, Paris,
etc.". El segundo aspecto que le interesa es que Moisés le dio al
pueblo elegido una religión no judía, sino egipcia: "Amenotep IV
revivió el culto del sol, adoptando la vieja religión de Heliópolis.

[19] Véase, de Otto Rank, *The Myth of the Birth of the Hero: A Psychological Interpretation of Mythology*, tr. de F. Robbins y Smith Ely Jelliffe (Nueva York, Journal of Ner-
vous and Mental Diseases Publishing Company, 1914), y de Sigmund Freud,
Moisés y el monoteísmo (Moses and Monotheism, tr. al inglés de Katherine Jones, Nueva
York, Vintage Books, 1955). En una de las raras discusiones feministas sobre este
texto, Rosalind Coward, en *Patriarcal Precedents: Sexuality and Social Relations* (Londres, Routledge and Kegan Paul, 1983), pp. 214-220, dice que es "un texto confu-
so en general", pero no señala que el adelanto que el monoteísmo representa
para Freud es parecido al reconocimiento de la paternidad como institución social. Jonathan Culler señala algo parecido en el capítulo "Reading as a Woman",
en *On Deconstruction: Theory and Criticism After Structuralism* (Ithaca, N. Y.; Cornell
University Press, 1982), pp. 59-61.

Por ello pinté al sol como centro de todas las religiones, como el primer dios y creador y reproductor de la vida. Ésta es la relación entre las tres principales figuras que se encuentran en el centro del cuadro".

Frida prosigue con la descripción del reparto jerárquico de los rostros que aparecen en la pintura:

Como Moisés ha habido y habrá gran cantidad de copetones y transformadores de religiones y de sociedades humanas. Se puede decir que ellos son una especie de mensajeros entre la gente que manejan y los dioses inventados por ellos, para poder manejarla. De estos dioses hay un resto; naturalmente no me cupieron todos y acomodé, de un lado y otro del sol, a aquellos que, les guste o no, tienen relación directa con el sol. A la derecha los de Occidente y a la izquierda los de Oriente. El toro alado asirio, Amón, Zeus, Osiris, Horus, Jehová, Apolo, la Luna, la Virgen María, la Divina Providencia, la Santísima Trinidad, Venus y... el diablo. A la izquierda: el relámpago, el rayo y la huella del relámpago, es decir, Hurakán, Kukulkán y Gucumatz; Tláloc, la magnífica Coatlicue, madre de todos los dioses, Quetzalcóatl, Tezcatlipoca, la Centéotl, el dios chino Dragón y el hindú Brahama. Me faltó un dios africano, pero no pude localizarlo; se le podría hacer un campito.

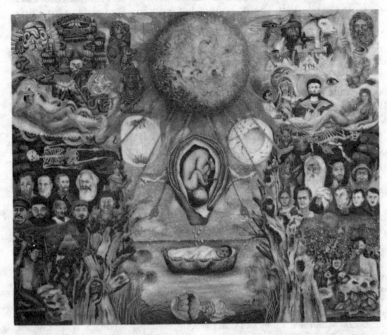

Moisés, *de Frida Kahlo*

Habiendo pintado a los dioses que no cupieron en sus respectivos
cielos, quise dividir al mundo celeste de la imaginación y la poesía del
mundo terreno del miedo a la muerte, entonces pinté los esqueletos
humano y animal que pueden verse. La Tierra ahueca sus manos para
protegerlos. Entre la muerte y el grupo donde están los héroes no hay
división ninguna, puesto que también mueren y la tierra los acoge
generosamente y sin distinciones. Sobre la misma tierra, pintadas sus
cabezas más grandes para distinguirlos de los del montón, están re-
tratados los héroes (muy pocos de ellos, pero escogiditos), los transformadores de religiones, los inventores o creadores de éstas, los conquistadores, los rebeldes, es decir, los meros dientones. A la derecha
(a esta figura debí darle más relevancia que a ninguna) se ve a Amen-
hotep, llamado más tarde Iknatón, joven faraón de la 18ª dinastía
egipcia (1370 a.C.) quien impuso a sus súbditos una religión contraria
a la tradición, rebelde al politeísmo, estrictamente monoteísta, con
raíces lejanas en el culto de On, la religión de Atón, es decir, del Sol.
No solamente adoraban al sol como ente material, sino como el creador y el conservador de todos los seres vivos, dentro y fuera de Egipto,
cuya energía se manifestaba en sus rayos, adelantándose así a los más
modernos conocimientos sobre el poder solar.

Como no hubo manera de que Kahlo describiera al "monoteísmo" en términos plásticos, creó algo parecido a una jerarquía católica de querubines, serafines y santos, junto con una jerarquía
de héroes: Cristo, Zoroastro, Alejandro Magno, César, Mahoma,
Tamerlán, Napoleón y el "niño perdido", Hitler.

A la izquierda está la maravillosa Nefertiti, esposa de Ikhnaton. Su-
pongo que además de ser extraordinariamente hermosa, debe de haber sido un hacha perdida y una colaboradora inteligentísima de su
esposo. Buda, Marx, Freud, Paracelso, Epicuro, Genghis Khan, Gandhi, Lenin y Stalin. Es un orden raro, pero pinté según mi conocimiento de la historia, que también es raro. Entre ellos y las multitudes
pinté un mar de sangre con lo que represento a la guerra. Y, por último, la pujante y mal considerada masa humana, compuesta de todo
tipo de animales: guerreros, gente de paz, cultos e ignorantes, los que
construyen monumentos, los rebeldes, los que portan los estandartes,
los felices y los tristes, los sanos y los enfermos, los poetas y los tontos,
y cualquier otro que quieras poner en toda esta revoltura. Sólo se ve
con claridad a los de adelante... en cuanto a los demás, con todo ese
ruido, no se distinguen.

A la izquierda, adelante, está el Hombre constructor en cuatro
colores (las cuatro razas). A la derecha, la Madre, la creadora, con un
niño en sus brazos. Atrás de ella, el Mono. Los dos árboles que forman un arco de triunfo son la vida nueva que siempre florece y el
tronco de la ancianidad. En el centro, abajo, lo más importante para
Freud y para muchos otros: el Amor, representado por un caracol y

una concha, los dos sexos, cubiertos con raíces siempre nuevas y vivas. Esto es todo lo que puedo decirte de mi pintura.[20]

Ésta es una descripción extraordinaria, pues Frida parece adherirse a los héroes, y también a la teoría de Freud sobre la transición de la sociedad al monoteísmo y el orden patriarcal. Empero, en la pintura (y en algunas secciones de su descripción) no puede ocultar su indecisión acerca de la naturaleza y la cultura, aunque en el cuadro separa el feto de la mujer. El espacio de la creación, que incluye al sol, el ovario, el semen, el feto y el recién nacido, al caracol y la concha, yuxtapone las referencias al mito cristiano, a la Hostia y la Natividad y los emblemas impersonales. Salvo por las trompas (en forma de manos señaladoras) que salen del sol, este proceso de generación y nacimiento es independiente de los dioses y los humanos, e incluso de la primera pareja que ocupa los dos ángulos inferiores de la pintura. Así, el niño aparece como un don de la naturaleza nacido del sol, cobijado en hojas y acostado sobre una cuna de pieles. El centro del cuadro separa a este "estado natural de las cosas" de las figuras de la derecha y de la izquierda, que están divididas en estratos, en jerarquías de dioses y héroes de la cultura. No es sólo que los héroes aparecen como cabezas sin cuerpos, sino que, a diferencia de las masas, están individualizados: en esto, Frida se adhiere a su fuente. Además, la falta de mujeres (a excepción de Nefertiti) entre los héroes muestra que le fue difícil incluirlas en la historia de la transformación social.[21]

Empero, aunque Frida separa al mundo de la naturaleza del mundo de la cultura y divide a la cultura en dioses, héroes y masas, también de varias maneras indica su distancia respecto del mito. Por ejemplo, esta tela, comparada con los gigantescos murales de Diego Rivera, es pequeñísima (24" x 30"). Crea un efecto como si los héroes se hubieran empequeñecido y sus cabezas se ven patéticamente alejadas de la fuente impersonal de la vida (el sol). Por otra parte, la organización de la cultura es jerárquica, como en las pinturas religiosas en que se inspiró Frida, aunque no separa a los "buenos" de los "malos". Los inmortales vivos: Stalin, Hitler y Gandhi, están junto a Cristo, Napoleón y Marx, pues no importan sus ideologías, sino la diferencia entre el héroe

[20] La carta en la que Frida describe este cuadro detalladamente es publicada entera en *Frida Kahlo*, de Raquel Tibol, pp. 58-62.
[21] Herrera, en *Frida*, p. 320, cita una divertida carta en la que Frida trata de descubrir algo acerca de las "grandes" mujeres de la historia de México, porque le habían encargado retratos de éstas para el comedor de Palacio Nacional. Sin embargo, nunca llevó a cabo el proyecto.

y las masas, entre los que tienen nombre y los que no lo tienen (que incluye a casi todas las mujeres).

¿Cómo debemos interpretar todo esto? Evidentemente existe una separación entre lo anónimo de la creación y la inmortalidad del héroe. Frida acepta, aunque indirectamente, una complementariedad en la que las mujeres están más cerca de la naturaleza y los hombres son los héroes de la cultura. Sin embargo, al centro del cuadro hay un feto, un nuevo nacido, el sol, origen de la vida, y la primera pareja. Sin embargo, esta pareja parece anterior a la individualidad. En otras pinturas se evidencia el mismo problema de la individualidad de las mujeres. En *El abrazo de amor del universo y de la tierra: Diego y yo*, Frida pinta los dos amplios brazos del Universo (de sexo indeterminado) y de la naturaleza (como una diosa), mientras Diego está sentado como bebé en el regazo de Frida. No obstante, en la cabeza tiene Diego la marca del profeta (el ojo). De la mujer nacen los héroes. En *Diego y Frida* (1944), el medio rostro de Frida no casa con el medio rostro de Diego y el caracol fálico es mucho más grande que la concha. En esta pintura el sueño de igualdad entre los sexos se ve burlado.[22]

Quizá fuera lógico que Frida se excluyera de la inmortalidad heroica y que en cambio utilizara a su propio cuerpo como objeto que ella vestía, adornaba y pintaba. En esa creación de sí misma no ofrecía ninguna esperanza de poder trascender la mortalidad.

EL SUPERHOMBRE

En la vida y los escritos de Antonieta Rivas Mercado, que se suicidó en 1931, tenemos otro tipo de subversión del sueño del héroe. Antonieta era autora de algunos cuentos, una serie de artículos políticos sobre la fracasada campaña presidencial efectuada por José Vasconcelos en 1929, publicados primero en el diario de éste, *La antorcha*, y algunas apasionadas cartas de amor al pintor Manuel Rodríguez Lozano.[23] Hay un abismo entre la Antonieta "pública", ventrílocua del discurso nacionalista cuyo héroe y redentor es Vas-

[22] Para Lacan, el Otro es el ente ficticio que tiene el poder de salvar la carencia. Véase, "The Meaning of the Phallus", en *Feminine Sexuality*, p. 81. Sobre el "sueño de simetría" de Freud, es decir, el desarrollo sexual en las niñas y los niños, véase, de Luce Irigaray, *Speculum of the Other Woman*, tr. de Gillian C. Gill (Ithaca, N. Y.; Cornell University Press, 1985), pp. 13-129.

[23] Los artículos se encuentran reunidos en *La campaña de Vasconcelos*, de Antonieta Rivas Mercado, recopilados por Luis Mario Schneider (México, Oasis, 1985). En lo sucesivo, identificaré las citas de este libro con el nombre abreviado de *La campaña;* los números de las páginas son los de esta edición. Las cartas de Anto-

concelos, y la Antonieta "privada" de los cuentos autobiográficos y las cartas de amor. Igual que Frida Kahlo, Antonieta trató de expresar el nacionalismo mesiánico del México posrevolucionario, pero al mismo tiempo lo transformó en el nivel más profundo.

Este doblez divide a la vida y a los escritos de Antonieta, hija consentida de un arquitecto del México porfiriano, separado de la madre de Antonieta. Ésta adoraba a su padre y lo acompañó en sus largos viajes por Europa. Cuando regresaron a México, ella frecuentó los círculos intelectuales y literarios antes de casarse con Albert Blair, ingeniero estadounidense establecido en México, practicante de la ciencia cristiana, que no permitía que su hijo fuera tratado por médicos.[24] Antonieta tenía más razones para ser desgraciada, como puede suponerse al leer su cuento autobiográfico "Páginas arrancadas", que presenta un cuadro desusadamente franco y brutal de la vida matrimonial, escrito en forma de diario. La sexualidad está descrita con inusitada franqueza para la época, pues habla de las exigencias físicas del esposo, a quien compara con un "mendigo repulsivo". Las relaciones sexuales dejan a la esposa "fría y dura; insensible y alejada". Cuando el marido la penetra, ella siente deseos de estrangularlo. Tal es su disgusto que le provoca una crisis de nervios; no obstante, cuando se recupera no tiene otro remedio que regresar con él, siendo sus únicos consuelos la religión y el niño que lleva dentro.[25]

La Antonieta de la vida real logró dejar a Albert Blair, si bien esto le causó problemas terribles hasta el final de su vida y contribuyó a que se suicidara. Tras de la separación, Antonieta acompañó a su padre a Europa; cuando ambos regresaron a México vivió a su lado hasta que él murió en 1927. Su casa se encontraba en la calle apropiadamente llamada de Héroes. En realidad, la vida independiente de Antonieta duró apenas cuatro años.

Gracias a su fortuna, Antonieta fue mecenas de los miembros del grupo de los Contemporáneos, sobre todo de Salvador Novo y de Xavier Villaurrutia; en 1928 ayudó a fundar el primer teatro

nieta a Rodríguez Lozano están reunidas en *87 cartas de amor y otros papeles*, 2a. ed. (México, Universidad Veracruzana, 1981). Las referencias a este libro se harán como *Cartas*, con la paginación correspondiente a dicha obra.

Rodríguez Lozano fue un solitario que prefirió alejarse del movimiento muralista; Olivier Debroise observa que desde su posición marginada "podía juzgar y condenar a la sociedad y al mundo artístico que detestaba", *Figuras en el trópico*, p. 73. Sobre la influencia de un asunto anterior con el "misticismo" de Vasconcelos, véase, de Enrique Krauze, "Pasión y contemplación en Vasconcelos", *Vuelta* (mayo de 1983), 8(78).

[24] Véase, de Luis Mario Schneider, "Antonieta Rivas Mercado: Una mujer que puso condiciones al destino", en la introducción a *La campaña*, p. 10.

[25] Antonieta Rivas Mercado, "Páginas arrancadas", en *Cartas*, pp. 129-135.

de vanguardia (premonitoriamente llamado *Ulises*);[26] además, sufragó el costo de tres libros: *Novela como nube*, de Gilberto Owen, *Los hombres que dispersó la danza*, de Andrés Henestrosa, y *Dama de corazones*, de Xavier Villaurrutia. Así, Antonieta se hizo un lugar entre el pequeño grupo de escritores que representaban (aunque modestamente) una vanguardia bohemia. Varios miembros de este grupo eran homosexuales, entre ellos (probablemente) el pintor Manuel Rodríguez Lozano, del que estaba enamorada.

En un artículo sobre las mexicanas que publicó en un diario madrileño, Antonieta efectuó un claro análisis de la situación de las mujeres respecto del mundo social e intelectual. Al hablar de la pasividad de las mexicanas y de su fama de "bondad", saca la conclusión de que son estas características las que afirman la masculinidad mexicana. Puesto que todavía no existe la lógica femenina, porque las mujeres no la han inventado, éstas sólo pueden elevarse por encima de su pasividad mediante una lógica masculina que, sin embargo, tendrán que modificar si quieren que se sienta su presencia y si han de influir en los demás.[27] Antonieta Rivas Mercado llevó esto a su conclusión lógica cuando se unió a la campaña electoral de Vasconcelos.

Lo conoció en Toluca el 10 de marzo de 1929, cuando Vasconcelos estaba a punto de hacer su entrada triunfal a la ciudad de México como candidato presidencial popular. Vasconcelos deseaba que su regreso de los Estados Unidos fuera como el de Francisco I. Madero, cuya entrada a la capital mexicana había iniciado la Revolución de 1910, por eso hizo muchas escalas. Antonieta, que lo apoyaba con entusiasmo, había ido a Toluca en un elegante automóvil acompañada por varios amigos, entre ellos Manuel Rodríguez Lozano. Vasconcelos entró en la ciudad de México en el auto de Antonieta.

En su autobiografía, Vasconcelos se refiere a Antonieta con el seudónimo de Valeria (lo que es curioso, ya que nada la relacionaba con la hierba así llamada y que provoca el sueño). A él siempre le habían gustado las mujeres "emancipadas" y lo atraía la elegancia y la modernidad de Antonieta. Sinceramente creía que era "una de las más grandes mujeres de nuestro tiempo".

[26] Schneider, "Antonieta Rivas Mercado", p. 16. El grupo de los "Contemporáneos" estaba formado por escritores y dramaturgos y tomó su nombre de un diario así llamado. Se oponían a la presión para producir textos de importancia social, pues en general estaban más interesados en la experiencia interior.

[27] El artículo se incluyó en un suplemento especial sobre México publicado en *El Sol* de Madrid, en febrero de 1928; Schneider lo cita en "Antonieta Rivas Mercado", en las pp. 12-14.

Hallábase, cuando se nos presentó en Toluca, en el ocaso de una carrera social ilustrada con su talento, su hermosura y una fortuna de bastante consideración, que había despilfarrado, parte en malos negocios, parte en dádivas, ya para el sostenimiento de una sinfónica, ya para la edición de revistas literarias selectas o para los trabajos de un teatro de minorías titulado "Ulises". Morena, bien hecha y elástica, ejemplar de fina raza nativa, su fuerza, sin embargo, estaba en su espíritu.[28]

Vasconcelos dijo que era la "musa" de la vanguardia, que era una mujer dedicada al trabajo y al estudio y que iba a dondequiera con su hijo de diez años. Por su parte, Antonieta comparó la entrada de Vasconcelos a México con la de Cristo el Sábado de Palmas:

Llegaba a la Jerusalén mexicana, como aquella levítica, ésta burocrática, el hombre sencillo que después de inflamar en la llanura con su prédica el alma profunda de los humildes, ascendía, como el Cristo lo hiciera, transponiendo, al alcance de su gente, el verbo inspirado y terrible del Nazareno. (*La campaña*, p. 64.)

A Vasconcelos debe haberle encantado conocer a alguien que lo comparara con el Mesías, y con tanto entusiasmo. Los artículos de Antonieta sobre la campaña, cuya primera parte reconstruyó con base en los recuerdos de Vasconcelos y de otras personas, no sólo fueron incluidos en el diario *La Antorcha*, sino que Vasconcelos los integró al tercer volumen de su autobiografía, en la cual de nuevo habla del "estilo magistral" de María Antonieta, y también se inspiró en ellos cuando escribió *La flama*, su "novela" política.[29]

El estilo de Antonieta sí era "magistral", y acaso lo fuera conscientemente, pues imita la añeja tradición masculina de la escritura heroica, al no haber tradición "femenina" que pudiera seguir, y refiere la campaña en tercera persona en textos en los cuales ella brilla por su ausencia, a no ser como testigo del Mesías.[30]

Los artículos de Antonieta sobre la campaña electoral empiezan con una descripción del año de 1928 y de los viajes de la cam-

[28] Vasconcelos, *El proconsulado*, p. 121.
[29] José Vasconcelos, *La flama: Los de arriba en la Revolución; Historia y tragedia* (México y Tlalpan; Editorial Continental, 1960). *La flama* es la autobiografía revisada y actualizada de Vasconcelos, que en general se refiere a sí mismo en tercera persona; es también una antología de textos varios con opiniones sobre personajes históricos y diálogos imaginarios.
[30] Los relatos de la campaña, que aparecieron en el diario *La Antorcha*, publicado por Vasconcelos, y que fueron incluidos en *La campaña*, fueron reproducidos por completo en la autobiografía de Vasconcelos.

paña por el país, y terminan con el fracaso del día de los comicios, el 17 de noviembre de 1929. Estos artículos, aunque están escritos en un estilo demasiado exaltado para el gusto moderno, constituyen un ejemplo consciente de reportajes de partido con los que Antonieta llega a superar la versión del mito forjado por el propio Vasconcelos. En la derrota es "Prometeo encadenado"; por si esto fuera poco, los títulos de los artículos son citas de la tragedia de Esquilo, *Prometeo*. Por supuesto, la historia que narra Antonieta se refiere a la redención de un pueblo en cautiverio. Una y otra vez afirma que los mexicanos viven en la "confusión" mientras esperan que les llegue la salvación: necesitan que un héroe con una "conciencia viril y una voluntad enérgica" los despierte y les recuerde su destino. A veces no sólo compara a Vasconcelos con Moisés y con Prometeo, sino con Cristo, que arrojó a los mercaderes del templo, y señala puntualmente que Vasconcelos rencarna a Quetzalcóatl, el héroe de la cultura indígena. Incluso saca una comparación del libro mítico del propio Vasconcelos y compara a su enemigo, el general Calles, con el adversario de Quetzalcóatl, Huitzilopochtli.[31]

Sin embargo, Antonieta va más lejos, pues compara a Vasconcelos con el Padre de la Nación, el mayor poder fálico, y compara a la nación con el cuerpo/mujer a través del cual pasa el héroe. "¡Oh poder del deseo!", exclama, identificándose al mismo tiempo con ese poder y con las masas "feminizadas". Para ella, estas masas estaban representadas por una "vieja india" que se acercó a Vasconcelos cuando éste terminó su discurso, se arrojó a sus pies y "abrazando sus rodillas repitió inconsciente el gesto con que Tetis saluda al padre de los dioses y una sola palabra llenó su boca, humedeció sus ojos: 'Padre'. Padre, el que es fuente y todo lo sabe, el que guía, el que defiende al hijo contra la vida inclemente. ¡Padre!".

Como Vasconcelos ocupa el lugar fálico en el discurso de Antonieta, el lugar del Padre y de la Ley, ella aparece borrosa y desfigurada. El discurso habla por sí mismo, solamente un énfasis o una interrupción indican de vez en cuando cómo fue producido.

En una ocasión, esta interrupción (significativamente en un ensayo que Vasconcelos no incluyó en su autobiografía) sucede en el curso de un análisis sobre la intervención de los Estados Unidos en los asuntos mexicanos, y la amarga experiencia matrimonial de Antonieta de pronto es una metáfora de la relación en-

[31] Huitzilopochtli era el dios azteca para el que se sacrificaba a los guerreros vencidos. Uno de los capítulos de *El proconsulado* se titula "Quetzalcóatl *versus* Huichilobos".

tre ambos países: los Estados Unidos cortejan a México mediante
falsas promesas y luego tratan de acabar con sus tradiciones
católicas infiltrando sectas protestantes como la de los científicos
cristianos (cabe recordar que Blair pertenecía a esta secta). Antonieta exige la resistencia al capitalismo con base en la tradición
católica e hispana: "Tenemos que aprender de la España llamada
oscurantista, el secreto de los grandes constructores de este continente cuyas obras ni siquiera hemos sido capaces de resanar en
nuestra independencia" (La campaña, p. 71).

Parece que tanto la creencia de Vasconcelos como la de Antonieta en el mito del héroe sobrevivieron al fracaso final, cuando
la campaña presidencial terminó dados los ataques y sobornos
que culminaron en el asesinato del líder estudiantil Germán del
Campo. Vasconcelos se encontró cada vez más aislado y salió de
la capital mexicana una semana antes de las elecciones; el día
de los comicios el 17 de noviembre, viajaba por tren, sin poderse
bajar por miedo a que lo mataran. El protegido de Calles, Ortiz
Rubio, resultó elegido y Vasconcelos se exilió en los Estados Unidos dejando nubes de gloria detrás, según Antonieta; inevitablemente era "Prometeo encadenado a la dura roca ingrata desde la
cual, sin reposo, veía hundirse en un abismo las manos que su fe
alzara" (La campaña, p. 140).

LA OTRA ANTONIETA

Antonieta Rivas Mercado no presenció la derrota de Vasconcelos,
pues había salido hacia los Estados Unidos, aparentemente para
conseguir apoyo de Nueva York para la campaña, pero sobre todo porque la prensa había empezado a atacarla.[32] Vasconcelos se
había opuesto al viaje diciendo que no quería que "se desarrai-
gara de México ni que se comprometiera públicamente".[33] Ella se
había visto obligada a correr el peligro de falsificar la firma de su
marido en su pasaporte, pues de otra manera no habría podido
salir del país.

Todo esto sería anecdótico de no ser porque a lo largo de este
periodo Antonieta, al mismo tiempo que escribía reportajes sobre la campaña de Vasconcelos y mientras estaba exilada en Esta-

[32] Véase, de Vasconcelos, La flama, p 202. Mauricio Magdaleno, en Las palabras
perdidas, 2a. ed. [FCE], se refiere con bastante sarcasmo a la participación de Antonieta en la campaña, aunque al mismo tiempo da buena idea de los peligros y la
violencia de la última parte de ésta.

[33] Vasconcelos, El proconsulado, p. 240.

dos Unidos, escribía textos muy diferentes: apasionadas cartas de amor al pintor Manuel Rodríguez Lozano, en las cuales su discurso no es hegemónico, sino abyecto. Pareciera que la Antonieta pública no fuera la misma persona que la Antonieta privada.

Las cartas a Rodríguez Lozano empiezan en 1927 y siguen a lo largo de la campaña de Vasconcelos; la última fue escrita poco antes del suicidio de Antonieta. En los ensayos sobre la campaña, Rivas Mercado había aplicado el lenguaje de la redención cristiana a la narrativa nacional. Sus cartas a Rodríguez Lozano, por el contrario, se parecen a las de una mística que se enfrenta al confesor que la guía por el "camino de perfección" (en sus propias palabras), aunque Rodríguez Lozano también funge de Dios. Ella escribe: "Yo no valía nada. Era el barro que espera el impulso que en el torno le dé forma [...] Dios dijo, hágase la luz y la luz se hizo" (*Cartas*, p. 38). Un aspecto curioso de estos textos abyectos es la postura del destinatario, pues Rodríguez Lozano ocupa en el discurso privado de Antonieta la misma posición inalcanzable que Vasconcelos en su discurso público. Rodríguez Lozano, que no podía acceder a sus exigencias sexuales, seguramente descubrió que podía distraerla de éstas animándola a sublimar espiritualmente el deseo que sentía. Es evidente que él sofocó sus propias preferencias sexuales al entregarse a su pintura, con lo que adquirió un aura de austeridad dórica para Antonieta. En las cartas que ella le escribe se refiere a la suspicacia de Rodríguez Lozano, a su incapacidad para entregarse a otros, a su reticencia; todo esto puede atribuirse a su homosexualidad, que no podía explicitar, o a una castidad que se había impuesto dado que sus deseos no eran aprobados por la sociedad.

Con todo, el estado célibe del pintor le daba poder sobre Antonieta, como si fuera un sacerdote. Rodríguez Lozano llegó a representar a la ley en su forma más pura; en cambio a Antonieta le tocó el papel de hija espiritual: "Comienzo a sentir la vida como un camino de perfección, y ud. lo es para mí... (*Cartas*, p. 49). Antonieta se vuelve visionaria:

He visto resplandecer, luminosa como un ángel, su verdad, e igualmente clara, la mía. Le sentí verídico, puro, hablando Dios por su boca. He tenido el deslumbramiento de ver a Dios en sus ojos, de oírle hablar por sus labios, y me pregunto si, como *Moisés*, la luz que de mí se desprenda no cegará a los que no han sido elegidos. Ud. santifica la vida y mi dicha, extrahumana, proviene de que me doy cuenta y sigo viviendo en ese plano. De hoy en adelante, así rodara Ud. por el peor de los fangos, yo sabría la verdad (*Cartas*, p. 50; las cursivas son mías).

Gracias a Manuel, Antonieta renace y pide para sí la simiente que ha caído sobre el discípulo Abraham (es decir, Abraham Ángel, amigo del pintor). Desea ser la tierra fértil en la que caiga la simiente. Sin embargo, poco había de satisfacerse Antonieta, como no fuera en la imaginación. Su vida se volvió una serie de esperas y rechazos, situación en la que Manuel tenía todas las ventajas y podía torturarla negándose a escribirle y a verla, a veces echándole en cara su pasado sexual y su fama de "mujer moderna". Por momentos parecía como si la obligara a hacer penitencia. La hizo pasar por pruebas de pureza y de lealtad, obligándola a declarar que se mataría antes que defraudarlo (*Cartas*, p. 56). Por su parte, Antonieta tenía inteligencia suficiente para darse cuenta de que sería contraproducente que se rebajara todo el tiempo: "Me tiene Ud. enamorada de un hombre para quien, sensualmente, no registro emoción. Además de trabajar, ¿qué debo hacer?, ¿dividir mi integridad?, ¿integrar en división?, ¿padecer?" (*Cartas*, p. 59). Bien que las mujeres "sienten", pero no les permiten exigir el amor recíproco.

Por recomendación de Manuel se alejó y se impuso un estricto horario de trabajo: ahora estaba en "el camino estrecho que lleva al paraíso de los justos" (*Cartas*, p. 59). Empero, el 25 de septiembre dio un paso decisivo y que sólo podía describir en oraciones cortas y agitadas: se había unido a la campaña de Vasconcelos. Había nacido la Antonieta pública: "El destino me espera. Ayer nací —¿acaso hoy?—. Del parto, el recuerdo de ansias mortales; de mí, nada sé" (*Cartas*, p. 63). Junto con Vasconcelos la vida se transformó en una carrera constante de reuniones en el viaje hacia el norte de México, pasando por Monterrey, Saltillo y Tampico. A pesar de su entusiasmo y del de las multitudes, se daba cuenta de que la lucha armada era probable y acaso inevitable. En una carta a Manuel le dijo que la campaña era "magnífica y terrible" (*Cartas*, p. 67). No obstante, estaba emocionada y fascinada: "Esperaba un mar de gente, un mar palpitante y generoso que con pasión y generosidad salió a recibir a un hombre puro" (*Cartas*, p. 67). Con todo, la nueva Antonieta no podía desechar la idea de que su ser auténtico se encontraba en otra parte: "Quiero ir a lo profundo, buscar algo dentro de mí lejos de toda la exaltación ficticia... Quiero encontrarte" (*Cartas*, p. 66).

Acaso esta penosa división y el aumento de la violencia la llevaron a dejar el país para dirigirse a los Estados Unidos el 28 de septiembre de 1929, para "descubrirse" (*Cartas*, p. 70). Una vez en Nueva York, pareció disminuir su interés en la campaña de Vasconcelos:

He dejado atrás ese angustioso país que es nuestro, donde caí en la trampa de las pasiones políticas, y no siento la menor inclinación a seguir en ella. La aventura de Vasconcelos parece un caso perdido. Siento que he arreglado cuentas con mi país, que ya no es mío, que estoy fuera de los países y empiezo a vivir una verdad universal (*Cartas*, p. 72).

Pensaba en mil proyectos: escribir una novela y varios artículos, traducir, promover la pintura de Rodríguez Lozano y la causa de Vasconcelos, visitar los museos y conocer Harlem. Conoció al poeta español García Lorca, que le gustó; por su parte Lorca hiperbólicamente diría en sus cartas que era "millonaria";[34] conoció también a toda la comunidad hispánica, entre ella a José Clemente Orozco, aunque no tardó en reñir con Anita Brenner, cronista del movimiento muralista mexicano.[35] Las letras que escribió desde Nueva York ofrecen un retrato de los febriles años veinte.

Empero, no puede decirse que Antonieta fuera una observadora imparcial, pues los muralistas, que estaban muy de moda, eclipsaban a Manuel, al mismo tiempo que el apoyo que le daba a Vasconcelos la hacía una notoria paria en los círculos que creían en el socialismo del general Calles. Como si esto no bastara, Vasconcelos la acusó de abandonar su causa, y ella misma sentía que había traicionado a la "madre prostituta", México. Sentía nostalgias "suicidas" de regresar a morir en su patria, así como la convicción de que ella y Manuel debían salvarse de lo que le parecía un futuro político cada vez más tenebroso. Titubeaba entre la abyección y la esperanza de ver correspondido su amor por Manuel. Todo esto le produjo cuando menos dos crisis en noviembre (*Cartas*, p. 79).

Vasconcelos prefirió pensar que aquella crisis religiosa se debía a un saludable retorno a sus raíces hispanas, pues según su versión, Antonieta fue a orar a la Capilla de Guadalupe que se encontraba en la Calle 140 porque una gran efusión mística penetró en su alma. Al día siguiente, después de misa, le pidió a un sacerdote que la confesara. Luego comulgó con un fervor que la transportó más allá de lo temporal (y, aparentemente, a un nuevo compromiso con la causa de Vasconcelos). "Para salvar a México, es necesario restaurar la base de su fe tradicional."[36] Vasconcelos dio su propia interpretación de esta "conversión", escribiendo en su autobiografía:

[34] Federico García Lorca, *Catorce cartas* (Madrid, 1987), p. 82.
[35] Anita Brenner fue la autora de *Idols Behind Altars* (Nueva York, Payson and Clarke, 1929) y promotora de los muralistas.
[36] Vasconcelos, *La flama*, p. 214.

En el alma de Valeria... sucedió algo que muestra la calidad de una
herencia noble y buena; aunque antes había sido menos que dili-
gente en la lucha, ahora tomó sobre sí todo el peso de la tarea ímpro-
ba. Adoptó una postura radical para dar más fuerza a su ataque y también por una sincera convicción; se hizo católica, rompió con sus
viejos amigos y dedicó todas sus fuerzas a revelar la verdad inmediata
de la situación mexicana y a sus proyectos de escritura.[37]

Una carta que Antonieta escribió desde Los Ángeles a Gabriela
Mistral, publicada en el *Diario de Panamá*, muestra que en parte sí
estaba comprometida con esta renovada actividad política; en la
carta acusaba al gobierno norteamericano de sabotear la candi-
datura de Vasconcelos y apoyar a Calles.[38]

Entre tanto, la historia que le contaba a Rodríguez Lozano era
muy diferente, y en una carta se refirió a una crisis mucho más
desesperada:

> Me volví loca de dolor; perdí la cabeza durante ataques que nunca
> creí que fueran los de una loca; aquí, la estructura de mi vida era sana
> y equilibrada, pero una tormenta tropical acabó con todo... me volví
> loca... y he regresado renovada... pasó la crisis... a este nuevo mun-
> do, en el cual sólo tú, que eres eterno y permanente, sobrevives a los
> valores de ayer y mi decisión de trabajar que justificará el cuidado, la
> atención y la ternura que me has demostrado. Seré todo lo que espe-
> rabas de mí (*Cartas*, p. 79).

Durante su segunda crisis, Antonieta tuvo un breve enlace amoroso con Vasconcelos, aunque es imposible saber si fue la primera
vez que esto ocurría.

> Vino a mí con la docilidad y avidez de un niño que ha perdido su úni-
> co apoyo y consuelo. Ésta no es la ocasión para detenerme y conside-
> rar si hice bien o mal al darle, sin que lo supieras, y como alguien que
> da pan por caridad, algo que tú mismo rechazaste tanto tiempo (*Car-
> tas*, pp. 90-91).

Se trata de una venganza. Como Manuel siempre había insistido
en que su amor era espiritual, difícilmente podía oponerse a su
relación carnal con Vasconcelos. Antonieta ha hecho lo que dijo
que nunca haría: separar el alma del cuerpo.

Todos sus proyectos literarios de este tiempo se centran obsesivamente en la traición (piensa escribir sobre la Malinche y sobre
Antígona) y en la emancipación sexual de la mujer. Sin embargo,

---

[37] Vasconcelos, *El proconsulado*, p. 294.
[38] Vasconcelos reproduce la carta en *El proconsulado*, pp. 301-307.

a juzgar por su novela inconclusa, *La que escapó*, le era más fácil identificarse con el mexicano que con la norteamericana emancipada.

Dedicó la novela "para siempre" a Manuel Rodríguez Lozano. Otro de sus proyectos se refería a la historia de una madre dominante, la cual se basaba en la historia de una conocida suya, (quizá reflejara su propia relación con su hijo, que era muy ambigua, aunque lo adoraba (*Cartas*, p. 100). En realidad, el hijo precipitó sus últimos y desesperados viajes, primero a México y después a Francia, llevándolo sin el consentimiento de su marido. Luego de instalar al niño en Burdeos, al cuidado del agente literario de Vasconcelos, Deambrosis, inició su último viaje a París.

EL IMPACTO DE LA BALA EN EL TEXTO

Antonieta Rivas Mercado haría su propia intervención mediante la autodestrucción. Planeó cuidadosamente su suicidio y eligió el escenario de manera consciente. Tras su sacrilegio, hubo que purificar Notre Dame. En la última anotación de su diario, que Vasconcelos publicó después en *La flama*, habla de su decisión de matarse "para que mi hijo pueda regresar a su padre".[39] Esto parece raro precisamente porque ella se había metido en camisa de once varas para alejar al hijo de su padre, aunque puede ser explicable según uno de los artículos que habían de aparecer en el diario de Vasconcelos, *La Antorcha*, y que muy probablemente ella había leído. Se trataba de un artículo sobre la teoría edípica de Freud, que hacía hincapié en el momento clave en que un niño debe liberarse de lo "femenino" y hacerse más "varonil".[40] Muchos de sus amigos creyeron que sus dificultades financieras, a las que desde luego no estaba acostumbrada, precipitaron su decisión, y sobre todo porque en aquella mañana decisiva preparaba el regreso a México a sugerencia de Vasconcelos, para reclamar sus joyas y su dinero.[41] Sin embargo, sus últimas acciones y la nota de su suicidio indican que no podía seguir viviendo sin amor y sin completa libertad. El suicidio fue un sacrificio calculado que la llevó más allá de la austeridad de Rodríguez Lozano y la jactancia hueca de Vasconcelos.

[39] Entrada del diario de Antonieta Rivas Mercado, citada por Vasconcelos en *La flama*, pp. 243-246, y en *Cartas*, pp. 109-112.

[40] El artículo era "La nueva psicología: Freud juzgado por James Oppenheim", *La Antorcha* (abril de 1931), 1(1):20-25.

[41] Mencionado en su diario; *Cartas*, pp. 109-112. También le escribió un recado a Pani, el cual se incluye en el colofón a las *Cartas*, con un análisis del suicidio.

Antonieta, que en apariencia planeaba regresar a México para
poner en orden su situación económica, pasó al consulado por su
pasaporte y aprovechó para reprocharle al cónsul, Arturo Pani,
que sirviera al gobierno de Calles. Luego regresó a la habitación
del hotel en el que paraba Vasconcelos para buscar la pistola de
éste. A lo largo de su campaña electoral, Vasconcelos había hecho alarde de esta arma y de su necesidad de llevarla para defenderse de los posibles asesinos. Sin embargo, nunca la había usa-
do. Usar la pistola de Vasconcelos para quitarse la vida era un
acto bien calculado de parte de Antonieta. En su diario habla de
su decisión en términos de una traición.

> Me apena dejarlo; se sentirá lastimado, casi diría que traicionado,
> pero pronto pasará y me perdonará, y quizá en el fondo sienta alivio...
> No me necesita. Me lo dijo él mismo cuando hablamos durante la
> larga noche cuando nos reunimos en esta misma habitación. En lo
> más álgido de nuestra discusión le pregunté: "Dime la verdad, toda la
> verdad ¿me necesitas?" No sé si previó mi desesperación o si por mera
> sinceridad me dijo: "Ningún alma necesita a otra alma, ningún hom-
> bre y ninguna mujer necesita a nadie más que a Dios. El destino de
> cada persona está ligado únicamente al creador".

En el momento mismo en que Antonieta pensaba independi-
zarse, descubre que su existencia depende de un hombre que no
la necesita, de un hijo que viviría mejor sin ella, de un amor que
no es correspondido. Antonieta, que había leído a Hölderlin, ¿as-
piraría a ser una de esas "almas tiernas y nobles" que tendrían un
lugar junto a los héroes y los dioses? Su último acto aseguró que
"Vasconcelos nunca podrá olvidarme. Estaré en su corazón hasta
la hora de su muerte". Tuvo razón.

En el último párrafo de su diario comenta fríamente el plan
que llevó a cabo hasta el último detalle:

> Terminaré mirando a Jesús; frente a su imagen, crucificado... Ya ten-
> go apartado el sitio, en una banca que mira al altar del Crucificado,
> en Notre Dame. Me sentaré para tener la fuerza para disparar. Pero
> antes será preciso que disimule. Voy a bañarme porque ya empieza a
> clarear. Después del desayuno, iremos todos a la fotografía para
> recoger los retratos del pasaporte. Luego, con el pretexto de irme al
> Consulado, que él no visita, lo dejaré esperándome en un café de la
> Avenida. Se quedará Deambrosis acompañándolo. No quiero que esté
> solo cuando llegue la noticia (*Cartas*, pp. 111-112).

Es raro que las mujeres se suiciden de un balazo, pero Antonieta
sabía qué hacía. Procedía según una lógica masculina. Si no exis-

tía un lugar en el que pudiera hablar, la violencia puede hablar por ella. Así escapó finalmente de todos: de Manuel, de Vasconcelos, de su esposo y de su hijo. Empero, el que haría un uso productivo de su suicidio sería Vasconcelos.

BUSCÓ UN CADÁVER DESNUDO Y ENCONTRÓ QUE LE HABÍAN PUESTO LOS CUERNOS

> *C' est un triste souvenir.* (La policía francesa, al referirse al arma con que se mató Antonieta Rivas Mercado.)

La muerte por suicidio es especialmente perturbadora. Para Vasconcelos, la de Antonieta Rivas Mercado fue traumática, y por ello trató de enterrarla bajo un torrente de palabras; escribió tres versiones diferentes del asunto. La primera aparece en la tercera parte de su autobiografía; la segunda, más esquemática, en *La flama*, y la tercera, en forma de una pieza alegórica, también se encuentra en *La flama*, y en ésta Vasconcelos coloca a Antonieta (o Valeria, como la llama) en el purgatorio.[42]

En estas tres versiones diferentes, Vasconcelos efectuó un exorcismo de su propia culpa; poco a poco llega a atribuir el suicidio a las malas influencias intelectuales. En ningún momento acepta que ella tenía dos personalidades conflictivas. Le había asignado el papel de Diótima y estaba decidido a que representara ese papel; por cierto, cuando volvieron a unirse en París, Antonieta le entregó el manuscrito de sus ensayos sobre la campaña electoral; él pensaba que "la colocarían entre las escritoras de primera de Hispanoamérica".[43] Era evidente que en ese momento Vasconcelos deseaba renovar la relación: le gustaba el agradable roce de sus cuerpos cuando caminaban juntos, pensando que era "la armonía de las almas unidas en la ilusión de la eternidad".[44]

¿Cómo podía saber que Antonieta tenía otro propósito?; escribió al cónsul, Pani, y se dirigió a Notre Dame. En el camino se detuvo a mirar libros del escaparate de una librería; el librero era uno de los últimos en verla viva. Después se suicidó exactamente como había planeado.

Cuando Pani se enteró de su muerte le telefoneó a Vasconcelos, quien lo acompañó a la estación de policía, no sin cierto te-

---

[42] Vasconcelos, "Excursión imaginaria" (El purgatorio), *La flama*, pp. 256-263.
[43] Vasconcelos, *El proconsulado*, pp. 474-475.
[44] Vasconcelos, *El proconsulado*, p. 476.

mor de ser implicado en la muerte. Sin embargo, la policía francesa sabía cómo comportarse en estos casos. El comisario le dijo: "Si usted está de acuerdo, diremos que la causa evidente de su muerte fue el suicidio cuando perdió momentáneamente el equilibrio mental debido a sus problemas matrimoniales". De esta manera se resolvían las contradicciones de su vida.

De manera igualmente eficiente se arregla el entierro y se informa a la familia. El funcionario francés le explicó a Pani y a Vasconcelos: "En la morgue tenemos un refrigerador que conserva perfectamente el cuerpo". Quedaban otros problemas: el arma que había pertenecido a Vasconcelos y que, como puede comprenderse, no deseaba reclamar. Suspirando, el magistrado comentó: "Ah, tiene usted razón, *c'est un triste souvenir*".

Para Vasconcelos el golpe fue duro y llegó a pensar en el suicidio; leer los documentos de Antonieta le perturbó a tal punto que brotan de su pluma metáforas sexuales. De hecho, se refirió a la lectura como "el estupro de un alma indefensa". ¿Qué pensaba encontrar? ¿Por qué tenía que violar a la muerta para obtener el botín? "¿No estaba yo lanzado en la pendiente del crimen?", pregunta; ¿de qué crimen habla? Quizás el de destruir algo comprometedor: su único crimen era haber ocultado su relación con "la muerta".

Antes de cubrir el crimen, sin embargo, tenía que des-cubrir.

Rápidamente deshice envoltorios, abrí cuadernos de apuntes; lo puse todo en orden de fechas. Había correspondencia y notas recientes, más un diario comenzado en Burdeos, escrito apenas en diez o doce páginas. Las cartas eran en su mayoría de un confidente masculino. Por lo que decían, era fácil adivinar lo que ella había escrito para provocar ciertas tiradas de consejo sano, de elucidación erudita, ingeniosa, leal. Eran cartas de un hombre culto a una mujer superior, sin que faltase en ellas alguna cauta alusión, provocada por la coquetería femenina. Al mismo tiempo se referían a las peripecias de un lío judicial, seguido de una verdadera fuga por los caminos de Tamaulipas, después del rapto del niño, en avión; pero nada o casi nada respecto de los motivos íntimos, las desilusiones profundas que sin duda quebrantaron el ánimo de la gran desaparecida.

Había quitado las envolturas pero no había podido encontrar la clave que buscaba aunque tenía en las manos las cartas de Manuel, pues lo que buscaba era otra cosa, algo que se refiriera a él mismo. En el diario, Antonieta escribía de una manera "reservada, pero en el sentido de que no revelaba un alma desnuda. Escrito en los intervalos de su intensa actividad literaria, el diario contenía observaciones sobre libros y lecturas, poco o nada ínti-

mo". Entre las líneas de la autobiografía de Vasconcelos, escrita
años más tarde, podemos apreciar su perturbación: la febril ansiedad, el descubrimiento sorprendente de que no contiene nada
íntimo, la lectura más detallada del diario de Antonieta que le
permite apreciar el estilo de su prosa, que tiene algo de Gide y
algo de la languidez de los cuadros de Botticelli (qué lejana debe
haberle parecido entonces "la muerta"). Se permite comparar a
Antonieta con la Simonetta de Botticelli dando preferencia a la
primera.

> Simonetta era una tonta que mató la tisis, en tanto que Valeria tenía
> un talento que llegaba al genio. Su retrato estaba sobre mi mesa; una
> de esas caras marcadas por el infortunio y la grandeza. Quizás por la
> grandeza que trae el infortunio; las ideas fluían de su frente, como de
> la letra del diario, firmes y claras, sin sombra de queja o lamento.

Marcada por el infortunio y sin el menor lamento; de esta manera, paso a paso, el lector puede seguir a Vasconcelos hasta el final de la lectura que termina ya más tranquilizado. Vasconcelos
ha pasado a ser un lector, un lector común y corriente que lee
para saber cómo termina la novela. Ha empezado a darse cuenta
de que él no es ni siquiera el personaje principal; que el protagonista es "Fulano", mencionado en el diario:

> citaba con fervor al sujeto, pero se comprendía que no llegó a inti-
> mar; sin embargo, una curiosidad celosa y urgente me hizo devorar
> las páginas que faltaban. ¿Era posible que nada dijese de mí? ¡Ah!, es
> claro, allí estaba mi nombre en la página de enfrente. Veamos: "Hoy
> he concluido el relato de la campaña vasconcelista. Lo he releído y lo
> encuentro bueno, sólo que me divierte pensar en mis lectores que
> van a creer que estoy muy enamorada de Vasconcelos...".

Por fin ha descubierto el secreto: no sólo no violó a Valeria, sino
que ella lo engañó. ¡Qué traidoras son las mujeres! Y se permite
unas cuantas reflexiones irónicas: "Conque era divertida su devoción por la causa que nos había unido, trivial, superficial el des-
enfreno amoroso de una época, el cariño profundo posterior". Y
sigue leyendo. No ha descubierto el misterio completo. Tal
doblez debe tener alguna explicación y la encuentra en Nietzsche: "Seguí leyendo, páginas de comentario sobre Nietzsche. Allí
estaba el veneno que había ingerido".[45] Antonieta había escrito:
"Sí, como dice Nietzsche, lo que caracteriza al genio es sentirse

---

[45] Toda la escena se encuentra en el capítulo titulado "En el reino de la sombra", *El proconsulado*, pp. 491-496.

identificado con todo, ya sea que lo engendre o que simplemente lo adopte, entonces Vasconcelos es un genio". Después de todo, eso es lo que él quería saber, aunque pensándolo bien quizá no fuera tan interesante: con una bala Valeria le había robado la escena.

Esa noche soñó que caminaba con ella bajo la lluvia y bajo el mismo paraguas. Por la mañana ya la había perdonado. ¿Perdonado de qué? ¿Por ser protagonista? Naturalmente Vasconcelos termina por imponerse. Se presenta al entierro como el que coloca flores en la tumba y recibe las condolencias de las pocas personas que asisten. Para él, el suicidio se ha transformado en un noble sacrificio. Hasta se permite un *frisson* erótico. Al visitar a una amiga, una actriz viuda más bien alegre, se imagina al esposo muerto de ésta y a Antonieta presenciando en silencio su coqueteo. ¡Qué impresión de satisfacción le causa resistir a la carne "a causa de instintiva fidelidad póstuma"![46]

La importancia del suicidio de Antonieta aumentó para Vasconcelos con los años, cuando sus ideas se vuelven más conservadoras. Cuando vuelve a mencionarlo en sus memorias... es para demostrar las terribles consecuencias que tiene la emancipación de la mujer y del homosexual. Para entonces ha llegado a considerarla un personaje "viril", cuya naturaleza femenina había sido afectada por la separación de sus padres. Y, por si fuera poco, Antonieta se formó durante una época de liberación femenina.

> La glorificación de la acción y la búsqueda de la libertad; el ideal faustiano que atrajo a tantas a la superficialidad de lo meramente humano: todas estas corrientes contribuyeron para la transformación de Valeria en una mujer legendaria emancipada de los prejuicios y capaz de aventuras eróticas tanto como de empresas talentosas y grandiosas.

Además, según Vasconcelos, Valeria también había sufrido la influencia de la peor decadencia francesa (en la cual Vasconcelos incluye a Picasso, Gide, Anatole France y Debussy): "La Ciudad Luz había remplazado a la Ciudad de Dios". Valeria había sido abandonada por todos sus amigos, salvo los homosexuales, después de su divorcio y la pérdida de su fortuna:

> En los círculos literarios en que se movía Valeria, el Gide de *La puerta estrecha* había sido hecho de lado, y se prefería al inmoral maestro de *Coridón* y *La escuela de mujeres*. Se hablaba de un humanismo... habían decidido luchar por la libertad, pero una vez que la obtuvieron, no sabían qué hacer con ella y finalmente la corrompieron.

[46] Vasconcelos, *El proconsulado*, p. 494.

Escribe esto el mismo hombre que había querido una amante liberada sexualmente. En esta versión, la campaña vasconcelista
rescata a Valeria de la vida bohemia. Luego, el suicidio se le acha-
ca sin más a la "decadencia": "Todas las obras de Nietzsche y de
Hölderlin se encontraban en su escritorio durante las últimas semanas de su soledad. Peligrosas y tentadoras, ofrecen la copa de
la aniquilación definitiva". La situación de Valeria y el triunfo
de los indignos le causan un disgusto insuperable: "Si así era la
vida, más valía perderla". Sin embargo, su nihilismo no deja de
ser ejemplar:

> Cuando se disparó al corazón, sentada en una banca de la iglesia, su
> última mirada invocó a la crucifixión. Así la encontró el sacristán, san-
> grando, con los ojos abiertos y fijos en el rostro del Salvador. No debe
> haberse condenado. El pecado que cometió cuando disparó la pistola
> fue redimido por su mirada de adoración, por el llanto pidiendo
> clemencia que siempre lanza el pecador arrepentido.[47]

Vasconcelos no puede dejarla sola ni siquiera después de tantos
años. Tiene que escribir otra versión del suicidio, acaso la más
significativa de todas, a fin de mantener intacta la posición patriarcal. Esta tercera versión toma la forma de un diálogo imaginario en el purgatorio donde Antonieta reflexiona sobre la diferencia entre su muerte y la muerte del héroe. En este diálogo,
Antonieta/Valeria reconoce la inutilidad de su suicidio: "El héroe
muere para que algo pueda vivir. Morir por uno mismo es egoís-
mo y cobardía. Sobre todo en mi caso". En el purgatorio, Antonieta
aprende a no rebelarse contra su destino, para integrarse en la
armonía del universo.

Las distintas versiones de Vasconcelos sobre la muerte de Antonieta representan una larga obsesión que sólo puede explicarse
por el impacto del suicidio: ella transgredió las reglas al tratar de
volverse un superhombre, de liberarse definitivamente del control de los Padres que habían dominado su vida. Sin embargo,
esta liberación personal dejó el poder de la interpretación en
manos de Vasconcelos. Antonieta, que había sido Diótima, pasó a
ser una mera ilustración de los males causados por la liberación
sexual.

Tanto Frida Kahlo como Antonieta Rivas Mercado trataron de
vivir bajo la sombra de hombres poderosos. De las dos, Frida se
transformó en una verdadera artista, después de encontrarse expulsada de su sueño de complementariedad. Los autorretratos

---

[47] Vasconcelos, *La flama*, pp. 120-123.

son testimonios de una lucha obsesiva e interminable por comprender la identidad femenina. Para Antonieta, la única identidad se encontraba en la destrucción. No había modo de combinar la maternidad, el servicio público y la satisfacción sexual. La confesión de Vasconcelos, cuando le dijo que no la necesitaba, poco antes de su suicidio, adquiere más importancia cuando nos damos cuenta de que ella no vislumbraba ningún espacio a la mujer independiente del hombre. Como Frida, que de nuevo conquistó al héroe al iniciar una relación con Trotsky, Antonieta encontró que la emancipación sexual era una nueva forma de esclavitud. Como Frida, sólo puede entrar como protagonista en la narración del héroe mediante su propia destrucción.

VI. SOBRE LA IMPOSIBILIDAD DE ANTÍGONA Y LA INEVITABILIDAD DE LA MALINCHE: LA REESCRITURA DE LA ALEGORÍA NACIONAL

LA POLITÓLOGA y feminista Nancy Hartsock observa que en la *Ilíada* el héroe es esencialmente Aquiles, el "mejor de los aqueos", cuyo propósito es "lograr una fama inmortal, ya sea mediante la victoria gloriosa o la gloriosa muerte",[1] y agrega que el lazo que une a la muerte con el sacrificio y el heroísmo sigue formando parte del concepto actual de polis. Esta afirmación tiene cierta validez si pensamos en la política y la narrativa latinoamericanas, sobre todo en los años sesenta, cuando resurgió el mito del héroe en relación con líderes guerrilleros como el Che Guevara. También la literatura aborda el tema del sacrificio y el fracaso del héroe y llega hasta la parodia en *Historia de Mayta,* de Vargas Llosa. Podría escribirse todo un libro sobre los temas de la lealtad y la traición, la muerte, la memoria y el olvido o en relación con sociedades atrapadas en el estancamiento del tiempo colonial, que sólo se salvan mediante una toma violenta del poder; o en relación con la polis ideal de la literatura, la comunidad que la narración plasma como esperanza y meta inalcanzable.

La muerte y la conmemoración de los muertos pertenecen al mito del héroe, pues por definición los que no son conmemorados con honor, quedan fuera de los registros históricos. Los novelistas señalan su desacuerdo con la historia oficial haciendo homenaje a los muertos olvidados. Por ejemplo, en una novela de Carlos Fuentes, *La región más transparente,* se incluye una letanía que nombra a todos los muertos anónimos de la historia de México.

Celebrar a los héroes anónimos es tanto más importante cuanto que, como lo señaló Nietzsche, inevitablemente prevalecen los relatos de los vencedores; en su cuento "Blacamán el bueno, vendedor de milagros", García Márquez transformó en fantasía cómica esta visión de los vencedores. En este relato, dos magos luchan por el poder. El vencedor no sólo logra fama y fortuna, sino que entierra vivo a su rival en una tumba que visita para

---

[1] Nancy C. M. Hartsock: *Money, Sex and Power: Toward a Feminist Historical Materialism* (Nueva York y Londres, Longman, 1983).

gozar del placer de escuchar los gritos del derrotado. En este
caso, el poder dominante se adueña de la narración de la historia. Cabe recordar que la primera novela de García Márquez, *La
hojarasca*, se inicia con el epígrafe del drama *Antígona*, de Sófocles: el decreto en que Creón ordena que el cuerpo de Polínices
permanezca fuera de los muros de la ciudad, sin recibir sepultura.[2] Al principio de *Yo, el supremo*, de Augusto Roa Bastos, hay
resonancias de esta misma cita.[3] Los títulos de muchas novelas
contemporáneas se refieren a los temas de la muerte, el heroísmo
y el anonimato: *Sobre héroes y tumbas*, de Ernesto Sábato (1961); *La
muerte de Artemio Cruz*, de Carlos Fuentes (1962); *Para una tumba
sin nombre*, de Juan Carlos Onetti (1959); *El luto humano*, de José
Revueltas (1943). Estos novelistas, al lamentar la muerte de Polínices, asumen el papel de Antígona.

El mito de Antígona complementa de manera importante el
mito de Edipo, y de muchas maneras, como reconocieron Hölderlin, Hegel y hace menos tiempo Derrida, Lacan y George
Steiner. Este último incluso afirmó que "desde el siglo v a.C., la
sensibilidad occidental ha sufrido la experiencia de momentos
decisivos para su identidad e historia, con referencia a la leyenda
de Antígona y a la vida en el arte y el argumento de esta leyenda",
y cita un caso extraordinario de la historia reciente en el cual una
joven, en la Alemania de 1941, arrojó tierra sobre el cuerpo de su
hermano citando las palabras de la tragedia: "Era mi hermano, y
para mí eso basta".[4] A diferencia del mito de Edipo, que Freud
extrapoló para explicar la transición de niños en hombres y mu-

[2] Polínices fue uno de los hijos de Edipo que lucharon contra Tebas. Su hermano Etéocles, que defendió a Tebas, recibe honras fúnebres... Creón decreta
que Polínices "no tendrá tumba ni entierro; nadie lo llorará, pues está prohibido.
Deberá permanecer insepulto, para que se lo coman perros y buitres y quienes lo
vean se horroricen" (*Antígona*, de Sófocles). La principal discusión del tema de
Polínices en la literatura latinoamericana contemporánea se encuentra en el ensayo de Pedro Lastara sobre la primera novela de García Márquez, *La hojarasca*, en
"La tragedia como fundamento estructural, *La hojarasca*", en *Relecturas hispanoamericanas* (Santiago de Chile, Editorial Universitaria, 1987).

[3] Véase, de Jean Franco, "El pasquín y los diálogos de los muertos: Discursos diacrónicos en *Yo, el Supremo*", en la recopilación de Saúl Sosnowsky, *Augusto Roa Bastos y la producción americana* (Buenos Aires, La Flor, 1986), pp. 181-196.

[4] George Steiner: *Antigones: How the Antigone Legend Has Endured in Western Literature, Art and Thought* (Oxford, Clarendon Press, 1986), pp. 108-109. Lacan comenta a Antígona en "L'Etique de la psychanalyse"; como esta obra no se ha publicado, no se ha analizado mucho. Sin embargo, el interés de Lacan por Antígona
corresponde a la obsesión por el anhelo de la muerte en sus escritos posteriores.
Jacques Derrida analiza a Antígona en *Glas*, tr. al inglés por John P. Leavey y
Richard Rand (Lincoln, Neb. y Londres: University of Nebraska Press, 1986);
véanse sobre todo las pp. 166 a 175.

jeres ("el sueño de la simetría"), en el de Antígona los sexos se dividen según su lealtad hacia el Estado o la familia.

La interpretación corriente de esta tragedia subraya la negativa resuelta de Antígona a contemporizar con el ritual antiguo: su deber hacia el muerto es superior a la razón de Estado, deber que Hegel en particular identificó como femenino.[5] Por esto, Creón la condena a una muerte terrible, atrayendo la ruina sobre su propia casa; su hijo Haimán (amante de Antígona) se ahorca. En cambio algunos escritores latinoamericanos han identificado a Polínices con los marginados; mientras el escritor mismo adopta el papel de Antígona.

Con todo, México produjo una leyenda "anti-Antígona": la de la Malinche o doña Marina, la india que recibió Cortés de una tribu de Tabasco, que fue su amante, madre de uno de sus hijos y su intérprete o traductora (la palabra "traducción" está muy relacionada con la palabra "traición" mediante su raíz latina). Un crítico afirma que sin ella hubiera sido difícil la conquista, o tal vez imposible, y otro la considera "la mujer más odiada del Continente Americano".[6]

Desde el principio, la Malinche fue considerada un icono tanto por los indios, que le adjudicaban poderes extraordinarios, como por los españoles, quienes la veían como la conversa ejemplar. Sin embargo, sólo cuando México llegó a ser una nación independiente, y se planteó el problema de la identidad nacional, se transformó a doña Marina en la Malinche; pasó a simbolizar la humillación del pueblo indígena (su violación) y el acto de traición que conduciría a su opresión. Fue Octavio Paz, en su conocidísimo ensayo sobre el carácter del mexicano, *El laberinto de la soledad*, quien afirmó que el varón mexicano se había conformado como un violento rechazo hacia su vergonzosa madre:

Doña Marina se ha convertido en una figura que representa a las indias, fascinadas, violadas o seducidas por los españoles. Y del mismo

[5] Steiner, en la p. 34 de *Antigones*, interpreta así la postura de Hegel: "los ritos del entierro, en los que literalmente se deposita a los muertos en la tierra y en la secuencia umbría de las generaciones que fundamentan a la familia, son tarea especial de las mujeres. Si esta tarea corresponde a una hermana, porque el hombre carece de madre y de esposa que lo lleve al recinto de la tierra guardiana, el entierro alcanza mayor grado de piedad".

[6] Tzvetan Todorov: *La Conquête de l'Amérique: La Question de l'autre* (París, Seuil, 1982), pp. 106-107; Georges Baudot, "Malintzin L'Irregulière", en *Femmes des Amériques*, Actas del Coloquio Internacional de Toulouse, Université de Toulouse-Le Mirail, 1986), pp. 19-29. Véase también, de Rachel Phillips, "Marina/Malinche Masks and Shadows", en la comp. de Beth Miller: *Women in Hispanic Literature: Icons and Fallen Idols* (Berkeley, University of California Press, 1983), pp. 97-114.

modo que el niño no perdona a su madre que lo abandone para ir en busca de su padre, el pueblo mexicano no perdona su traición a la Malinche. Ella encarna lo abierto, lo chingado, frente a nuestros indios, estoicos, impasibles y cerrados.[7]

El problema de la identidad se presentó básicamente como un problema de identidad masculina, y fueron los autores varones los que discutieron sus defectos y psicoanalizaron a la nación. En las alegorías nacionales, las mujeres se identificaron con el territorio por el que se pasaba al buscar la identidad nacional o, cuando mucho, como en *Pedro Páramo*, de Juan Rulfo (1955), con el espacio de pérdida, en lo que queda fuera de los relatos masculinos de rivalidad y venganza.

Dadas estas circunstancias, las novelistas se encontraban con problemas inevitables al abordar el tema de la identidad nacional. ¿Cómo podían incluirse en una narración sin masculinizarse, o cómo podían hablar desde la posición devaluada, desde el espacio de los marginados y de las etnias, que de ninguna manera era el espacio de la escritura? Éste es el dilema de las dos novelistas de que hablo en este capítulo, las cuales, de diferentes maneras, tratan de incluir a las mujeres en la narrativa nacional pero, en su intento, repiten "la traición" de la Malinche.

Antes de proceder con mi argumento, me gustaría aclarar que el término de traición no es únicamente un término político, en la literatura latinoamericana la traición a los orígenes o raíces, sobre todo cuando se trata de comunidades indígenas y de las culturas transmitidas oralmente, es un rito necesario antes de iniciarse en la institución literaria. Las narrativas transmitidas oralmente, como las leyendas y los corridos, tienen sus raíces en una comunidad en la cual la traición significa amenazar la existencia misma de la comunidad a la que pertenecen el narrador y su público.[8] Empero, en cuanto se escriben y publican, se establece otro tipo de contrato entre el narrador y sus lectores.

En gran parte de la literatura moderna se da otro tipo de traición: el de la ruptura de los lazos de la comunidad cultural entre el escritor y el lector, pues el escritor de vanguardia tiende a destruir los conceptos y compromisos que el lector tenía antes de leer el texto. En este caso, la "traición" puede constituir un arma

---

[7] Octavio Paz, *El laberinto de la soledad* (México, FCE, 1959, Colección Popular), pp. 77-78.

[8] Me doy cuenta de que es una comunidad mítica. Véase una discusión del desarrollo del mito en la obra de Ruth Finnegan, *Oral Poetry: Its Nature, Significance and Social Context* (Nueva York, Cambridge University Press, 1977), sobre todo las pp. 36 a 41.

emancipadora. Borges por ejemplo consideraba imperativa esta ruptura para liberar la literatura de las referencias sociales y familiares.[9] En el caso de escritores como Carlos Fuentes y Mario Vargas Llosa, la mentira (forma de la traición) equivale a la ficción, que siempre es superior a lo "real" preexistente.[10]

Por otra parte, en las novelas de que hablo en este capítulo, la traición no se efectúa tanto entre el escritor y el lector como en el nivel del enunciado: es decir, en el espacio en el cual se entretejen la trama, el personaje y el tiempo novelístico. Por ello, estas novelas registran el primer tipo de traición, la que ocurre durante la transición de una cultura basada en la transmisión oral a una cultura nacional. Las dos novelas que he elegido para ilustrar este punto son *Los recuerdos del porvenir*, de Elena Garro, y *Oficio de tinieblas*, de Rosario Castellanos. Estas dos novelas combinan el realismo y la novela romántica, el cuento de hadas y la leyenda; escritas en los años sesenta, su publicación coincide con la fase heroica de la novela latinoamericana. Ante todo me concentraré en las tramas, sobre todo en los desenlaces, ya que en la conclusión de las novelas es donde se explicita la ambigüedad ideológica. Trataremos de averiguar si el término "heroína" tiene sentido en el marco de las narraciones épicas o hegemónicas de la nación. Como ha escrito Teresa de Lauretis, las mujeres, en cuanto lectoras, se encuentran desgarradas por estas narrativas, que las incitan a identificarse con el héroe y al mismo tiempo representan a la mujer como límite, obstáculo y territorio que el héroe tiene que atravesar para transformarse. Las dos novelas dejan bien claro que escribir relatos hegemónicos que giren en torno a una heroína está plagado de dificultades.[11]

Cuando Elena Garro escribió *Los recuerdos del porvenir*[12] estaba casada con Octavio Paz. En esa época, *El laberinto de la soledad* ya

[9] Jean Franco, "The Utopia of a Tired Man", en *Social Text* (verano de 1981), 4:52-78.

[10] Véase sobre todo, de Carlos Fuentes, *Terra Nostra* (trad. al inglés de Margaret Sayers Peden (Nueva York, Farrar, Straus and Giroux, 1976), y, de Mario Vargas Llosa, *Historia de Mayta* (Barcelona, Seix Barral, 1984).

[11] Teresa de Lauretis discute detenidamente la postura de las mujeres en los relatos clásicos y en el cine: véase "Desire in Narrative", pp. 102-157, en *Alice Doesn't: Feminism, Semiotics, Cinema* (Bloomington, Indiana University Press, 1984).

[12] *Los recuerdos del porvenir*, de Elena Garro (México, Joaquín Mortiz, 1963); trad. al inglés por Ruth L. C. Simms como *Recollections of Things to Come* (Austin, University of Texas Press, 1969). Véase una revisión de la escritura de Elena Garro en Gabriela Mora, "A Thematic Exploration of the Works of Elena Garro", en la comp. de Yvette E. Miller y Charles M. Tatum, *Latin American Women Writers: Yesterday and Today* en *Latin American Literary Review*, 1977), pp. 91-97. Según Gabriela Mora, la novela fue escrita en 1950. Véase también, de Frank Dauster, "Elena Garro y sus recuerdos del porvenir", *Journal of Spanish Studies: Twentieth Century* (1980), 8:57-65.

se había convertido en un ensayo clásico en el cual Paz señalaba
el machismo defensivo del mexicano y la necesidad de reprimir
la parte "femenina" existente en él y en los demás. En su análisis,
más junguiano que freudiano, Paz enumera los estereotipos femeninos inventados por el hombre: la "prostituta, diosa, gran
señora, amante, la mujer trasmite o conserva, pero no crea, los
valores y energías que le confían la naturaleza o la sociedad. En
un mundo hecho a la imagen de los hombres, la mujer es sólo un
reflejo de la voluntad y querer masculinos".[13] Aunque Octavio
Paz por supuesto adopta una posición crítica, no establece una
distinción entre la representación y la realidad de la mujer, y
parece condenar a los mexicanos a permanecer atrapados por su
propia representación.

En cambio, la novela de Elena Garro incluye a las mujeres entre
los marginados y les da una importancia capital en la conspira-
ción contra el Estado. El escenario de la novela es un pueblo de
provincia ocupado por un ejército victorioso de la nueva nación
posrevolucionaria. Esta fuerza extraña destruye la estructura
tradicional, aunque también une a distintos grupos marginales
como oposición. Se trata de los años 1920 cuando el Estado militante y laico atacó el poder de la Iglesia y como resultado levantó
el conflicto armado conocido como la guerra cristera.

Garro no trata de relatar de manera realista. La trama es la de
un cuento de hadas; de manera interesante este recurso del cuento de hadas tiene resonancias en *La morfología del cuento popular*,
de Vladimir Propp (1958). Empero, si nos fijamos en lo superficial más que en las estructuras de fondo, encontramos que las tramas de los cuentos de hadas, a diferencia de los relatos épicos y
de la novela realista clásica, suelen tener protagonistas mujeres,
además los cuentos románticos han influido mucho en los relatos
populares entre las mujeres hasta el presente.[14]

El narrador de la novela de Elena Garro no es una persona sino
una comunidad: el pueblo de Ixtepec... o más bien su memoria
colectiva transmitida oralmente. Empero, esta memoria se ve acti-
vada por un monumento (una piedra), el único vestigio que que-

[13] Paz, *El laberinto de la soledad*, p. 32.
[14] Fredric Jameson, en *The Political Unconscious: Narrative as a Socially Symbolic Act*
(Ithaca, N. Y., Cornell University Press, 1981), p. 113, comenta que la tipología de
Northrup Frye sobre los géneros incluye a la novela romántica, en la cual los protagonistas son "marginados", o "esclavos o mujeres", pero no dice más al respecto.
Muchas críticas feministas han analizado la razón de que se identifique a las mujeres con los personajes del romance popular, por ejemplo, Tania Modleski en
Loving with a Vengeance: Mass Produced Fantasies for Women (Hamden, Conn., Ar-
chon Books, 1982).

da de una de las dos heroínas de la historia, Isabel Moncada. La elección de la comunidad como protagonista tiene la ventaja de prestar una voz a todos los elementos marginados de México: la vieja aristocracia, el campesinado (partidario del asesinado líder revolucionario, Zapata), los indios y las mujeres: en suma, a todos los rezagados por la modernización y la nueva nación. De esta memoria colectiva está excluida la historia oficial divulgada por los "hombres nuevos" que forjan el nacionalismo posrevolucionario y que, en la época en que la novela transcurre, participan en la guerra contra la Iglesia católica, cuyo ejército está constituido por los guerrilleros cristeros.

Jean Meyer, una de las principales autoridades sobre la guerra de los cristeros del decenio de 1920 a que se refiere la novela, ha criticado el sesgo ideológico de *Los recuerdos del porvenir*: "La autora ofrece una visión interesante del problema: para ella se trata de 'la tumba del agrarismo', preparada por 'los porfiristas católicos y los revolucionarios ateos'". Meyer cita una frase de la novela: "La Iglesia y el gobierno fabricaban una causa para 'quemar' a los campesinos descontentos... Mientras los campesinos y los curas de pueblo se preparaban para tener muertes atroces, el arzobispo jugaba a las cartas con las mujeres de los gobernantes ateos".[15] Aunque Meyer tiene razón en demostrar que la política de la autora aquí se explicita, aislar las citas metadiegéticas le conduce a pasar por alto aspectos más profundos. A pesar de sus referencias históricas, *Los recuerdos del porvenir* no es una novela histórica sino, como *Antígona*, una lucha contra la apropiación del significado efectuada por el Estado para evocar lealtades más profundas con la familia, la religión y las comunidades "imaginadas" que no coinciden con la nación. A este respecto, subvierte de manera mucho más oblicua la historia oficial que *La muerte de Artemio Cruz*, de Carlos Fuentes. Esta subversión se apoya en los distintos tiempos que transcurren en la novela: el tiempo disyuntivo del cambio revolucionario, el tiempo nostálgico de la memoria, el tiempo congelado, el tiempo festivo y el tiempo ritual. El propio título de la novela es ambiguo, pues sugiere tanto los recuerdos del futuro como los recuerdos anticipados. La obra cambia varias veces de urdimbre temporal, lo que recuerda la temporalidad latinoamericana, en la que suelen coexistir diferentes modos temporales (cíclico y lineal) y diferentes modos históricos.

La novela está estructurada como si fuera un espejo de dos caras. Si vemos por una de ellas, observamos el reflejo del príncipe

---

[15] Jean Meyer, *La Cristiada*, 2 vols., 1a. ed. (México, Siglo XXI, 1991). El comentario se encuentra en la bibliografía, t. I, p. 405.

azul y un desenlace feliz. Si vemos por la otra, vemos el cuento
tenebroso de desenlace trágico. Al comienzo de la novela, Ixtepec es ocupado por el ejército triunfante dirigido por el general
Rosas, que había combatido al lado de Obregón. Los militares se
han instalado en el hotel del pueblo, junto con las mujeres que
los siguen, o que han raptado o seducido.[16] Todos los deseos y re-
sentimientos de la población ocupada se centran en la amante
del general, Julia, y en un misterioso forastero, Felipe Hurtado,
que, como todos los héroes de los cuentos, aparece como caído
del cielo; Felipe tiene cierto vínculo misterioso con Julia (quizá
sencillamente el hecho de que ambos provienen del mismo lugar
y habían vivido en la misma comunidad). Esta primera parte de
la novela gira en torno de la aventura mágica del rescate de Julia
del poder del general. El general Rosas había tratado de someter-
la mediante el poder; el rechazo de Rosas a la ternura corresponde al "actante machismo", que caracteriza también a los otros militares que en vano tratan de dominar a sus mujeres, las cuales se
encuentran "en otro lugar", en un mundo romántico.[17] Empero,
el machismo también implica un código de muerte y de honor.
El general tiene que afirmar su superioridad ante su rival, Felipe
Hurtado, matándolo, y se dispone a hacerlo de la manera más
pública posible, yendo directamente a la casa en que se aloja,
para retarlo. Hurtado escapa milagrosamente con Julia en el le-
gendario caballo blanco, gracias a una nube oscura que cae sobre
Ixtepec de día y de noche.

Como los cuentos y las novelas de aventuras constituyen el
modo tradicional de representar al deseo femenino, muchas escritoras lo rechazan conscientemente, pues parece equivaler a
una seducción de la lectora. En su libro *The Madwoman in the
Attic*, Gilbert y Gubar describen cómo Charlotte Brontë y Emily
Dickinson se sentían atrapadas por la trama romántica y las estructuras patriarcales de la trama.[18] La literatura popular para
mujeres en Europa y los Estados Unidos transformaba estas tramas románticas en un producto comercial. En México persistía el
tema romántico gracias a las canciones populares, el cine y la cul-

[16] El general Obregón, aliado a Venustiano Carranza, perteneció al bando vencedor de la Revolución, pues se volvió contra sus primeros aliados, Pancho Villa y
Emiliano Zapata, el líder campesino de Morelos.

[17] "Actante" se refiere a la estructura de fondo de la narración que genera "actores" o personajes superficiales, según A. J. Greimas, en *Sémantique structurelle*
(París, Larousse, 1971).

[18] Sandra M. Gilbert y Susan Gubar, en *The Madwoman in the Attic: The Woman
Writer and the Nineteenth Century Literary Imagination* (New Haven, Yale University
Press, 1979), p. 605.

tura oral, aunque en 1963, cuando se publicó *Los recuerdos del porvenir*, las novelas rosas populares y las fotonovelas habían llegado a dominar el mercado.[19] Elena Garro utiliza la trama romántica en la primera parte de su novela, y esto satisface el deseo de un desenlace feliz no cumplido en la segunda parte. Mediante el romance llega a expresar los sentimientos utópicos reprimidos por la tiranía y el machismo, y permite la liberación de Julia, la cortesana, la mujer pública que se transforma en heroína legendaria al desaparecer con Hurtado.

En la segunda parte de la novela, Elena Garro da un giro de 180 grados: el ejército, todavía encabezado por el general Rosas, que se ha vuelto más represivo desde que perdió a Julia, aplica el decreto gubernamental que prohíbe la Iglesia romana. Este episodio se basa en acontecimientos históricos que condujeron a la guerra de los cristeros, que empezó cuando el presidente Calles anunció su intención de remplazar a la Iglesia romana por una iglesia nacional, la Iglesia ortodoxa mexicana. Toda la población se une ante la persecución de "su" Iglesia: la aristocrática familia Moncada: encabezada por don Martín, doña Ana y sus hijos Juan, Nicolás e Isabel; Juan Cariño, presidente del desaparecido consejo municipal, el sacristán, don Roque, y el sacerdote depuesto; los indios, un médico, varias viejas beatas como Dorotea y las prostitutas.

La antiheroína de esta parte de la historia es Isabel Moncada, que adora a su hermano Nicolás, y detesta su condición de mujer (dado que esto la condena a permanecer inactiva), y concentra su deseo de poder en el abandonado y solitario general Rosas. En pocas palabras, se vuelve traidora. Cuando aumenta la resistencia católica en el pueblo, desaparece el padre Beltrán y una noche muere lapidado el sacristán, don Roque; sus anónimos atacantes huyen y lo dejan agonizando. Su cuerpo herido desaparece misteriosamente; luego nos enteramos de que se lo llevó el sacerdote, que se oculta en la casucha de una beata, doña Dorotea. No tiene caso revisar detalle por detalle esta trama compleja y más bien melodramática. Baste con saber que todo el pueblo participa en un plan para ayudar al sacerdote a escapar; que Juan, uno de los hermanos de Isabel, muere durante la huida, la cual tiene lugar durante un baile organizado con la esperanza de despistar a los militares. Sin embargo, son los militares los que engañan al pueblo obligando a la gente a bailar toda la noche, mientras el ejército sitia a los conspiradores. El hermano de Isabel, Nicolás Monca-

---

[19] Véase, de Carola García Calderón, *Revistas femeninas: la mujer como objeto de consumo* (México, El Caballito, 1980).

da, es capturado junto con el sacerdote, y condenado a morir fusilado junto con otros conspiradores. Todas las que traicionan la causa cristera son mujeres: una criada, una prostituta e Isabel Moncada, que pone su sueño personal de poder y seducción por encima de los intereses de la comunidad y permite que la rapte el general precisamente durante la noche en que las tropas de éste matan a su hermano Juan.

Isabel invierte la historia de Antígona, pues elige la razón de Estado por encima de la familia y la comunidad. Su única oportunidad de redimirse es recurriendo a su poder sexual y pidiendo al general que salve a su hermano Nicolás. En la primera parte de la novela, la prostituta, Julia, se había negado a seducir al general y había huido de éste. En la segunda parte, la aristócrata, Isabel, trata de conseguir poder mediante la seducción, pero no lo logra. El general, por disgusto consigo mismo más que por cariño a Isabel, inventa un plan para sustituir a Nicolás con otro prisionero, lo que le permite guardar las apariencias y "recompensar" a Isabel. Sin embargo el "héroe", Nicolás, se niega a participar en el engaño y es fusilado con los demás prisioneros. Isabel no logra salvarlo y tampoco logra salvarse. Su vieja nana, Gregoria, la lleva a un santuario dedicado a la Virgen; sin embargo, en desafío, Isabel sólo pide ver a Francisco Rosas de nuevo.

Los últimos momentos de Isabel y su metamorfosis los conocemos gracias a que la criada Gregoria vive para contarlo. Según su versión, sopló una nube de polvo, lo que recuerda la oscuridad que le permitió a Julia escapar con su amante y la nube de polvo que rodeó a Antígona cuando se acercó al cuerpo de Polínices. Sin embargo, en el caso de Isabel, el polvo oculta su metamorfosis vergonzosa en piedra, sobre la cual la criada Gregoria escribe su epitafio en el último párrafo de la novela:

> Soy Isabel Moncada, nacida de Martín Moncada y de Ana Cuétara de Moncada, en el pueblo de Ixtepec el primero de diciembre de 1907. En piedra me convertí el cinco de octubre de 1927 delante de los ojos espantados de Gregoria Juárez. Causé la desdicha de mis padres y la muerte de mis hermanos Juan y Nicolás. Cuando venía a pedirle a la virgen que me curara del amor que tengo por el general Francisco Rosas que mató a mis hermanos, me arrepentí y preferí el amor del hombre que me perdió y perdió a mi familia. Aquí estaré con mi amor a solas como recuerdo del porvenir por los siglos de los siglos.

La historia de Gregoria transforma a Isabel en monumento a la traición: una traición a la familia. Su pecado es el del *malinchismo*. Con todo, los constantes cambios de la narración y la oscilación del punto de vista nos permiten leer de otra manera la tragedia de Isabel, pues los problemas de ésta se inician en el momento en que, tras una niñez idílica, es separada de su hermano Nicolás para cumplir su destino de mujer. En realidad nunca se conformó con las consecuencias sociales de las diferencias entre los sexos, ni con el hecho de que sólo los hombres trabajaran, viajaran y fueran héroes. La familia no puede satisfacer sus deseos por el tabú del incesto. Desea a su hermano y, por esta razón, no puede conformarse a la familia ni al Estado. La familia la constituye como mujer, y la separa así de su hermano; pero Isabel también fracasa cuando intenta pasar de la comunidad tradicional al nuevo mundo posrevolucionario, porque su acto de afirmación no es aceptado por los valores tradicionales y comunales.

La novela de Elena Garro representa un callejón sin salida. Las mujeres no entran en la historia, sólo en el romance: o son leyendas como Julia, el inalcanzable fantasma del deseo varonil, o, como Isabel, son sustitutas demasiado varoniles que se dejan seducir por el poder, aunque no son objetos de deseo. Estas mujeres no le restan poder interpretativo a los amos y la posteridad no las conmemora, salvo como traidoras a la comunidad que está ligada para siempre mediante los recuerdos y el discurso.

La traición de Isabel queda inscrita en una piedra, mientras que Julia sigue viviendo como leyenda: esto sólo recalca el hecho de que las dos mujeres están marginadas de la historia.

Mucho de lo escrito por Elena Garro hasta el momento se ocupa del exilio, el desamparo y el desarraigo de los pueblos marginados y de los que han sido vencidos. A su vez, esto suele conducirla a transformar el tiempo medido de la historia.[20] Mas en *Los recuerdos del porvenir* representa la confrontación entre el patriarcado opresor y el conocimiento, las creencias y las experiencias informales que trata de reprimir. Una de las mujeres de la novela, por ejemplo, permanece callada durante un interrogatorio; el silencio le parece natural porque su padre le había enseñado que las mujeres no deben abrir la boca. Sin embargo, como Elena Garro lo demuestra, también la subversión de las mujeres fracasa porque el poder las seduce. Para la Garro, ésta es finalmente la lección de la Malinche.

Oficio de tinieblas, de Rosario Castellanos, fue publicada en 1962, un año antes que *Los recuerdos del porvenir*. La autora pertenecía a una familia de terratenientes de raza blanca que vivía en el estado de Chiapas, que cuenta con una numerosa población indígena.

[20] Véase, de Mora, "A Thematic Exploration of the Works of Elena Garro", *op. cit.*

Fue pionera del feminismo mexicano y escribió muchos ensayos y poemas en los que protesta por la subordinación de las mujeres. En su poema "Meditación en el umbral", rechaza toda una serie de estereotipos femeninos, desde Santa Teresa de Jesús, la mística, hasta Sor Juana, la enclaustrada, y desde Emily Dickinson hasta Jane Austen, y concluye así:

> Debe haber otro modo que no se llame Safo
> ni Mesalina ni María Egipciaca
> ni Magdalena ni Clemencia Isaura
>
> Otro modo de ser humano y libre.
>
> Otro modo de ser.[21]

Rosario Castellanos demuestra el profundo sentido de su devaluación como mujer especialmente en la poesía y los ensayos; en una ocasión se describió así:

> que soy mujer de buenas intenciones
> y que he pavimentado
> un camino directo y fácil al infierno.[22]

---

[21] Rosario Castellanos, "Meditación en el umbral", incluida en la antología de ese título, p. 73, y también en *Poesía no eres tú, Obra poética 1948-1971* (México, FCE, 1972). Véase una discusión sobre Rosario Castellanos y otras poetas más jóvenes en el texto de Óscar Wong, "La mujer en la poesía mexicana", que se encuentra en el libro de Norma Klahn y Jesse Fernández, comps., *Lugar de encuentro: ensayos críticos sobre la poesía mexicana actual* (México, Katún, 1987). Véase el prólogo de Elena Poniatowska a *Meditación en el umbral: Antología poética* (México, FCE, 1983), que contiene una versión personal y cálida del feminismo de Rosario Castellanos, y en el que se incluye un artículo autobiográfico de la propia Rosario que resume su niñez solitaria en Chiapas, la muerte traumática de su hermano, el consentido de la familia, la tuberculosis que Rosario padeció, su trabajo entre los indios, su matrimonio a los 33 años (matrimonio que afirmaba que fue monógamo por su parte y polígamo por parte de su esposo) y el nacimiento de tres hijos, dos de los cuales murieron. Los críticos menospreciaron a Rosario, aunque fue nombrada embajadora de México en Israel, donde murió trágicamente, al electrocutarse con una lámpara en su casa de Tel Aviv, en 1974. Elena Poniatowska le dedicó otro ensayo en *¡Ay vida: no me mereces!* (México, Joaquín Mortiz, 1985), pp. 45-132. También se encuentra otro análisis de sus opiniones feministas y de su obra en la obra de Marta Robles, *La sombra fugitiva. Escritoras en la cultura nacional* (México, UNAM, 1987), vol. 2, pp. 147-191. Véase además, de María Rosa Fiscal, *La imagen de la mujer en la narrativa de Rosario Castellanos* (México, UNAM, 1980), y de Maureen Ahern y Mary Seale Vásquez, la Bibliografía anotada en *Homenaje a Rosario Castellanos* (Valencia, Albatross, 1980), pp. 127-174. Rosario Castellanos resumió la historia de su aprendizaje y su carrera literaria en *Confrontaciones: Los narradores ante el público* (México, Joaquín Mortiz, 1966), pp. 89-98.

[22] Rosario Castellanos, "Pasaporte", *Poesía no eres tú*, p. 325.

La novela de Rosario Castellanos constituye un intento ambicioso de representar la complejidad de las relaciones entre las razas, las clases y los sexos. Sin embargo, como en la novela de Elena Garro, el desenlace de esta trama se debe a la traición de una mujer. Castellanos escribió su novela en el estilo histórico realista que predominaba en ese momento. Los personajes representan las clases sociales y la estratificación racial; está escrita en tercera persona y expresa la subjetividad mediante recursos tradicionales de la literatura (el monólogo interior y el estilo indirecto libre), y puede considerarse uno de los intentos más ambiciosos efectuados por un escritor mexicano para crear una novela histórica en el sentido lukacsiano.[23] Sin embargo, lo "típico" lukacsiano suele caer en lo estereotípico: los terratenientes machos, las esposas sumisas, los indios campesinos explotados y los comerciantes ricos que forman el reparto de la novela indigenista.[24]

Lo que aquí me interesa es destacar que Rosario Castellanos, como Elena Garro, identifica a las mujeres con otros grupos marginados de las viejas estructuras patriarcales de la clase terrateniente y del México modernizado. En *Oficio de tinieblas* intenta explorar las divisiones entre mujeres de diferentes clases y razas que, en tanto mujeres, comparten en cierto sentido los mismos problemas. Sin embargo, como se trata de una novela realista, se impone la voz del narrador omnisciente. Es en su poesía, sobre todo en sus últimos poemas, donde el problema de la sexualidad femenina surgiría de manera más explícita.

Antes de escribir la novela, Rosario había trabajado en Chiapas como miembro del Instituto Nacional Indigenista, implementando la política de aculturación y de modernización intensas. Su trabajo en teatro educativo de marionetas en San Cristóbal la puso en contacto directo con gente escandalosamente pobre y radicalmente ignorante.[25] Como otros miembros del Instituto, creía que la única salida para los tzotziles era la aculturación, aunque la frustraba su resistencia al programa de alfabetización tanto como la estrechez de criterio de los burócratas encargados de los programas. El conflicto entre el grupo indígena oprimido,

[23] George Lukács, *The Historical Novel*, trad. al inglés por Hannah y Stanley Mitchel (Londres, Merlin Press, 1962). Para Lukács, los protagonistas de la novela histórica no eran necesariamente personajes históricos mundiales, sino más bien personajes "típicos que unían a lo específico una relación significativa con las fuerzas históricas del periodo".

[24] Joseph Sommers: "Literatura e historia: Las contradicciones ideológicas de la ficción indigenista", *Revista de Crítica Literaria*, Lima (1989), pp. 9-39.

[25] Rosario Castellanos, en una carta a Gastón García Cantú citada en *La sombra fugitiva*, *op. cit.*, 2:176.

que a pesar de todo estaba "a años luz de la civilización moderna", y la "burocracia sin ideales" es el tema de *Oficio de tinieblas*, junto con la preocupación de Castellanos por el problema de la mujer y sobre todo de la maternidad.

Así pues, es comprensible que haya elegido la novela histórica realista para ilustrar este conflicto, ya que la narración en tercera persona y el material histórico le permiten desplazar el problema personal y convertirlo en problema nacional. No obstante, aunque quizá Castellanos no se diera cuenta, eligió como fuente una anécdota histórica de dudosa autenticidad, una anécdota que la impresionó en cierto modo pero que destruye la autenticidad histórica que deseaba. La novela transcurre durante el periodo de la reforma agraria, durante el régimen del general Lázaro Cárdenas (entre 1934 y 1940);[26] sin embargo, el levantamiento indígena que constituye el episodio medular de la novela se basa en sucesos ocurridos entre 1868 y 1871, cuya historia se encuentra escrita por simpatizantes de la clase terrateniente en el poder, los cuales, para justificar la represión, describían a los indios como seres salvajes y violentos. Esta historia apócrifa culminó con la crucifixión de un niño indio por su propia tribu.[27] Rosario no era la única en aceptar la verdad de la leyenda. El famoso antropólogo Ricardo Pozas, que trabajó con los chamulas en 1950, relata esta leyenda en su libro *Chamula* como si fuera un acontecimiento verídico, incluso menciona la crucifixión como ejemplo de una tradición de sacrificios humanos que se remontara a los antiguos mayas.[28]

Lo que alarmó a los terratenientes en 1867 no fue tanto el levantamiento de los indios, sino el temor a una revuelta parecida a la Guerra de Castas de Yucatán;[29] su temor aumentó debido a las

[26] Lázaro Cárdenas, que ocupó la presidencia de 1934 a 1940, nacionalizó el petróleo y llevó a cabo amplias reformas agrarias, con lo que efectuó una de las demandas de los revolucionarios que habían peleado en la Revolución de 1910 a 1917.

[27] Casi todas las versiones de la rebelión chiapaneca se basan en la obra de Vicente Piñeda: *Historia de las sublevaciones indígenas habidas en el estado de Chiapas* (México, Tipografía del Gobierno, 1888). Véase, por ejemplo, de Leticia Reina, *Las rebeliones campesinas en México 1819-1906*, 2a. ed. (México, Siglo XXI, 1984), pp. 45-57. Los documentos de la época citados por Leticia Reina ponen en claro la hostilidad racial que ocultaban las acusaciones de barbarismo hechas a los indios. Véase una revisión de la versión oficial que muestra que los indios fueron las víctimas más que los perpetradores de los asesinatos y que la crucifixión fue un invento, en "Whose Caste War? Indians, Ladinos and the Chiapas 'Caste War' of 1869", de Jan Rus, en la obra de Murdo J. Macleod y Robert Wasserstrom, comps., *Spaniards and Indians in Southeastern Mesoamerica: Essays on the History of Ethnic Relations* (Lincoln, University of Nebraska Press, 1983), pp. 127-168.

[28] Ricardo Pozas: *Chamula*, 2 vols. (México, INI, 1977).

[29] Nelson Reed, *The Caste War of Yucatan* (Stanford, Stanford University Press, 1964).

actividades de los fieles de un culto religioso. Supuestamente Pedro Díaz Cuscat, con ayuda de Agustina Gómez Checheb, hizo una
figura de yeso en Tzajalhemel, la adornó con cintas y afirmó que
era un ídolo bajado del cielo para satisfacer las necesidades de la
comunidad indígena. Colocaron el ídolo en una caja y Cuscat
escondido en la caja hacía que hablara. Es de notar que las cajas y
cruces parlantes siempre habían desempeñado un importante papel en la resistencia maya.[30] El sacerdote de Chamula convenció a
los indios de que el santo era falso y confiscó las vestimentas.
Empero, Pedro Cuscat y Agustina Checheb no tardaron en fabricar y adornar nuevos ídolos, diciendo que Agustina los había
dado a luz y que era la madre de Dios. Las autoridades tomaron
preso a Cuscat acusándolo de incitar a una insurrección, aunque
lo soltaron luego.

Según la leyenda, Cuscat persuadía a la comunidad indígena
de la necesidad de un Cristo crucificado que los hiciera iguales a
los cristianos. Eligieron a Domingo Gómez Checheb, y supuestamente lo crucificaron el Viernes Santo de 1868. El sacerdote murió en una emboscada, lo que inició la insurrección indígena, a la
que se unió Ignacio Fernández Galindo, oriundo de San Cristóbal. Los indios rebeldes incendiaron las tiendas y casas de los
ladinos, mataron hombres, mujeres y niños, y alarmaron a toda la
región. Mientras Galindo cayó prisionero, Cuscat atacó San Cristóbal. Más tarde fusilaron a Galindo y Benito Trejo y los indios se
retiraron, vencidos, de sus campamentos en los alrededores de
San Cristóbal. Aunque Cuscat logró escapar, murió en la sierra.

Este relato, que forma la trama de la novela de Rosario Castellanos, está compuesto de datos reales e inventados. Donde hay
opresión racial tienden a surgir leyendas parecidas: en esta misma época, en La Habana, cundían rumores de niños blancos ase-
sinados por los negros. Todavía en los años sesenta, cuando Rosario Castellanos descubrió la historia de la insurrección de 1868,
no dudaba de su autenticidad ni de su carácter de orgía sangrienta y breve que no provocó resultados perdurables.[31] Indudablemente, la leyenda le había llamado la atención por el papel importante que cumplía Agustina, la hacedora de ídolos.

Con todo, el defecto de la novela no es tanto la dudosa autenticidad de la fuente histórica, ni el desplazamiento de la historia del
siglo XIX a los tiempos modernos, sino la carga ideológica que representa la crucifixión del niño, puesto que parece confirmar lo
primitivo de la mente indígena, argumento propagado por el

[30] Reed: *The Caste War of Yucatan*, pp. 139-140.
[31] Robles: *La sombra fugitiva*, 2:174.

positivismo. En la novela, los indios sacrifican a un niño de carne y hueso porque no entienden el simbolismo de la Eucaristía; esta visión simplista de la mente indígena ha sido desmentida por los antropólogos, que han demostrado, por el contrario, que los indios son muy capaces de diferenciar el mundo simbólico y el mundo real. El narrador omnisciente y la narración en tercera persona también contribuyen a la visión pesimista de la novela en que fracasa la lucha de los indígenas y de la mujer. Sin embargo, aunque *Oficio de tinieblas* se puede considerar como una novela imperfecta, en ella Castellanos logra expresar sus ambivalencias respecto de las mujeres, el poder y la seducción.[32]

En torno al núcleo de una insurrección indígena, Rosario Castellanos nos representa toda una sociedad provinciana con los terratenientes, maestros, alumnos, burócratas y sacerdotes, y también los criados, esposas y amantes de los terratenientes. Un hecho violento: la violación de una indígena por un miembro de la clase terrateniente, inicia la novela. La indígena da a luz al niño que más tarde será crucificado. Su maternidad no deseada se contrasta con la esterilidad de casi todas las mujeres de la novela. De hecho, la maternidad es a la esterilidad lo que la virilidad es a la impotencia del varón. Cuando la maternidad se ve frustrada por la esterilidad involuntaria o deseada, la energía de la mujer se encuentra desplazada. Por ejemplo, Catalina, una tzotzil estéril, adopta al hijo de la violación para luego sacrificarlo. Tampoco tiene hijos la Alazana, una mujer seductora y liberada que es la querida de uno de los funcionarios del programa de la reforma agraria cardenista y amante del acaudalado Leonardo Cifuentes; la Alazana vuelca su energía en un intento frustrado de introducirse en la cerrada sociedad chiapaneca.

Idolina, hijastra de Cifuentes, se ha puesto hipocondriaca después de la muerte de su padre y del nuevo matrimonio de su madre con Cifuentes; vive una niñez prolongada, postrada en cama, acompañada por su vieja nana, la india Teresa. Esta última, empleada, en primera instancia, como ama de cría de Idolina, ve morir de hambre a su propio hijo, al que no puede amamantar por aceptar el puesto.

El que casi todos los personajes femeninos sean estériles parece indicar, de parte de Castellanos, una convicción de que la mater-

---

[32] En el resto de este capítulo, los números de las páginas incluidos en el texto se refieren a *Oficio de tinieblas*, de Rosario Castellanos (México, Joaquín Mortiz, 1962). Esta novela no ha sido traducida al inglés, pero sí está traducida la primera novela de Rosario, *Balún Canán*, con el título de *The Nine Guardians* (Londres, Gollancz, 1961).

nidad es esencial para la plena realización de la mujer. Por otra parte, las convenciones de la novela realista hacen que el "actante esterilidad" encarne en personajes de distintas etnias y distintas clases sociales. Tampoco quiere decir que por fuerza idealice a las madres. La de Idolina es un personaje siniestro que se casó con el oportunista Cifuentes, asesino de su primer esposo. Más siniestra todavía es la "nueva mujer" del México posrevolucionario, la Alazana, que llega a ser la querida de Cifuentes; esta relación con el terrateniente desestabiliza el curso de los acontecimientos: al fin y al cabo, la Alazana funciona como una Malinche; traiciona a su hombre, que se encuentra en Chiapas para implementar la reforma agraria, y de esta manera traiciona los ideales revolucionarios.

Este resumen, a pesar de su brevedad, indica el alcance de la novela y la proliferación de personajes necesaria para introducir los problemas clasistas y racistas tanto públicos como personales. Transporta la insurrección decimonónica a fines de los años treinta, época en que Lázaro Cárdenas llevaba a cabo la reforma agraria, despojando a los terratenientes. A los problemas de la marginación de la comunidad indígena y de las mujeres, añade Castellanos el del fracaso de la sociedad posrevolucionaria, que no logra sus propósitos de justicia social.

No obstante, es Catalina, esposa estéril de uno de los líderes de la comunidad indígena y mujer ambiciosa de poder, quien protagoniza la novela. Catalina casa a su hermano idiota con la tzotzil violada; este matrimonio le permite adoptar al niño Domingo. Sin embargo, la adopción no resuelve el problema de la esterilidad. Domingo, como es varón, debe aprender el trabajo del hombre, separarse de Catalina e integrarse a la sociedad masculina. Catalina, desesperada por esta segunda frustración de su maternidad, se retira a una cueva, en la que adquiere poderes proféticos, transformándose en *ilol;* el descubrimiento de ídolos en la cueva la inspira a fundar un culto. A pesar de ser la fundadora, como mujer no puede ser verdadera líder de la resistencia, sino que se queda como figura aislada. El único papel público que le está permitido es el de profetisa, pero también este papel le es negado. El sacerdote destruye los ídolos, y las autoridades la toman presa. Cuando la sueltan, regresa a la cueva para fabricar nuevos ídolos; equipara esta creación con el alumbramiento (p. 249). Cuando el sacerdote trata de intervenir por segunda vez, Catalina resiste, y la comunidad, guiada por ella, lapida al cura y lo mata. Al trasponer estos acontecimientos a la época del gobierno de Cárdenas, Castellanos añade la tensión social y política causada por la reforma agraria a la tensión étnica.

La principal confrontación ocurre durante la Semana Santa, cuando la tribu abandona los ídolos y regresa a la Iglesia católica para celebrar la Pasión de Cristo, que tiene más poder sobre ellos que la religión inventada por Catalina. Por eso, Catalina decide que la única manera de infundir nueva vida a la comunidad indígena es sacrificar a su ahijado; en otras palabras, quiere destruir la sucesión genealógica masculina sobre la cual se basa la comunidad, para crear una comunidad nueva y más fuerte a imitación de la de las clases dominantes. La escena de la crucifixión es de una crueldad extrema: los clavos están oxidados y "al penetrar en la carne se pulverizan los huesos, se revientan las arterias, se rasgan los tendones". (O. C., t. I, p. 666) Lo ponen en la cruz y "cada vibración de la madera alcanza una prolongación dolorosa en la carne de Domingo y le arranca los últimos gemidos, le corta las últimas amarras". (O. C., t. I, p. 666)

Castellanos se extiende sobre el dolor y la humillación del niño, cuyo sacrificio provoca un levantamiento sin sentido y finalmente suicida; la tribu tiene que abandonar sus tierras y los sobrevivientes viven sin techo, como nómadas.

Rosario Castellanos refuerza la conclusión ideológica de la novela no sólo mediante el desenlace diegético, sino también demostrando cómo el mito popular transforma los acontecimientos. La novela concluye relatando dos mitos: el de la escritura y el de la narración oral. Según el primero, los tzotziles dispersos se reúnen en una cueva (es inevitable la referencia platónica) e incorporan a sus rituales un libro que no pueden descifrar: resulta ser el de la Ordenanza Militar: sin saberlo, veneran el mismo sistema que los ha derrotado, y así aseguran su propia opresión. Según este mito, la escritura es el instrumento del dominio. El segundo mito es relatado por la nana india, Teresa, a la infantil Idolina, miembro de la clase superior y que además contribuyó a la tensión social escribiendo cartas anónimas. Según la historia de Teresa, una india da a luz a un niño de piedra, adquiere facultades mágicas y pasa por duras pruebas. El orgullo la empuja a exigir el sacrificio humano. (De esta manera recuerda a la Coatlicue, terrible diosa madre de los aztecas.) Los señores de Ciudad Real la persiguen en vano, pero al fin la derrotan al amarrar al niño de piedra, con lo que la *ilol* se destruye a sí misma. "El nombre de esa *ilol*, que todos pronunciaron alguna vez con reverencia y con esperanza, ha sido proscrito. Y el que se siente punzado por la tentación de pronunciarlo escupe y la saliva ayuda a borrar su imagen, a borrar su memoria" (O. C., t. I, p. 710). La novela termina así:

La derrota de Catalina, como la de Isabel Moncada, se debe a la ambición del poder; en el caso de Catalina, aunque su leyenda persiste, su nombre será borrado de la historia. La leyenda relatada por Teresa no transmite una memoria colectiva que sirva para movilizar más resistencia. La escritura pertenece a las clases dominantes; y la cultura popular está impregnada por los valores dominantes.

La conclusión de la novela de Rosario Castellanos parece reflejar la creencia de que las culturas subalternas (incluyendo la de las mujeres) no pueden equipararse a la hegemónica, pues no tienen acceso a la escritura y porque incluso su cultura oral se ve afectada por los mitos de la opresión. La interpretación mítica que hace Teresa de los actos de Catalina, y que no transmite a su propio pueblo, sino a Idolina, que pertenece a otra raza y clase social, demuestra que toda la transculturación es destructiva para la comunidad indígena, y que el ansia de poder de la mujer, cuando no forma parte de la conciencia nacional, puede tener resultados devastadores. La esterilidad de las mujeres es destructora. Empero, las comunidades a las que perjudica (la comunidad indígena de Catalina y la nación posrevolucionaria de la Alazana) se apoyan en la devaluación de las mujeres. Tanto Catalina como la Alazana son víctimas de la doble norma.

En *Oficio de tinieblas* los problemas no tienen resolución; aunque evidentemente la novela trata de una tragedia indígena, también demuestra que la nación excluye tanto la cultura marginada de la comunidad indígena como a las mujeres, también marginadas. Lo que da cierta validez a la novela de Rosario Castellanos, a pesar de su descripción anacrónica de las mujeres y de la etnia, es que plantea la naturaleza antagónica y contradictoria del género sexual complicado por relaciones de raza y clase. Sin embargo, la narración en tercera persona, que oculta la postura ideológica de la autora, dificulta el tratamiento del tema. No es una historia oficial, sin embargo, en muchos aspectos está estructurada de acuerdo con la narración hegemónica de los terratenientes, sin que la autora lo reconozca. La voz omnisciente la coloca fuera de las culturas (transmitidas oralmente) de las comunidades indígenas y femeninas, y la encierra en la estructura de la novela nacional, donde no hay heroínas, sólo héroes.[33]

¿Hace Catalina lo que Rosario Castellanos no se atrevió a hacer? ¿Sacrificar a la familia para alcanzar poder sobre la tribu? Y la destrucción que le acarrea a la tribu, ¿resulta hiperbólica porque así Castellanos se asegura y le asegura a sus lectores las terri-

---

[33] Véase otra perspectiva en el capítulo de Stacey Schlau "Conformity and Resistance to Enclosure: Female Voices in Rosario Castellanos' *Oficio de tinieblas* (The Dark Service)", *Latin American Literary Review* (primavera-verano de 1984), 12(24):45-57.

bles consecuencias de este paso? Desde luego, los últimos poemas
de Castellanos indican que las mujeres tienen una dificultad fundamental para acceder al poder. No pueden identificarse con el
padre y son negociadas por la madre. En un poema conmovedor,
"Malinche", la Malinche es una princesa expulsada

> del reino, del palacio y de la entraña tibia
> de la que me dio a luz en tálamo legítimo
> y que me aborreció porque yo era su igual
> en figura y en rango
> y se contempló en mí y odió su imagen
> y destrozó el espejo contra el suelo.

La emoción más fuerte de las mujeres parece ser el odio a sí mismas.
En estas dos novelas de los primeros años del decenio de los
sesenta, las mujeres ambiciosas son expulsadas (o ellas mismas se
proscriben) de la polis; y fracasan en su intento de "autorizarse" y
de adquirir un nombre para la posteridad. Isabel se entrega al Estado mediante una traición y se transforma en ejemplo admoni-
torio, no en una autora y heroína ejemplar. Catalina causa la destrucción de la tribu y se ve condenada a vagar sin hogar. Lo que
salta a la vista es que en todos los casos las mujeres actúan aislada-
mente, explotando los espacios tradicionales de las mujeres (el
"romance" y la religión), aunque sin lograr institucionalizar una
práctica discursiva alternativa fuera de la tradición oral. Tanto
Elena Garro como Rosario Castellanos parecen víctimas de un
predicamento. Garro rechaza la verosimilitud al escribir un cuento de hadas, dejando a sus heroínas fuera de la historia. Castellanos se avala de una historia que destruye a su protagonista. En los
dos casos, el problema tiene sus raíces en el intento de apropiarse
del género hegemónico de aquella época: el de la alegoría nacional. En esta clase de novelas, la vida personal del protagonista
por lo general representa los problemas de la totalidad de la nación.[34] Sin embargo, como muestran estas novelas, es imposible
conservar la verosimilitud y al mismo tiempo transformar a las mujeres en protagonistas nacionales. Al intentar incluir a las mujeres
como protagonistas en la novela nacional las autoras terminan re-
conociendo su ausencia en la trama de la historia oficial; definitivamente éste no es su lugar.

---

[34] Fredric Jameson hizo la absurda generalización de que la novela del Tercer
Mundo tiene la forma de la alegoría nacional. Esto está sujeto a discusión, pero es
cierto que las novelas realistas por lo general contienen personajes que representan
a diferentes fuerzas nacionales. Véase, de Fredric Jameson, "Third World Literature
in the Era of Multinational Capitalism", en *Social Text* (otoño de 1986), 15:65-88.

VII. EDIPO MODERNIZADO

CON LA modernización hay que recodificarlo todo, pues ahora la gente se aleja de su tierra natal y de sus genealogías. Existen prácticas nuevas y "modernas" del discurso (la radio y el cine) que integran a personas marginadas por el analfabetismo; los nuevos medios crean una iconografía nacional que idealiza a los mestizos, los campesinos y los indios. Durante las presidencias de Ávila Camacho (1940-1946) y de Miguel Alemán (1946-1952), el cine mexicano fue tan eficaz como el cine clásico de Hollywood en conseguir la identificación del espectador con los personajes por medio de una trama narrada que incluía a los espectadores en un proceso de cambio.[1] Si, como indica Teresa de Lauretis, la identificación "no es sencillamente un mecanismo psíquico entre muchos, sino la operación misma mediante la cual la persona se constituye como un individuo",[2] esto explica que el cine pudiera conformar una identidad nacional ideal que incorporara a las masas mediante una revisión del relato edípico.

Dos películas de los años cuarenta y el estudio sociológico: *Los hijos de Sánchez,* sirven para ilustrar cómo se integra el mito edípico en la narrativa nacional. La película *Enamorada* pertenece a la "Época de Oro" del cine mexicano.[3] Explicita la importancia de la representación y de lo imaginario en la reconstrucción de la nación fragmentada por la Revolución. La familia en desorden, el culto de la violencia, la mujer independiente y "masculinizada" tienen que ceder a la consagración de la familia; en este nuevo orden la mujer aceptará voluntariamente la subordinación no al padre biológico, sino al Estado paternal. Los límites de este Estado paternalista y benévolo son revelados claramente en una película que se exhibió al mismo tiempo que *Enamorada;* se trata de *Los olvidados,* de Luis Buñuel.

En esta segunda película, se exponen la familia y la nación

---

[1] Véase, de Carlos Monsiváis, "Landscape, I've Got the Drop on You!" (con motivo del 50 aniversario del cine sonoro en México), *Studies in Latin American Popular Culture* (1985), 4:236-246.

[2] Teresa de Lauretis: *Alice Doesn't: Feminism, Semiotics, Cinema* (Bloomington, Indiana University Press, 1984).

[3] García Riera: *Historia documental del cine mexicano: Época sonora* (México, Era, 1963). Los tres primeros volúmenes abarcan el periodo desde los orígenes del cine sonoro hasta el periodo en cuestión.

como mitos; como señalan Stallybrass y White, "el mero instinto
de lograr la singularidad de la identidad colectiva produce al mismo tiempo una heterogeneidad inconsciente, con una variedad
de figuras híbridas, de soberanías rivales y exigencias exorbi-
tantes".[4] Las figuras híbridas que se resisten a la modernización
son "delincuentes", clasificación tan esencial para el Estado moderno como "ilusión" lo fue para la Inquisición. El delincuente
"no cumple" con lo que exige el Estado; por ello marca los límites del Estado e introduce el desorden y la muerte en el proyecto
utópico y paternalista. Sin embargo, incluso entre los delincuentes el poder circula entre los varones, mientras que las mujeres
son objetos del deseo y sepultureras de los muertos.

¿En el marco de la nación tienen las mujeres una historia que
contar? Oskar Negt y Alexander Kluge afirman que la industria
de la cultura moderna impide que los individuos interpreten al
ser y al mundo.[5] En este capítulo ofrezco un ejemplo que parece
contradecir esto. En las historias de las vidas de una familia mexicana rescatadas por Oscar Lewis en *Los hijos de Sánchez*, Consuelo
crea su propio relato familiar y logra separarse de su padre biológico y entablar un compromiso con un padre sustituto, representante de la modernización.

LA SAGRADA FAMILIA DEL ESTADO POSREVOLUCIONARIO

Enamorada (1947) fue dirigida por el *Indio* Fernández, cuya carrera de director se extendió de 1941 a 1978. En la película colabo-
raron tres figuras importantes del cine mexicano: el propio Fernández, el fotógrafo Gabriel Figueroa, y el guionista y novelista
Mauricio Magdaleno, así como dos de las estrellas más populares
de México: Pedro Armendáriz y María Félix.[6] La historia se basa,
en términos generales, en *La fierecilla domada*.

Sin embargo, la película también puede considerarse como respuesta a una polémica reciente. La militancia femenina había au-
mentado durante el régimen de Lázaro Cárdenas, pero las mu-

---

[4] Peter Stallybrass y Allon White, *The Politics and Poetics of Transgression* (Ithaca,
N. Y., Cornell University Press, 1986), p. 194.

[5] Véase, de Jochen Schulte-Sasse, el prólogo a la obra de Peter Bürger, *Theory of
the Avant Garde*, tr. de Michael Shaw (Minneapolis, University of Minnesota Press,
1984), p. xxviii.

[6] El *Indio* Fernández desde luego debe ser considerado autor. Aunque le gusta-
ban las mujeres, quería que en la pantalla se vieran puras, peinadas con trenzas y
vestidas como niñas (Véase, de Adela Fernández, *El Indio Fernández: Vida y mito*
(México, Panorama Editorial, 1986).

jeres no obtuvieron el voto en parte porque Cárdenas creía que apoyarían a los conservadores.[7] *Enamorada* ofrece una solución ejemplar en este conflicto: las conservadoras militantes pueden ser conquistadas por un régimen posrevolucionario que deja atrás el pasado violento y se dedica a la reconciliación nacional.

La película transcurre durante la Revolución: un ejército de campesinos, encabezado por el general revolucionario Juan José Reyes (Pedro Armendáriz) invade y ocupa un pueblo. El general, montado en un brioso caballo, inmediatamente demuestra un carácter enérgico por la hábil manera en que reta a los ricos del pueblo. Entre los primeros interrogados están el cura Manuel, que resulta ser amigo de la infancia del general, y el acaudalado don Carlos Peñafiel, cuya hija, la altiva Beatriz, va a casarse con un norteamericano. El novio se ausenta luego del pueblo, viajando a la ciudad de México para comprar el traje de novia, ausencia que permite al director representar el choque entre Beatriz y el general. El término medio en este conflicto entre la representante de la vieja clase terrateniente y el hombre nuevo revolucionario, entre hombre y mujer, es el cura, cuya misión religiosa lo pone por encima de diferencias de sexo y de clase.

A pesar de su título —*Enamorada*—, es el general de humilde cuna quien primero se prenda de Beatriz. Esto lo coloca en una doble desventaja: es inferior a ella por su condición social, y por su posición de "suplente" del otro enamorado. Por su parte, Beatriz se "masculiniza" debido a su posición social y a su naturaleza independiente y orgullosa. La trama de la película corrige esta situación, reafirmando la masculinidad del general y transformando a la mujer "viril".

Al principio Beatriz humilla constante y valerosamente al general. Después de cada riña entre ellos, hay un corte a una escena en la iglesia. En el primero de ellos, la cámara se pasea por la suntuosa bóveda barroca y por el altar, mientras el padre Manuel entona una almibarada Ave María. Con todo, en la película no es sola la Iglesia la que resuelve el conflicto de clases y de códigos éticos. Más bien pone en primer plano su propio sistema de representación. En una secuencia larga y significativa, el sacerdote lleva al general a visitar la sacristía, le enseña un viejo cuadro en el que aparecen los Reyes Magos prosternados ante el Niño Dios, y le informa que el cuadro, en el que se muestra a los poderosos de este mundo humillándose ante la Iglesia, fue pintado por un tal Juárez. De inmediato, el general inculto saca la conclusión de

[7] Véase, de Anna Macías, *Against All Odds: The Feminist Movement in Mexico to 1940* (Westport, Conn., Greenwood Press, 1982).

que el pintor fue Benito Juárez.[8] Esta equivocación es importante en el nivel metadiegético, pues el general confunde a Juárez, el político sectario y anticlerical, con un pintor, y confunde también una obra representativa con el cambio social revolucionario. El cuadro conmueve al general, que hace que el cura lo saque de su rincón y lo coloque en un lugar visible.

Esta escena indica la importancia de la representación en la resolución del conflicto. En ese respecto no se diferencia la película de las de Hollywood, que muchas veces se enfocan en un retrato o un cuadro cuando quieren hacer resaltar la representación.[9] En este caso, el tema del cuadro es la cualidad "femenina" de la humildad, de la que carecen tanto el general como Beatriz. Aunque esta secuencia parezca no tener relación inmediata con el desarrollo de la trama, llama la atención al acto de mirar y por lo tanto a los propios espectadores. En cuanto a la trama, contribuye al "ablandamiento" paulatino del general, que sigue enamorado de Beatriz, a pesar de que ella lo rechaza despiadadamente. Sin embargo, en el nivel metadiegético destaca la representación (y el cine) como agente de la transformación social.

La transformación de Beatriz es más lenta. Como es hija única y huérfana de madre, todo el amor del padre se vuelca hacia ella. Es evidente que su novio norteamericano nunca perturbará esta relación edípica. El primer paso de su transformación ocurre cuando su padre le revela que él mismo había raptado a la madre de la casa de su familia. De allí, Beatriz reconoce que el hombre tiene que tomar la iniciativa e imponer su dominio sobre la mujer, aunque no logra identificar al general como un pretendiente debido a su clase social inferior. Constantemente se le acusa de ser un "pelado", cuya compañera natural tiene que ser una soldadera. Provocado, el general elogia a la soldadera como el más alto ejemplo de femineidad, y cuando Beatriz reacciona cacheteándolo, él a su vez la golpea y luego golpea al sacerdote por su intervención (quien desde luego lo perdona). La pintura de nuevo ayuda a resolver el conflicto. El padre Manuel le habla a Beatriz

---

[8] A Benito Juárez se le considera uno de los fundadores del México moderno, aunque la película revisa de forma muy clara la política anticlerical que ayudó a iniciar.

[9] *Laura* es una de las películas que se basan en un retrato, pero con más frecuencia el que se hace cargo de la representación es un fotógrafo, no un pintor. Buen ejemplo de esto es *El resplandor*, que juega con la idea de la repetición y la reproducción mecánica, también relacionada con la muerte. La última toma se fija en Jack Nicholson sobre el fondo de una foto tomada 20 o 30 años antes de que naciera. Una de las películas mexicanas más famosas, *María Candelaria*, con Dolores del Río, es una tragedia que empieza porque a una india la pintan desnuda.

de la veneración que le inspira el cuadro al general y de cuánto la respeta a ella. Beatriz, por su parte, admite que las clases inferiores pueden albergar sentimientos "nobles".

Como se sabe, en el cine clásico la identificación del espectador depende en gran medida de la mirada. Esto se logra en *Enamorada* de manera ejemplar. El general enamorado le dedica una serenata a Beatriz, que se encuentra medio dormida. La cámara alterna el enfoque, pasando del rostro y los ojos parpadeantes de Beatriz, despertada por la música, al general, enfocado desde arriba y mirando hacia el balcón. Los músicos que acompañan al general cantan "La malagueña" ("¡Qué bonitos ojos tienes!"). Toda la secuencia consiste en un juego de miradas y en cortes de cámara al general, a Beatriz y a los músicos, cuyos falsetes parecen remedar el ablandamiento del varón ante la influencia del amor (nuevamente el tema del cuadro). El general levanta la mirada hacia la ventana de Beatriz pero no logra verla. Cuando ella se acerca a la ventana y mira hacia afuera, el general ya no mira hacia arriba. Los ojos de Beatriz tropiezan con el retrato de su novio cuando se aleja de la ventana. El general alza la cara, pero Beatriz ya no está ahí. Ella regresa a la ventana nuevamente y sólo alcanza a ver al general que se aleja. Este juego de miradas que no se encuentran hacen que nosotros, el público, deseemos un intercambio de miradas entre ellos; tiene un gran significado que este intercambio ocurra por primera vez en la iglesia, lo que garantiza su pureza y santidad.[10]

Beatriz, la cabeza cubierta con una mantilla y parecida a la Virgen de los Dolores, está rezando ante un altar barroco; el general entra en la Iglesia vestido en uniforme de combate, las cananas cruzadas sobre el pecho. En esta ocasión, sus miradas se encuentran. Beatriz, sin hablar, escucha al general, que le expresa sus sentimientos y le dice que siempre la llevará en su corazón "igual que a la imagen de este altar". El amor y la religión son análogos. Beatriz sale de prisa, pero antes vuelve la mirada hacia el general, él se aleja de ella para acercarse a un cuadro del altar.

Entonces la abnegación del general es casi sublime: le devuelve el dinero y las joyas a la esposa del comerciante que fusiló al principio de la película y permite que el novio de Beatriz regrese a ella con el ajuar de bodas traído desde la ciudad de México. Por último, cuando las tropas federales atacan, acepta salir del pueblo para que no corra la sangre. El ruido de su retirada interrumpe la

[10] Laura Mulvey, "Visual Pleasure and Narrative Cinema", *Screen* (otoño de 1975), 16(3):6-18. Véase también la discusión de Lauretis sobre la mirada en *Alice Doesn't*, pp. 138-157.

ceremonia del matrimonio civil en la cual Beatriz, vestida de negro, está a punto de unirse a su novio norteamericano. El rugido del cañón enemigo despierta a Beatriz, que arroja la pluma momentos antes de firmar el contrato de matrimonio y corre a la calle. Sobre las blancas paredes del fondo pueden verse las sombras gigantescas del ejército de campesinos que pasa marchando (como en los murales de Orozco). Beatriz corre detrás de la tropa, después de una rápida mirada de despedida al padre. El general, que sigue creyendo que Beatriz lo ha rechazado, dirige estoicamente la retirada, mientras Beatriz corre atrás junto a las humildes soldaderas. En la secuencia final, coloca la mano sobre la grupa del caballo del general; él voltea y encuentra su mirada, se yergue sobre su montura y mira al frente mientras Beatriz marcha detrás, sin soltar el anca del caballo. No sólo se ha restaurado la relación "natural" jerárquica del hombre y la mujer, sino que el "traspaso" de Beatriz señala el cambio del orden viejo al nuevo, que implica la separación necesaria de esta nueva familia de sus orígenes.

En el nivel ideológico, la película re-establece a la familia nacional que la revolución había dividido. Casi todos los personajes pertenecen a familias desmembradas: Carlos Peñafiel es viudo, Beatriz no tiene madre y el general es huérfano. El tema de la orfandad es recalcado por la mascota del general, una huérfana de la guerra cuyo nombre, Adelita, es también el del famoso corrido de la Revolución; en otro episodio un combatiente ya viejo y solitario habla de su pesar por haber abandonado a la mujer con quien iba a casarse. El problema ideológico de la película es el de defender la vida familiar sin sacrificar el nacionalismo revolucionario. En otras palabras, la película quiere proponer una ética revolucionaria. El sacerdote y la Iglesia representan el espacio en que se fundará la nueva ética. La Iglesia "bendice" y da su autorización a la nueva forma de representación (el espectáculo cinematográfico) y a la nueva familia nacional que congrega a miembros de diferentes clases sociales. Al mismo tiempo, la ausencia de madres en la película sugiere el hueco que Beatriz ha de llenar. La economía de la trama exige que se omita a la madre tradicional que pueda evocar asociaciones del hogar y de las raíces. Es Beatriz, sin madre y domada, la destinada a ser la madre de la nueva Sagrada Familia, separándose de sus viejos lazos familiares para seguir al general. Juntos llegan a ser los iconos de la nueva fuerza emigrante de trabajo. La película representa una forma técnicamente eficaz de restaurar importancia a la familia (cuando menos en teoría) en un periodo marcado por la emigración masiva a la ciudad; estos nuevos inmigrantes alejados del control religioso y político tradicional de su lugar de origen forman el público a que se dirige *Enamorada*.

"LOS OLVIDADOS"

Los olvidados[11] es una película ya clásica del director surrealista español Luis Buñuel, quien vivió y trabajó en México durante los últimos años del decenio de 1940 y a principios del siguiente.[12] Los directores de *Enamorada* y de *Los olvidados* recurrieron al mismo fotógrafo, Gabriel Figueroa, que contribuyó con cierto lirismo a la película de este último. A Buñuel lo había impresionado la pobreza de México, sin embargo deseaba hacer una película sin sentimentalismos. En *Los olvidados* se muestra todo lo que se suprime o resuelve en *Enamorada*, es decir, la violencia de las relaciones entre los sexos. Lo moderno se incrusta sobre lo arcaico sin prevalecer sobre la tendencia destructiva a la muerte; la trama se despliega con la inevitabilidad de la tragedia clásica.

La yuxtaposición de lo moderno y lo arcaico se establece a través de la puesta en escena: la película transcurre entre las casas de adobe de las afueras de la ciudad, donde ya se construyen edificios nuevos, en los mercados y ferias, en una pequeña granja con vacas y gallinas, que contrasta con la pulcra "granja moderna" instalada por el gobierno para rehabilitar a los delincuentes.[13]

Como la película choca con la imagen oficial de un México en vías de modernizarse, se le añadió un panorama introductorio de Nueva York, París y Londres: un narrador explica que la delincuencia es un problema de todas las ciudades modernas, no sólo de la capital mexicana: "México, una ciudad grande y moderna, no es excepción de esta verdad universal, y la película, que se basa en la vida real, no es optimista, pero deja la solución de este problema a las fuerzas progresistas de nuestro tiempo". Pero la película no sólo expone la hipocresía de esta autoridad benévola

---

[11] Las citas son del guión en inglés. Véanse, de Luis Buñuel, *El ángel exterminador, Nazarín* y *Los olvidados,* tr. de Nicholas Fry (Nueva York, Simon and Schuster, 1972).

[12] Véase, de Francisco Aranda, *Luis Buñuel: A Critical Biography* (Nueva York, Da Capo Press, 1976), p. 137.

[13] En una entrevista con Bazin, Buñuel dijo que, si bien consideraba a *Los olvidados* una película con un argumento social, seguía teniendo huellas del amor a "lo instintivo e irracional" (Aranda, *Luis Buñuel,* p. 138). Evidentemente, hubo cierta pugna entre la visión anarquista de Buñuel y la visión del gobierno mexicano, que subsidiaba la industria fílmica.

y paternalista, sino su falta de capacidad para hacer frente a las exigencias arcaicas de Eros y Tanatos.

Casi todos los críticos de *Los olvidados* se han referido a los antecedentes clásicos de la película y a sus alusiones literarias, que van desde *Edipo* hasta la novela picaresca *El Lazarillo de Tormes*. Sin embargo, pocos críticos mencionan que se trata sobre todo de una tragedia de la fraternidad y la traición entre hombres, violencia fratricida que obviamente afectó los propósitos socialistas del gobierno mexicano de la época. El delincuente Jaibo, como causa de la muerte y el desorden, es el chivo expiatorio que debe ser sacrificado para que la sociedad no se disgregue. No obstante, es la madre, representada ambiguamente como objeto de deseo y como mujer castrante, la que motiva la tragedia.

Buñuel acentúa la tragedia dándole a los personajes una cualidad arquetípica,[14] aunque nunca nos deja olvidar que describe una situación histórica específica. Por ejemplo, como los protagonistas huérfanos de la picaresca española, ninguno de los personajes tiene padre, salvo Julián, la víctima; esto sin embargo cobra otra significación dado el momento histórico: cuando el Estado mexicano consolida la autoridad paternalista sobre sus ciudadanos. Esta doble dimensión le permite a Buñuel presentar un héroe antisocial, Jaibo, sin idealizar a la benévola solución reformista del Estado, pues el genio maligno de Jaibo tiene mucha más fuerza que las débiles soluciones de la escuela correccional y la educación.

En esta situación, la mujer devaluada se transforma en la madre proveedora y en el objeto de deseo. El hijo, Pedro, no puede sino recordarle la victimización de la mujer pues es fruto de una violación; y su padre es un hombre al que su madre, una adolescente, apenas había conocido. En la película de Buñuel, las mujeres no nacen para cumplir el papel de la Gran Madre, sino que éste se les impone. La violación garantiza su subordinación, pero al mismo tiempo provoca un resentimiento mudo que se expresa en gestos de rechazo.

Esta conjunción de lo arquetípico con lo históricamente específico se aplica también a los personajes femeninos: a la madre de Pedro y a Meche, una muchacha que vive con su abuelo, su madre hipocondriaca y un hermano mayor en una granja ya rodeada por la ciudad. Las dos son objeto del deseo: la madre de Pedro es el motivo de la rivalidad de su hijo con Jaibo; las dos están pre-

[14] Véase, de Octavio Paz, "El poeta Buñuel", en *Las peras del olmo* (Barcelona, Seix Barral, 1971), pp. 183-187. Paz subraya el significado arquetípico de los personajes femeninos y masculinos.

Una escena de Los olvidados, *de Buñuel: Jaibo corteja a la madre de Pedro.*

sas en sus papeles antagónicos como objetos del deseo y fuente de cariño y afecto maternal (Meche, aunque apenas es una adolescente, protege a un campesino huérfano, Ojitos, y es deseada tanto por Jaibo como por el mendigo ciego).

En la trama de *Los olvidados*, las mujeres al mismo tiempo ayudan al varón en su búsqueda de identidad y se le oponen. La trama puede resumirse así: Jaibo escapa de la escuela correccional, convencido de que Julián lo delató. Jaibo no sólo es un delincuente sino una fuerza destructiva totalmente contraria a los valores humanísticos liberales. En el curso de la película, él y su pandilla tratan de asaltar a un pordiosero ciego, y cuando éste les devuelve el golpe, lo atacan y destruyen los instrumentos con que el limosnero se gana la vida. Jaibo vuelca el carro de un inválido sin piernas y lo arroja cuesta abajo, dejando al inválido forcejeando sobre el piso como un insecto impotente. Buñuel no trata nunca de provocar simpatía por la víctima, pues el mendigo es tan perverso como Jaibo.

Jaibo satisface sus caprichos como si no existieran ni la ley ni la sociedad. Obliga a Pedro a ser su cómplice, haciendo que presen-

cie el asesinato de Julián. Pero Jaibo no tarda en destruir esta incómoda alianza, pues seduce a la madre de Pedro y luego roba un
cuchillo (que por supuesto puede interpretarse como un falo)
del lugar donde trabaja Pedro, a fin de incriminarlo; por Jaibo,
Pedro se ve recluido en una granja modelo (o escuela correccional). El director de este centro representa el Estado paternalista y
reformista. La solución que propone la escuela como remedio
contra la delincuencia es el trabajo y la responsabilidad; el director trata de ganarse la confianza de Pedro dándole dinero y en-
viándolo a cumplir un encargo. Jaibo lo espera afuera y le roba el
dinero, lo que provoca una pelea sangrienta. Pedro se refugia en
el establo y ahí Jaibo lo mata. Meche, la jovencita nieta del dueño
del establo, encuentra el cadáver. Por temor a la policía, y con
ayuda de su abuelo, mete el cadáver de Pedro en un costal y lo lleva en el lomo de un burro hasta una barranca, donde lo abandona "fuera de la polis, como presa para las aves". Cuando salen de la
ciudad con el cadáver escondido en el costal, se cruzan con la madre de Pedro, que busca a su hijo. Entre tanto, el ciego ha delatado a Jaibo, quien durante la fuga muere baleado por la policía.
La sombra de un perro callejero y sarnoso se sobreimpone al
cadáver.

   El papel ambiguo de la mujer que subvierte el progreso social
se encuentra desplazado en varios objetos simbólicos que aparecen en la película. Uno de los más importantes es la leche. En
una escena al principio de la película, Jaibo, Pedro y Ojitos duer-
men en el establo del abuelo de Meche. Hambriento, Jaibo trata
de ordeñar a una burra, pero no puede. Ojitos, el niño del campo, se pone debajo de una cabra y bebe directamente de la ubre,
subrayando la diferencia entre el niño campesino y el urbano.
También alude a la relación simbiótica del niño con la madre que
le alimenta y que está en el origen del sentimiento de pérdida y
deseo. La leche circula constantemente entre los protagonistas de
la película, perdiendo su calidad original de alimento materno.
Como el sexo, la leche se transforma en artículo de consumo. Al
ciego le regalan leche a cambio de que cure a la madre de Meche.
Cuando Jaibo sorprende a Meche lavándose las piernas con leche, el líquido inocente se transforma en un afrodisiaco. En otra
escena, Meche le lleva leche al ciego, que la hace sentarse sobre
sus rodillas; la jovencita toma unas tijeras y, mientras Ojitos observa, hace el ademán de matarlo. La leche se intercambia constantemente por el sexo y por la muerte. De la misma manera, los gallos
y los pollos funcionan como objetos simbólicos. Pedro abraza a
una gallina y se lleva uno de sus huevos cuando regresa a casa
después de atacar al ciego. En determinado momento trata de

besarle la mano a su madre y ella golpea a un gallo negro que co-
pula con una de las gallinas. Poco antes de acostarse con Jaibo, levanta un par de pollitos, exhibiendo las piernas. En la granja modelo, Pedro cuida a los pollitos pero actúa de manera "antisocial"
chupando los huevos que pertenecen a la comunidad. Cuando uno
de los niños protesta, rompe el huevo y empieza a matar a los pollos. Luego hace un dibujo de la matanza en la pared. La leche y
los pollos sugieren lo preedípico, pero también se intercambian
como valores económicos y como signos del orden simbólico. De
esta manera, la película constantemente oscila entre la naturaleza
y la cultura. Mientras Jaibo se acuesta con Marta, los hijos se di-
vierten observando a un par de perros amaestrados que bailan.

   Sin embargo, la naturaleza no sólo tiene que ver con la vida,
sino también con la muerte. En la secuencia onírica, que ha sido
tan comentada, la cara sangrienta del asesinado Julián emerge de
debajo de la cama. Pedro se levanta horrorizado, viendo a su madre cruzar casi flotando la habitación. Cuando le pregunta por
qué se negó a darle carne, ella se vuelve y le ofrece un trozo san-

Meche busca en su bolso unas tijeras para defenderse del ciego (Los olvidados).

guinolento, cerrando los ojos. Jaibo, que ha tomado el lugar del
difunto Julián, le arrebata la carne. En este caso, la madre no
ofrece leche, sino un cadáver. La otra cara de la Madre es la cara
de la muerte.

Aunque Buñuel reproduce la imagen patriarcal de la mujer, a
diferencia de *Enamorada*, esta imagen no está idealizada; la identificación de la mujer con la naturaleza significa también su identi-
cación con la muerte. Buñuel no hace una crítica explícita, sino
más bien lleva a sus límites las consecuencias de las diferencias
impuestas por el patriarcado. La modernización agrava el problema al adjudicarle la función patriarcal al Estado, como deposi-
tario de la inmortalidad. Según Buñuel, la modernización no elimina las viejas historias míticas que siguen siendo escenificadas
en estas áreas no redimidas e irredimibles al margen de la ciudad
moderna y racional, que trata de expulsarla como expulsó los
cadáveres de Pedro y de Jaibo. La granja correccional, higiénica y

El ciego es atacado por Pedro, Jaibo y la pandilla en los límites de la ciudad
(Los olvidados).

modelo, simboliza lo racional que margina a los elementos no asimilables e improductivos. Sin embargo, la mujer es el caballo de Troya. El Estado no puede funcionar sin mujeres, y éstas no cumplen sencillamente una función reproductiva, sino que también representan la "maternidad" y el deseo que el Estado no puede proporcionar. De este modo, Buñuel muestra de manera exacta que por la exclusión de deseo fallan las analogías entre la familia y el Estado.

En las películas de Buñuel, la gente siempre está buscando el pecho de la madre perdida para su plena satisfacción. La misma técnica de la película depende de las tácticas de choque que representa el regreso de lo reprimido por la modernidad. Las mujeres son las que están más en contacto con la realidad de esos impulsos arcaicos; no obstante, el deseo de éstas nunca es simétrico al de los hombres. En las últimas escenas de *Los olvidados,* Marta busca al hijo que, sin que lo sepa, está muerto. Por fin se ha reconocido como madre de Pedro, pero su mirada no penetra el costal en que se encuentra escondido el cadáver de su hijo. ¿Es este sacrificio lo que las mujeres realmente desean al encarnar a la Coatlicue?[15] Una interpretación alternativa de la conclusión de la película es considerarla como la contestación de vanguardia a la sagrada familia burguesa; esta contestación asimila a la mujer a la naturaleza (la vida y la muerte), a lo mortal, a las fuerzas más arcaicas del paternalismo autoritario del porfiriato o del paternalismo benévolo del Estado reformista. En este sistema inexorable, no hay forma para que las mujeres relaten su propia historia.

LA HISTORIA DE CONSUELO

Con frecuencia, el cine clásico parece colocar a la mujer como cómplice de su propia subordinación. Sin embargo, no tenemos manera de saber cómo reaccionaron las espectadoras de *Enamorada.* ¿Sencillamente disfrutaron el espectáculo lleno de vitalidad de María Félix sin preocuparse por la conclusión? Como señala Teresa de Lauretis, las mujeres llegan a estos espectáculos con todo un repertorio de "experiencias" previas.[16] Sin embargo, ¿cómo sabemos cuál es la experiencia de la mujer, si no estamos preparados para aceptar las versiones conductistas o empíricas? La experiencia de las mujeres nos llega a través de discursos (historias de vidas y de casos y estudios etnográficos) que tienen su

---

[15] Coatlicue es la diosa azteca de la fertilidad y la muerte.
[16] De Lauretis: *Alice Doesn't,* pp. 138-157.

propia carga ideológica. Con estas reservas en mente, examinaré
una de las voces femeninas que se escuchan en *Los hijos de Sánchez*, de Oscar Lewis, versión etnográfica de las vidas de los pobres
en la ciudad de México, grabada durante los años de 1950, en el
mismo periodo de transición en que se filmaron *Enamorada* y *Los
olvidados*.[17]

Con el paso del tiempo se ha hecho posible releer *Los hijos de
Sánchez* no como un reflejo del "México real", ni como una ilustración de la tesis sobre la "cultura de la pobreza", sino más bien como
ejemplificación de los problemas aún no resueltos que enfrentan
los que quieren interpretar a las culturas subalternas. El propio
Lewis no encontró problemática la interpretación y edición de las
grabaciones. Al contrario, para darle más espontaneidad al relato,
omite sus propias preguntas y no cree necesario admitir que incluyó textos escritos mezclados con las transcripciones de textos
orales.

En ese capítulo, leo a contrapelo el texto de Lewis, aislando la
voz de una de las hijas de Sánchez, Consuelo, puesto que la relec-
tura de su historia nos ayuda a apreciar los conflictos textuales
entre la voz y la escritura, la espontaneidad y la estructuración del
relato. Al mismo tiempo es importante subrayar que *Los hijos de
Sánchez* es un documento único; casi el único texto de este periodo en el que "hablan" las mujeres de la clase subalterna. La originalidad del estudio de Lewis provocó mucha discusión sobre
todo en México, tanto así, que hubo un intento infructuoso por
prohibir la publicación de la traducción, porque se consideraba
que el libro presentaba una visión degradada de los mexicanos.
En los Estados Unidos, *Los hijos de Sánchez* se convirtió en un *best
seller* del que se publicaron muchas ediciones; también llegó a la
pantalla en una película con Anthony Quinn en el papel del padre, Jesús Sánchez. Así, se convirtió en "el libro de la película",
con portadas representando escenas del filme. A pesar de la censura inicial, la obra se tradujo y publicó en México, haciendo

---

[17] Las citas del resto de este capítulo han sido tomadas de *Los hijos de Sánchez*, de
Oscar Lewis (México, Joaquín Mortiz, 1965). Los pormenores de la controversia
sobre la primera traducción al español pueden verse en la "nota preliminar" a *Los
hijos de Sánchez* (México, Grijalbo, 1982). La primera traducción fue publicada por
el Fondo de Cultura Económica en 1964, y luego fue retirada debido a las críticas
de organismos oficiales. El director del Fondo de Cultura en ese tiempo, Orfila,
renunció debido a la censura, que constituyó un escándalo nacional cuando Carlos Fuentes y otros escritores destacados se unieron a la protesta. Por otra parte, a
los mexicanos les ofendió ser objeto de un estudio de este tipo por parte de un
norteamericano, y entonces circuló una sátira, *Los hijos de Jones*, que describía a
una familia norteamericana.

célebre a la familia "Sánchez" y causando disensión en la familia. Consuelo ni siquiera asistió al entierro de su padre, que murió en 1987.[18]

Lewis se puso a hacer una investigación de las casas de vecindad de la ciudad de México después de terminar un estudio de Tepoztlán. La migración de familias a la capital mexicana le impulsó a emprender un estudio de los nuevos inmigrantes urbanos. Era una clase de la sociedad mexicana que no habían estudiado los antropólogos. Lewis se concentró en las casas de vecindad (es decir, en las viviendas multifamiliares que se levantan en torno a uno o varios patios) de la zona de Tepito, cerca del centro de la ciudad, y efectuó una descripción pormenorizada de las vidas de sus habitantes. Mucha de la información provino de las entrevistas grabadas en cinta. Durante muchos años reunió un cuerpo de información muy superior al publicado en *Los hijos de Sánchez* y en *Una muerte en la familia Sánchez*.[19] Al mismo tiempo, desarrolló una tesis que pretendía explicar el subdesarrollo de las familias pobres y, en particular, la transmisión de costumbres que impedían el progreso.

Esta tesis sobre la "cultura de la pobreza" ha sido impugnada; en los años sesenta perdía terreno ante la teoría de la dependencia, que relacionaba el subdesarrollo del Tercer Mundo con el superdesarrollo de las naciones industriales.[20]

Con todo, en los años cincuenta, Lewis no era el único en creer que la transformación de la conducta fuera necesaria para la modernización y el progreso.[21] No obstante, *Los hijos de Sánchez*

[18] He utilizado los seudónimos empleados por Lewis. El padre, al que él llamó "Jesús Sánchez", murió tras ser atropellado el 5 de enero de 1987 por un conductor que se dio a la fuga. Las identidades de los demás miembros de la familia ya habían sido reveladas por "Manuel", su hijo, que vendió la historia a un diario mexicano y que fue entrevistado con su propio nombre por Patrick Oster. En el artículo del diario se dice que Consuelo es "la persona más instruida de la familia". Tanto "Manuel" como su hermana "Marta" le dijeron a Lewis que era una "perra" de primera. No tenía contacto con su familia cuando su padre murió (*San José Mercury*, 21 de enero de 1987). El nombre de la vecindad en que crecieron los hijos de Sánchez fue cambiado por Lewis a "Casa Grande", en realidad se llamaba Casa Blanca. Ésta fue destruida por el temblor en 1985 y luego fue demolida. Sin embargo, es interesante que el vecindario hizo gala de iniciativa y solidaridad durante la crisis consiguiente.

[19] Oscar Lewis: *A Death in the Sánchez Family* (Nueva York, Vintage Books, 1963).

[20] André Gunder Frank, *Capitalism and Underdevelopment in Latin America* (Nueva York, Monthly Review Press, 1969) se relaciona especialmente con la teoría de la dependencia, que también ha sido impugnada posteriormente. Empero, en el contexto histórico, la teoría de la dependencia puede considerarse como la contrateoría de la "modernización".

[21] Ésta fue la época de la teoría del "desarrollo".

trasciende la tesis etnográfica; en primer lugar, porque Lewis logró relacionarse estrechamente con la familia Sánchez, a pesar de su fatalismo; en segundo lugar, porque las historias de vidas suelen subvertir la tesis misma de la cultura de la pobreza que supuestamente ilustran. Por ejemplo, el padre, Jesús Sánchez, que nació en una ranchería y fue criado en una tradición de autoritarismo, subió en la escala social, mientras que algunos de sus hijos, aunque tuvieron contacto con la ideología de la movilidad hacia arriba, no avanzaron. De hecho, la tesis de la cultura de la pobreza careció de fondo; quizás en último análisis sólo es importante como el artificio que le permitió a Lewis relatar la historia de la vida de los Sánchez.

Lewis entrevistó a los Sánchez desde 1950 hasta 1959, y prosiguió entrevistándolos después de la publicación de los libros. Debido a este largo periodo de contacto, llegó a ser "parte de la familia", un padre postizo. Este arreglo jerárquico fue reforzado por el medio en que se celebraron las entrevistas: es decir, en la oficina y en su casa, no tanto en la "Casa Grande". No cabe duda que esto contribuyó a lo que Lewis describe en la introducción a *Los hijos de Sánchez* como "la imagen positiva [que la familia tenía de] los Estados Unidos como un país 'superior'", y agrega que esta imagen positiva "me colocó en el papel de una figura autoritaria benévola, más que la punitiva a la que estaban acostumbrados a ver en su propio padre" (p. XXX).

El propio Lewis se representa como agente de una fuerza paternalista y benévola; de hecho, ésta era una de las caras que los Estados Unidos le presentaban al mundo en los años de 1950, cuando su prosperidad se exhibía por la aparente liberalidad y la exportación de artículos de consumo. Según la ideología dominante el "desarrollo" hacía posible esta prosperidad que quería exportar mediante la política extranjera y las ciencias sociales.

No está dentro de los propósitos de este ensayo comentar una forma de desarrollo que ahora ha culminado en la crisis de la deuda, la inflación galopante, la urbanización sin planificar y una pobreza cada vez más aguda. Lo notable es que Lewis produjera un material que supera las limitaciones ideológicas inherentes de su filosofía "del desarrollo".

Desde luego, el enfoque antropológico que Lewis da a las "historias de vidas" tenía antecedentes. La escuela de sociólogos de Chicago se había interesado hace mucho en la vida de la gente de la clase trabajadora, y su investigación de la delincuencia tuvo un profundo efecto en la literatura. La originalidad de Lewis consistió en que estudió a la familia como una unidad, estudio que se debió en parte a su deseo de "compensar la subjetividad inherente en una sola autobiografía" presentando un *collage* de personas que habían compartido las mismas experiencias. Como sociólogo, le interesaban la exactitud y veracidad de los informes que reunía, pero también deseaba expresar "la satisfacción emocional y la comprensión que siente el antropólogo cuando trabaja directamente con los objetos de su estudio" (p. XII). Así pues, tenía aspiraciones más allá de la sociología, creía que la grabadora hacía posible "un nuevo tipo de realismo social": "Con ayuda de la grabadora, las personas sin preparación, sin educación y hasta analfabetas, pueden hablar de sí mismas y referir sus experiencias en una forma sin inhibiciones, espontánea y natural" (p. XXI).

Lewis escribe que los "hijos de Sánchez" (Manuel, Roberto, Consuelo y Marta) "tienen una simplicidad, una sinceridad y la naturaleza directa característica de la lengua hablada, de la literatura oral, en contraste con la literatura escrita" (p. XXII).[22] Desde la perspectiva de los años ochenta, no es muy necesario comentar este fonocentrismo ni la visión de la literatura oral como expresión de los marginados. Lewis creía que como los novelistas no habían sido fieles a esta materia prima, el antropólogo tenía que hacer acto de presencia y transformarse en "el estudiante y vocero de lo que llamo cultura de la pobreza" (p. XXIV). Lewis no sólo dijo que sus entrevistas eran "narraciones", sino que además creía que representaban una forma más veraz de realismo social que las novelas mexicanas de la época, y que combinaban el arte y la vida. La naturaleza jerárquica de la sociedad mexicana había "inhibido cualquier comunicación profunda a través de las líneas de clase" (p. XIII). "En la actualidad, la mayor parte de los novelistas sigue tan ocupada sondeando el alma de la clase media, que ha perdido el contacto con los problemas de la pobreza, con la realidad de un mundo que cambia" (XIII).

Compuso *Los hijos de Sánchez* como un texto polifónico en el que se entretejen las historias de las vidas de los cuatro hijos de Jesús Sánchez (dos hijos y dos hijas). Cada uno de los hijos cuenta su historia por turnos, relatando episodios de su vida que en términos generales corresponden a la niñez, la adolescencia y la vida adulta. Las historias se enmarcan en el relato del padre. Esto no sólo interrumpe la cronología, sino que constituye un punto de referencia para que el lector pueda valorar las historias de cada uno de los hijos y su relación con el padre. Los cuatro participantes del relato, Roberto, Manuel, Consuelo y Marta, son an-

[22] A la fecha, el material de Lewis se encuentra en la Biblioteca de la Universidad de Illinois, Champaign Urbana. Incluye las cintas de las entrevistas, las transcripciones y los textos escritos por Consuelo a petición de Lewis. Ruth Lewis hizo gran parte del trabajo de edición.

tes que nada "los hijos de Sánchez". Es interesante saber por qué eligió a esta familia en particular, pues no hay bases para suponer que se trate de un caso típico. Lewis, gran lector de la literatura mexicana, seguramente conocía *El laberinto de la soledad,* de Octavio Paz, obra de gran influencia que contiene una discusión gráfica de la ideología del macho mexicano. Por esta razón o por otras, eligió a una familia sin madre y dominada por un padre enérgico. La narración se concentra en la manera como los hijos varones viven la rivalidad con el padre y cómo las hijas luchan por atraer su atención.

La edición es muy hábil, pues las historias llevan al lector por un camino lineal en el cual las digresiones antropológicas casi no se notan o son absorbidas por la historia de vida. Al mismo tiempo, la alternación de voces en cada sección oculta la estructura jerárquica de la entrevista original en la que el propio Lewis desempeñaba una parte muy activa y dinámica, transmitiendo chismes, provocando recuerdos, preguntando por amistades y parientes; contribuía de esa manera a la construcción y conservación de la memoria colectiva.[23] De este material heterogéneo sacado de las entrevistas (y de textos escritos que incluyen descripciones minuciosas, elaboradas por sus asistentes, y de las casas, la vestimenta, los utensilios y aparatos),[24] escribió Lewis una autobiografía familiar que incluye lo típico y lo personal, las experiencias comunes de los mexicanos que viven en un barrio y las experiencias idiosincráticas de cada hijo.

De los cuatro hijos de Sánchez entrevistados, Consuelo se distingue como una anomalía, pues aunque Lewis presenta su material como resultado exclusivamente de entrevistas (sin duda identifica lo oral con la pobreza), de hecho Consuelo escribió su propia autobiografía de 170 páginas que forman parte del material editado del libro final. Es cierto que de no ser por Lewis nunca la hubiera escrito; con todo, el hecho de haberla escrito y el hecho de que Lewis no le dé importancia hablan por sí mismos. El antropólogo no considera la autobiografía de Consuelo "escritura", sino mate-

[23] Por ejemplo, en la Entrevista I (1957-1961) del Archivo de Lewis, archivero 131, series núm. 15/2/20, Lewis pregunta: "¿Recuerda cuando perdió el dinero que le dio a Roberto, cuando fue a comprar un tocadiscos o algo y la engañó?" Lewis hace con frecuencia preguntas de este tipo, que dirigen a Consuelo hacia el tema de disidencia con la familia. En la misma entrevista, Lewis pregunta si Consuelo ha escuchado en el vecindario el rumor de que su padre trató de seducir a una de sus tías. También le pidió que hablara sobre el tipo de carácter que necesitan un hombre y una mujer para pasar de la clase baja a la clase media.

[24] Oscar Lewis explica algo de su método en la introducción a *Los hijos de Sánchez* (p. XIX). También afirma que la familia era una de las 71 de una muestra elegida para estudio en la Casa Grande.

ria prima. Consuelo contribuyó también con varios ensayos sobre temas señalados por Lewis, en los que describió sus sueños, las casas en que había vivido, y habló de sus hermanos. De hecho, sentía que conocer a los Lewis había sido algo decisivo que cambió toda su concepción de la personalidad. Y así, comenta:

> Antes pensaba que no quería vivir. Siempre me negué a vivir (es el título en que había pensado para mi libro), pensando que vivía la vida como un robot, tras haber pasado por tantos acontecimientos que dejaron una marca indeleble en mi pasado y en la historia de mi vida; y por esa razón sufría amargos momentos de letargo: presa en una espiral en la que giraba, giraba, bailaba las escenas, las palabras, los actos que vivía.[25]

El escribir y la capacidad para distanciarse de la familia tienen un papel importante en esta transición. En *Una muerte en la familia Sánchez*, Consuelo describe la máquina de escribir como "la cosa que trae respeto de mí misma y orden a mi vida".[26] La tragedia de Consuelo es que al transformarse en "autora" se distancia de su pasado. Por ejemplo, en *Una muerte en la familia Sánchez*, escrita dos años después de la publicación de *Los hijos de Sánchez*, cuando Consuelo vivía por su cuenta en Nuevo Laredo, describe su regreso al viejo barrio como sigue:

> La escena frente a la vecindad de mi tía quedará grabada para siempre en mi mente. Me hizo darme cuenta de pronto de la verdad acerca de la pobreza, que expone su fealdad abiertamente ante los ojos del mundo. La pared roja de ladrillos de la vecindad servía de marco a un grupo de limosneros cobijados cerca de la entrada. Algunos estaban de pie, con las cabezas gachas cubiertas de cabellos largos y enmarañados, llenos de piojos y mugre y con las barbas tiesas y espinosas. Sus ojos enrojecidos, inmóviles, y sus bocas abiertas, tenían la expresión idiota de los alcohólicos.[27]

Consuelo "enfoca" el cuadro desde el punto de vista de un mundo acomodado para el cual la pobreza constituye el máximo pecado. Podría decirse que ha sufrido una verdadera conversión.

[25] A Consuelo se le había pedido que hablara sobre sus creencias religiosas. La transcripción se encuentra en el archivero 131. El material referente a Consuelo es muy variado. Aparte de las cintas originales, hay transcripciones de las cintas, la traducción al inglés, los ensayos que escribió como respuesta a las preguntas de Lewis, y un ensayo autobiográfico, mucho de lo cual fue incluido en el libro.

[26] Citado por Lewis en *A Death in the Sánchez Family*, p. 34. En uno de sus ensayos sobre los ideales y modelos de los adolescentes, Consuelo dice que desea serle útil a su familia y que, si es útil, se lo debe a Oscar Lewis y a su esposa, Ruth. Para ellos escribe.

[27] Citado por Lewis en *A Death...*, p. 67.

La madre de Consuelo había muerto repentinamente a los 28 años de edad, cuando Consuelo tenía cuatro años. Su padre, Jesús, tuvo que educar a sus dos hijos, Roberto y Manuel, y a Consuelo y a Marta, la menor. Al mismo tiempo tenía otra mujer con la que procreó varios hijos, cuya existencia fue mantenida en secreto durante cierto tiempo para el resto de la familia. Después de la muerte de su mujer también se unió a Elena, una joven que luego murió de tuberculosis, y tuvo otras relaciones, primero con una criada de la casa y después con Dalila, cuñada de Manuel. Como puede verse, la vida de la familia Sánchez es muy diferente del modelo de familia presentado en las películas didácticas y en los relatos populares.

Para Jesús lo más importante era ganarse la vida, y su sentido del valor está íntimamente relacionado con su papel de proveedor de la familia. Es patriarca en el verdadero sentido; lo que lo une a sus hijos no es el sentimiento, sino su responsabilidad como "cabeza de la familia". Recibe en su casa a la esposa y a los hijos de Manuel y no permite que éste o Roberto ejerciten lo que ellos consideran su justa autoridad de varones. Se opone a que Consuelo ayude a los gastos del hogar. La necesidad de proveer ocupa el lugar del afecto hacia los niños, y cuando, al final de *Los hijos de Sánchez,* resume su vida, declara que ya no puede tratar con cariño a Consuelo y a sus demás hijos: "Me hicieron gastar mucho dinero inútilmente". La única ambición que le queda cuando envejece es construir una casa a sus hijos: "Sólo un lugar modesto del que no puedan echarlos. Les servirá de protección cuando me caiga para no volver a levantarme" (p. 499).

Sánchez representa lo que Jean-François Lyotard llama "sabiduría consuetudinaria" y transmite estos conocimientos en forma de proverbios: "Como decimos aquí, pasadas 24 horas, el muerto y el arrimado apestan"... "Bueno, como dicen, 'Donde todo falta, está Dios'". El relato de Sánchez corresponde al "lugar narrativo" del remitente, que

> se basa en el hecho de haber ocupado el lugar del destinatario, de haber sido relatado uno mismo en un relato anterior, en virtud del nombre que uno lleva: en otras palabras, por haber ocupado el lugar de la referencia diegética de otros acontecimientos del relato. Lo que estos relatos transmiten es la serie de reglas pragmáticas que constituyen el vínculo social.[28]

---

[28] Jean François Lyotard, *The Postmodern Condition: A Report on Knowledge,* en *Theory and History of Literature,* 10:18-23 (Minneapolis, University of Minnesota Press, 1986).

Si bien Lyotard toma sus ejemplos de las sociedades tradicionales, su descripción puede aplicarse a Sánchez en su papel de "padre" y en su comprensión de lo que éste implica. Sin embargo, como marco para el estudio de Lewis, el relato de Jesús sirve de contraste, no de continuidad. Sus hijos Manuel, Roberto y Consuelo (pero no Marta, la más pequeña) se negarán obstinadamente o encuentran imposible desempeñar los papeles que les corresponden.

La estructura de *Los hijos de Sánchez* es interesante por la manera en que Lewis entreteje las historias. Cada uno de los hijos relata la primera parte de su vida hasta la adolescencia, luego cada uno retoma la historia hasta el casamiento y, por último, en la tercera parte, llegan al "presente" del texto, un presente lleno de desencanto y frustración. Aunque estas historias se conforman en términos generales a las fases de la vida estudiadas por los antropólogos en las sociedades primitivas, se entremezclan con otros tipos de información que tienen el propósito de ilustrar su tipicidad. Esto quiere decir que constantemente se cambia de lo particular a lo general, aunque mantiene cuidadosamente la continuidad de los discursos.[29] Por ejemplo, Consuelo comenta: "Esta nueva vecindad no·me gustaba ni tantito. Extrañaba las escaleras y las ventanas. Los patios eran largos y angostos. Vivíamos en un solo cuarto, oscuro y casi siempre estaba encendida la luz" (p. 93). Aquí hay un lapsus entre el "yo" personal y el "nosotros" comunal del relato sociológico.

Precisamente la capacidad o incapacidad para ocupar la posición del "yo" en el texto social subraya siempre la experiencia de Consuelo; por supuesto, el problema era que el "yo" sólo puede ser ocupado con comodidad por el padre de los niños o por el "padre" del texto. Uno de los aspectos más interesantes de *Los hijos de Sánchez* es cómo la narrativa de la "cultura de la pobreza" se sobrepone en el caso de Consuelo a otro relato, el de su ruptura con el padre punitivo y la transferencia a otro padre. En el libro publicado, el relato de Consuelo cuenta un fracaso. De niña se siente rechazada porque su padre lleva al hogar a su media hermana Antonia, cuya existencia no había ella sospechado nunca, y parece preferir a Antonia a los otros hijos. Cuando Antonia sufre una crisis mental, el padre se muda del departamento de la Casa Grande para ir a vivir un tiempo con la madre de Antonia. La primera parte del relato de Consuelo termina con la mudanza del padre, que coincide con sus quince años, y su transición de niña a mujer. Sin embargo, los quince años de Consuelo pasan inad-

---

[29] Véase, de Kaja Silverman, "Suture", en *The Subject of Semiotics* (Nueva York, Oxford University Press, 1983).

vertidos por la familia. En la segunda parte de su relato, Consuelo, buena alumna de la escuela, egresa muy joven para trabajar, tiene amigos y frecuenta bailes. Cuando su padre lleva a Dalila a vivir con ellos, Consuelo huye con uno de sus novios, Mario, y va a vivir con él a Monterrey. En la tercera parte relata la historia de su matrimonio desafortunado con Mario, su aborto, su regreso a la ciudad de México y sus intentos intermitentes de vivir independientemente y trabajar. Al final de la versión publicada, nuevamente se encuentra sin empleo.

Este "fracaso" no forma la trama del texto escrito por Consuelo. Por lo contrario, en su autobiografía y en muchos de los temas que escribió para Lewis, Consuelo habla en términos casi religiosos del cambio ocurrido luego de conocer a los Lewis. "Ahora es diferente. Aprendí a comprender un nuevo valor en la vida, el valor de la persona, el respeto, el afecto, la comprensión, la guía, la paciencia y la bondad."[30] Según ella, Lewis la había curado por medio de las entrevistas, dándole la fuerza para separarse de su familia. En una entrevista que no se incluye en el libro publicado, llega a asumir la voz paterna cuando habla con su hermano Roberto:

> ¿Qué crees que el doctor pensará de ti...? Digo, bueno, probablemente pensará que es por tu falta de educación, por tu falta de estudios. Y él me dice: bueno, ¿ahora qué debo hacer? Bueno, lo único que puedes hacer, le dije, es encontrar un trabajo y demostrarle al doctor y a todos que eres un hombre en el que pueden confiar.

Consuelo ve su propia vida en términos de transferencia, no sólo de un padre a otro, sino de un sistema social a otro. En el proceso de esta transferencia llega a desear el poder del padre, llega a considerarse su rival. Lo asombroso en el relato de Consuelo para *La familia Sánchez*, lo que lo hace diferente de las historias de los demás hijos, es precisamente la conciencia de sí misma, que relaciona con la censura social que la obliga a ocupar una postura femenina. Por ejemplo, cuando corre le da vergüenza "tan sólo temiendo que se me alzara el vestido" (p. 114), o, también, "ese mismo año, a la edad de 13 años, tuve mi primera menstruación. Sucedió cuando estaba yo en la escuela y me causó susto y vergüenza" (p. 115). A medida que crece, va conformándose con lo que se espera de una señorita: "yo era una señorita y no quería salir a jugar. Me vería yo mal corriendo por todos los patios" (p. 127).

[30] Las citas subsiguientes que no tienen el número de la página provienen del material de archivo de Lewis que se encuentra en el archivero 131.

Consuelo reconoce que las mujeres logran el respeto de diferentes maneras que los hombres, como objetos de admiración; y cuando sueña despierta

> Me veía yo entrando a un baile con vestido azul, bien arreglada. ¡Qué emoción! Todos voltearían a verme. Sería yo el punto máximo de atracción. Iría a mi lado un joven muy serio y bien presentado. A mi alrededor no se oiría ni una grosería. Todos me iban a respetar. Empezaría yo a bailar al compás de una música suave, lenta (p. 123).

Pero es del padre de quien más admiración y respeto necesita:

> Veía a mi padre vistiendo un traje negro, igual que mis hermanos, y sobre todo yo con un vestido azul que llevara lentejuelas para que brillara. Mi hermanita con un vestido también largo. Una pequeña orquestita tocando a la mitad del patio, no música como la que oía a diario cuando había bailes; la música de mis quince años debía ser distinta. La bebida no de mala calidad. ¡Qué bonita me iba a ver Fermín! ¡Qué pareja íbamos a formar él y yo bailando el vals, robando las miradas de todos! Mi padre desde la mesa me observaría, cómo yo, su hija, era ya una señorita (p. 126).

Su gusto por el baile, en vez de considerarse una debilidad, aquí se transforma en una representación imaginaria que inspira respeto, sobre todo en su padre. De la misma manera, cuando desea casarse con Jaime, piensa sobre todo en el papel de su padre en la boda:

> ... entrar del brazo de mi padre con mi vestido blanco hasta el altar donde me esperaría el que me iba a dar su nombre, mis damas rodeándome cuando bailara *Lindo Michoacán*, que es como el himno de los michoacanos, y el gusto que debía sentir mi papá al ver que la hija que más maltrataba y despreciaba lo había honrado (p. 269).

Cuando hace estos castillos en el aire, Consuelo desempeña el papel de la hija según las reglas del mundo del padre, aunque la realidad es algo distinta. Jesús muestra una marcada preferencia por su hija ilegítima, Antonia, y Consuelo nunca logra el reconocimiento que desea. Después de su matrimonio y de su difícil relación sexual con Mario, culpa a su padre por haberla abandonado y aceptado a Dalila: "¡Si supieras lo que hiciste, padre! ¡Tú eres el culpable de lo que en adelante me suceda! Yo continuaba llorando amargamente. Me imaginé que mi papá se daba cuenta que lloraba y también él sufrió, me pidió perdón". (p. 417) El padre le provocaba una ansiedad constante al negarse a reconocerla o al tratarla como si fuera una niña. Incluso de adulta, con frecuencia la corre de la casa. En una ocasión lo ve en la calle y corre tras él:

> ... y él me miró de arriba abajo y me dijo vete a la casa, lárgate, lárgate... y entonces, sí, papá. Me dio vergüenza porque, bueno, ya estoy grande ¿no? y no me gusta que me haga eso en la calle, y ahora que me he liberado de él completamente, dije "bueno, si no le hago daño, si no le pido nada, si no lo molesto, ¿entonces por qué sigue diciéndome eternamente que soy esto y aquello?".

Cuando en la escuela se festeja el Día de las Madres, celebración importada de los Estados Unidos, Consuelo se da cuenta de las contradicciones. Para empezar, no tenía madre que festejar, pero, como fuera, "¿por qué tanto festejo a las madres si los padres valen más? Mi padre lo compra todo y nunca nos deja solos. Debiera haber un Día del Padre, y si así fuera, me vestiría de indita o de lo que fuera". Con el tiempo reconocería que la celebración del Día de las Madres era muy penosa para ella. Ya de adulta, imagina a la madre como una estrella del cielo a la que le pide que la ayude a defenderse de su padre.

Consuelo relaciona la enajenación con la hacinada vida familiar. Nunca está sola; todo el tiempo se siente inhibida por los demás, de manera que su verdadera personalidad no tiene libertad para expresarse:

> Quiere decir que no hay libertad que expresar o por lo menos eso es lo que sucedió en mi familia, y he podido observar que lo mismo sucede con otras familias de la Casa Grande cuando alguna de mis amigas pasa demasiado tiempo frente al espejo. La madre, el padre o los hermanos empiezan a hacerle bromas. Muchas veces critican sus defectos físicos. Todo esto quiere decir que uno todo el tiempo tiene la impresión de vigilancia. Sí, quiero decir que muchas veces, cuando estoy sola y me gustaría obrar con toda libertad, no puedo.

Es significativo que sea el padre quien simbolice esta inhibición:

> Siempre estoy escuchando la voz de mi padre que me frena, que me prohíbe hacer esto o estotro. A veces pienso en las bromas de los demás y miro al espejo. A veces logro sobreponerme a lo que se ha formado en mí durante muchos años y me miro en el espejo y sonrío pensando que he superado "eso", pero casi siempre miro rápidamente a mi imagen en el espejo.

La familia biológica, sobre todo el padre, se interpone entre ella y su verdadera persona.

Sin embargo, cabe observar que Consuelo nunca emplea el arma que Marta y su media hermana, Antonieta, utilizan con tanta eficacia: la seducción. Aunque a veces siente la tentación de perder la conciencia de sí misma, como cuando experimenta el éxtasis religioso o cuando baila, es el poder del padre lo que en verdad la impresiona. Y esto es ante todo porque lo que más desea es tener poder y valor, es decir convertirse en rival del padre. Trata de sobresalir de muchas maneras, que no chocan con su condición de mujer, como alumna, bailando (para lo que es muy buena), trabajando, como madre adoptiva de los hijos de Manuel, incluso trata de ingresar al cine. En *Los hijos de Sánchez* vive sola en la ciudad de México, y en *Una muerte en la familia Sánchez* ya ha asumido el papel del padre, llevándose a los hijos de Manuel a Nuevo Laredo, donde los mantiene con su trabajo de secretaria. Sin embargo, las imágenes que emplea en la escritura constituyen la expresión más gráfica de su deseo.

Cuando sueña, Consuelo se representa a las mujeres como muñecas mecánicas. Sueña que Marta "era una muñeca vestida de azul en la punta de un pastel blanco".[31] Sobre su amiga Alicia escribe: "se me ocurrió que era como una de esas muñequitas de hojalata a las que se les da vuelta desde atrás y caminan con pasitos rápidos, cambiando todo el tiempo de dirección, a la izquierda, a la derecha, adelante, atrás, con pasitos cortos". En una de sus comparaciones más imaginativas, compara a su familia con un juego de geometría:

Mi padre es el compás; Roberto, una escuadra; Manuel el transportador, la regla... yo. Marta parece estar en este juego, pero no, sólo está ahí en el material cuadrado, y un material que repele al agua, que se pega a la pared con alguna sustancia acuosa que hace que se adhiera fuertemente. Este material cuadrado sólo ha cambiado de color, pero sigue pegado a la pared divisoria.

Es significativo que aquí Consuelo se incluya entre los instrumentos de geometría, es decir, entre los hombres. Marta es la mujer tradicional que sencillamente está ahí, como la pared: "Marta parece estar en este juego, pero no".[32] Lo interesante es que las

[31] A Consuelo se le pidió específicamente que hablara de su hermana.
[32] A Consuelo le pidieron los Lewis específicamente que contestara a la pregunta "¿Qué clase de carácter necesitan un hombre o una mujer para subir de la clase baja a la clase alta?" En una entrevista habla de un sueño que no le gustó, en el que estaba junto a una cascada y le daba miedo mojarse. Está a punto de arrojarse a ella cuando despierta. Este sueño y otros corresponden a una metáfora recurrente sobre el remolino, que también emplea para hablar sobre momentos en que se olvida de sí misma y que indican su impresión de pérdida de la identidad.

dos comparaciones parecen sugerir el mundo de lo simbólico constreñido por reglas; pero mientras Marta no puede imaginarse como instrumento, Consuelo sí se incluye entre ellos.

Lo irónico en el caso de Consuelo es que nunca llega a tener voz propia: después de liberarse de la familia es el discurso de la modernización el que habla a través de ella. Cuando Lewis le pide que comente algunos proverbios, ella destaca los que parecen obligar a la gente a aceptar su situación en la vida, por ejemplo: "El que nace pa' maceta, del corredor no pasa". Así, escribe:

> Escuché esto muchas veces a mi alrededor: los vecinos, los amigos, mi tía Trinidad, e incluso mi padre... también en las ferias he escuchado decir esto mismo con otras palabras; y luego, sin atreverme a hablar abiertamente de lo que pensaba, lo analizaba durante meses, hablando conmigo misma. Me daba miedo decirlo abiertamente, porque temía que la mayoría me aplastara, y que dijeran que yo siempre iba contra la corriente, la corriente de la vida, y que entonces "¿quién sabe qué sería de mí?"

De la misma manera reflexiona sobre la afirmación de que "es el destino": "Con estos proverbios y algunos otros que analicé, llegué a la conclusión de que uno no puede hacer *lo que quiera,* y que no puede ir contra los designios de Dios" (en cursivas en el original). Esta conciencia marca el distanciamiento del padre biológico y su aceptación de un discurso de la modernización. El lenguaje es importante en este proceso, como lo indica su rechazo del habla de la calle:

> En la calle, en el patio, en la vecindad, en la tienda, y también en el cine y en el radio, y también cerca de mí, oía a mis hermanos usar dichos y caló, palabras que no comprendía. Y aunque esto parezca increíble, guardaba estas frases en la cabeza y las analizaba, tratando de descubrir la relación entre las palabras gramaticalmente incorrectas de la expresión en caló. Por ejemplo, algo tan sencillo como "Güeno, mano, a'i nos vidrios", yo lo pensaba y lo pensaba una y otra vez.

Sigue un prolongado análisis de por qué la gente de la clase baja pronuncia *güeno* en vez de "bueno"; percibe que el habla coloquial constituye la solidaridad de grupo. Sin embargo, cobra conciencia de sí misma en oposición a esta solidaridad.

> De esta manera yo rechazaba y me resistía a su manera de expresarse. Cuando analizaba esto "estaba dormida... en las nubes... soñando des-

En otro sueño sobre un remolino, la rodean hileras de hombres, algunos vestidos de blanco y otros de rojo, que dan vueltas a su alrededor hasta que desaparecen y ella se queda sola en la calle. Se encuentra en el archivero 131 de Lewis.

pierta" y en esos momentos me aislaba conscientemente de los grupos de niños y jóvenes que "lanzaban" sus palabras sin darse cuenta de que alguien las "cachaba".

Este distanciamiento se explicará también cuando dramatiza escenas familiares como las siguientes:

(2:30 o 3:00) Llega Manuel. Lleva puestos sus pantalones de mezclilla o caqui (corrientes) y tiene las manos en los bolsillos. Marta está en el patio jugando a las canicas. Consuelo escucha a Santitos, que reza sus oraciones. Roberto se cuelga de las cañerías del techo. Santitos está cerca del brasero, sentada, con un vestido negro y con el rosario en las manos. Ramón está sentado a la mesa de la cocina con la cara apoyada en las manos; ríe al leer los monitos. Cuando Manuel entra, mira furtivamente alrededor del cuarto.

MANUEL: ¿Qué tal, Santitos? ¿Ya comiste?

SANTITOS: No, hijo, come... oye nada más lo que le digo a tu hijo.

MANUEL *(sonriendo):* Está bien, ya comimos, quiubo, tú, ¿qué estás haciendo?

RAMÓN *(despegando la mirada de sus monitos):* Estoy leyendo Rolando el Rabioso (una historieta) y este flacucho... mira nada más *(ríe),* está tan flaco y pelea *(ríe, etc.).*

MANUEL: Sí, esos monitos son buenos. También a mí me gusta leerlos.

Entonces Consuelo sale a llamar a Marta y la encuentra en cuclillas con las piernas abiertas y un ojo cerrado, lista para tirar la canica con que ganará. Cuando Consuelo la ve así y se acerca a ella, casi le grita: Tienes que venir a comer.

M *(furiosa):* Condenada flaca... sólo por ti perdí mi turno, ahora no voy.

C: Así que no vienes... Te cargaré, pero más vale que vengas.

M: Bueno, entonces cárgame, condenada flaca.

C: Ven, ya están sirviendo la comida. Si no vienes se lo diré a Manuel.

M: Anda, díselo, creo que piensas... que me muero de miedo, me muero de miedo... anda, díselo *(sus amigos están atentos).*

C: Vamos, Marta, te digo que vengas.

M: No voy, no voy, eres muy macha, entonces cárgame.[33]

Lo interesante de estas escenas es que en ellas Consuelo asume la posición del observador, de la teórica o quizá la etnóloga. La escena no sólo separa a Consuelo de la cotidianidad de su familia;

[33] Entre las transcripciones del archivo se encuentran varias de estas piezas cortas, y varios textos en los que el flujo interno de la conciencia de Consuelo se despliega. No está claro si la idea de presentar las cosas de esta manera fue de ella o de Lewis.

también muestra su capacidad para objetificar a su familia y la
posición que ocupa en ella. Se ha convertido a sí misma en un
personaje del drama familiar, el que ocupa el lugar del padre au-
sente. Con el tiempo no sólo tratará de asumir la autoridad del
padre, sino que se desempeñará como un padre más moderno y
responsable. Ella reúne la fianza de Roberto cuando lo meten a
la cárcel; denuncia a su hermano Manuel ante los Servicios Sociales cuando éste se niega a mantener a sus hijos. También su sueño es restaurar la familia que nunca existió, restaurar la comunidad "perdida" de sus hermanos.

Obedecer las reglas es una manera de borrar la disparidad entre la persona y el texto social. Sin embargo, hay otra manera de
superar esta disparidad: renunciando por completo a la individualidad. En una época, Consuelo sueña con ingresar al convento; a veces la disparidad se vuelve intolerable, sueña con la muerte. Cuando se fuga con Mario, se siente borrada como persona,
como alguien que vive fuera del código social aceptado. Al recordar este episodio no siente placer, ni siquiera un placer culpable;
al contrario, lo evoca como un periodo de gran sufrimiento. Después del aborto sufre una depresión en la que desea morir.

Me sentí libre de todo lo que pesara, libre del cuerpo, como si de
pronto me hubiera dividido en dos. Una parte flotaba y la otra quedaba en cama. "Al fin", murmuré, y sentí una sonrisa en mis labios. Sin-
tiéndome tan livianita como nunca antes me había sentido lo vi ahí,
en el techo, a Él. Había una cruz luminosa de color verde —un verde
no igual al color— y en el centro una llamita. Parecía como si me
fuera incorporando. Ya no sentía el cuerpo adolorido. Flotaba yo en
el aire, era yo una especie de velo que poco a poco se levantaba. Era
algo tan hermoso lo que sentí que no encuentro palabras exactas
para decirlo. Sólo podría decir que con un zigzag entré en la nada. Se
me había cumplido lo que toda la vida había esperado.

Quizá "lo que toda la vida había esperado" no era precisamente
la muerte, sino el fin de la conciencia de sí misma que para ella
significaba sufrimiento y aislamiento. Los tiempos más felices son
aquellos en que desaparece su conciencia de sí misma, por ejemplo, cuando baila y "la música penetró tan profundamente en mí
que apenas me daba cuenta de quién bailaba conmigo".

En la narrativa de la modernización, la devaluación de la madre
es significativa, no porque haga que la joven desee ser un hombre
que tenga el poder del padre, sino porque la descentraliza como
sujeto. Si se puede sustituir al padre, entonces apenas hay un
paso a que no haya necesidad de padre, basta un sustituto, que
puede ser una máquina de escribir. La ley ya no es necesariamen-

te la Ley del Padre, sino más bien el flujo disperso del mercado, en el cual la identidad sexual nunca está fija, donde un objeto de deseo pronto es remplazado por otro. Las mujeres como Consuelo, que no encuentran lugar en la ideología nacionalista, se sienten liberadas al emanciparse del padre autoritario. Empero, en el caso de Consuelo, esta liberación es sumamente ambigua; le permite asumir el lugar del etnógrafo y distanciarse de su propia familia, como si no perteneciera a ella, pero no le permite encontrar voz propia.

La historia de Consuelo provoca interrogantes acerca de la concientización de la mujer subalterna. La familia tradicional era opresiva, sobre todo cuando, como en el caso de Consuelo, conocía de cerca el destino de la madre. Esta conciencia de la opresión hizo que tratara de superar su situación adquiriendo el poder del etnógrafo. Cuando murió Guadalupe, la mujer que había criado a algunas de las medias hermanas de Consuelo, ésta escribió:

> Ahora mi viejita está muerta. Había vivido en un humilde nidito lleno de mugre, de ratas, de suciedad, de basura, escondido entre los pliegues del vestido de noche de la elegante señora: la ciudad de México. En ese "sólido cimiento" comía mi tía, dormía, amaba y sufría. Por uno o dos pesos le daba posada a cualquier hermano de miseria a fin de poder pagar su exagerada renta de treinta pesos. Barría el patio todos los días a las seis de la mañana por quince pesos mensuales, destapaba las coladeras de la vecindad por otros dos pesos, y lavaba una docena de ropa por tres. Por tres veces ocho centavos norteamericanos se encadenaba al lavadero de las siete de la mañana a las seis de la tarde.[34]

En este caso, una de las palabras clave es "norteamericanos"; la traducción de dos pesos como "tres veces ocho centavos norteamericanos" devalúa a Guadalupe e implícitamente legitima la vida más "valiosa" elegida por Consuelo. Según Freud, la crisis edípica de la niña ocurre cuando se separa de su madre y cuando se transfiere su deseo primero al padre y luego a un hombre que se le parece. Consuelo consigue algo mejor; su deseo se fija en alguien más poderoso: el etnógrafo. El único inconveniente es que, para escapar del padre, debe transformarse en la voz de su amo.

---

[34] En la obra de Lewis, *A Death in the Sánchez Family*, p. 36.

VIII. REINVENTANDO LA FAMILIA: EL FEMINISMO CONTEMPORÁNEO PASA REVISTA AL PASADO

COMO ahora debiera ser obvio, en su lucha por el poder de la interpretación, las mujeres con frecuencia han tenido que recurrir a géneros no canónicos que no pertenecen a la esfera pública (por ejemplo, el epistolar); en otros casos, sus escritos han sido expropiados y llevados a la esfera pública como si fueran textos "masculinos" (hagiografías, alegorías nacionales o textos etnográficos). A fines de los años sesenta, sin embargo, nuevas instituciones competían con la nación y la religión por el poder interpretativo. Los medios masivos de comunicación, sobre todo la radio, la televisión y las tiras cómicas, "internacionalizaron" la cultura, subvirtiendo en algunas instancias los ideales nacionales; este imperialismo cultural podía tener aspectos emancipatorios, como se veía en la rebelión de la juventud de 1968. Muchos intelectuales, por ejemplo José Revueltas, apoyaban las manifestaciones de los estudiantes que protestaban por la intervención del ejército en la Universidad Autónoma, viendo en la nueva generación una fuerza de cambio.

Las mujeres participaron con entusiasmo en estos movimientos que sacudían la rigidez de la familia mexicana de clase media. El 2 de octubre de 1968, el ejército atacó a una pacífica manifestación estudiantil matando a cerca de setecientos estudiantes y encarcelando a gran número de los participantes, para restaurar "la ley y el orden"; sin embargo, México ya no volvería a ser el mismo. El movimiento estudiantil fue un síntoma de la incapacidad del gobierno para controlar con la eficacia de antes la heterogeneidad de la vida mexicana. Con sobrada razón, el 68 es considerado un momento clave en la historia de México; antes se creía que el país marchaba unido hacia una meta común de mayor igualdad y justicia social, después esta meta común se vuelve ilusoria. En la literatura, el cambio se reflejó en la creciente producción de la literatura regional, en el surgimiento de nuevas formas de cultura urbana popular, y en los movimientos de mujeres que se formaron fuera de los partidos oficiales.

Dos de los textos sintomáticos de este periodo son de Elena

REINVENTANDO LA FAMILIA 219

Poniatowska: *La noche de Tlatelolco* y *Hasta no verte, Jesús mío*.[1] El
primero de estos textos (basado en un *collage* de grabaciones de
voces de quienes participaron en las manifestaciones estudian-
tiles de 1968) tuvo un éxito instantáneo; respondía al silencio del
gobierno acerca de la matanza de Tlatelolco. El segundo es la historia de la vida de Jesusa Palancares, una mujer del pueblo. Este
texto provoca importantes interrogantes acerca del género y cuestiona directamente el tipo de discurso etnográfico representado
por *Los hijos de Sánchez*, de Oscar Lewis. Además constituye un desafío a teorías literarias e intelectuales que habían descartado a la
vida cotidiana por trivial, insistiendo en la trascendencia de la literatura sobre la praxis social.

En *El arco y la lira*, ensayo escrito durante los años cincuenta,
Octavio Paz destacó a la poesía como el espacio en el cual la existencia fragmentada podía integrarse en un todo, y en el cual el
lenguaje se desprendía de su corrupta mortalidad.[2] La vida diaria
se introduce en su poesía sólo como la manifestación fragmen-
taria de un mundo alienado. Este deseo de trascendencia también marca a la obra del novelista Carlos Fuentes, sobre todo la
tensión que aparece en su obra entre lo efímero y lo arquetípico.
Aura, una novela corta escrita en 1962, ilustra de manera extraordinaria la simbolización de la diferencia de género sexual que
subyace a esta tensión.[3] En esta novela, un historiador ambicioso
en busca de trabajo recibe el encargo de publicar las memorias
de un general del siglo XIX, partidario del emperador Maximiliano. Para organizar el manuscrito, acepta vivir en la casa de la viuda del general, un edificio viejo y caótico que perdura en medio
de la ciudad moderna. El historiador se encuentra en un lugar
encantado, completamente separado del mundo exterior, habita-
do por la hermosa nieta, Aura, cuya doble es la viuda del general;
la seducción de Aura lleva al historiador enfermo a habitar la esfera de la sexualidad, que también es la esfera de la muerte.
Cuando al fin se acuesta con Aura, el rostro y el cuerpo de ésta se
transforman en el cuerpo anciano de la viuda del general; el historiador ha llegado a ser el sustituto del general muerto. No hay
identidad propia en el sexo ni en la muerte.
La casa encantada de Fuentes tiene un curioso parecido con la

[1] Elena Poniatowska, *La noche de Tlatelolco* (México, Era, 1971), y *Hasta no verte,
Jesús mío* (México, Era, 1969). Charles M. Tatum, en su artículo "Elena Poniatowska's *Hasta no verte, Jesús mío*, traduce el título como "Until I See You, Dear Jesus",
en Yvette E. Miller y Charles M. Tatum, comps., *Latin American Women Writers: Yesterday and Today*, en *Latin American Literary Review* (1977), pp. 49-58.
[2] Octavio Paz, *El arco y la lira* (México, Fondo de Cultura Económica, 1956).
[3] Carlos Fuentes, *Aura*, 2a. ed. (México, Era, 1964).

institución literaria, en cuanto se trata de la confrontación intem-
poral con Eros y Tanatos, encarnados en la mujer. La literatura
pertenece a un espacio atemporal, y fuera de la vida cotidiana
que el historiador abandonó cuando traspasó el umbral mágico.
Aura puede leerse como una fábula que refleja el temor del varón a perderse; a traspasar los límites; al mismo tiempo refleja el
temor de traspasar los límites del discurso literario. El protagonista, al abandonar la vida cotidiana, el flujo sin permanencia,
degradado, también abandona la esfera pública, pasando a la esfera de la sexualidad y la muerte, donde ya no tendrá identidad.
El dilema del protagonista de *Aura* se debe a la oposición (que
marca la diferencia entre géneros sexuales) entre la esfera pública de la historia y la esfera privada dominada por la naturaleza y
por lo femenino. La Historia, que al mismo tiempo constituye la
inmortalidad de la sociedad y la del individuo, se ve amenazada
tanto por la rutina sin sentido como por el ciclo eterno del sexo y
la muerte, encarnado por la Mujer-Vampiro. El relato no tendría
sentido sin el protagonista, puesto que la identidad pública del
varón es lo que está en juego, y el sacrificio del individuo histórico
es lo que da nueva vida a las fuentes arquetípicas de la literatura.

La novela de Fuentes no debe considerarse un caso aislado, sino
más bien un síntoma de la constitución de lo literario con base en
la separación simbólica de géneros sexuales. Desde el punto de
vista de tal institución literaria, *Hasta no verte, Jesús mío* sólo podría
parecer una aberración, empezando por el problema de cómo
situarla: no pertenece a lo puramente literario (en el sentido de
Fuentes) ni se puede considerar como texto etnográfico aunque
se basa en una historia de la vida de la clase subalterna, como *Juan
Pérez Jolote,* el relato de un chamula transcrito por Ricardo Pozas.[4]

Estas historias de vida son híbridos que, con frecuencia, como
señalé en el caso de Oscar Lewis, pasan de lo idiosincrático a lo individual. Elena Poniatowska había trabajado brevemente como
ayudante de Oscar Lewis y, en *La noche de Tlatelolco,* utilizó la grabadora con mucho ingenio para registrar la experiencia colectiva. En *Fuerte es el silencio*[5] hizo la crónica de los marginados política y socialmente. Sin embargo, *Hasta no verte, Jesús mío* se distingue
de la etnografía grabada en varios aspectos importantes, pues
aunque Elena Poniatowska entrevistó a Jesusa Palancares (cuyo
verdadero nombre era Josefa Bórquez), ésta no siempre le permitía grabar.[6] En segundo lugar, no hace transparente su papel

[4] Ricardo Pozas, *Juan Pérez Jolote* (México, FCE, 1965).
[5] Elena Poniatowska, *Fuerte es el silencio* (México, Era, 1980).
[6] Escrito inédito de Elena Poniatowska. Resulta interesante contrastar el méto-

de intermediaria; su texto no incluye ninguna explicación sobre la manera en que reunió el material, y el largo monólogo de Jesusa en primera persona muy raras veces indica la presencia del interlocutor. Lo mismo puede decirse de los textos de Ricardo Pozas y de Oscar Lewis; lo que diferencia a *Hasta no verte, Jesús mío* es la falta de "tipicidad" etnográfica. *Chamula* y *Juan Pérez Jolote*, de Ricardo Pozas, así como *Los hijos de Sánchez* y *Pedro Martínez*, de Oscar Lewis, ilustran maneras de vivir: muestran cómo lo subalterno está sujeto a las reglas y costumbres. En contraste, Jesusa es sumamente idiosincrática: no ilustra nada, no representa a ninguna comunidad. Si acaso representa algo, es lo que Gayatri Spivak ha llamado "la soledad de la mujer subalterna en cuanto mujer". La "novela" de Elena Poniatowska no tiene lo que es típico de la etnografía, y tampoco trasciende la vida diaria como la trascienden la historia y la literatura. Por otra parte, como no se trata de la transcripción de una grabación, sino de la recreación que hace Elena de la voz de Jesusa, he preferido considerarla como una colaboración de autoras que, por esto mismo, evita el problema de la jerarquía del escritor y la del informante, de la escritura y la voz.

Elena Poniatowska conoció a Jesusa en una visita a la cárcel; le llamó la atención su fuerte personalidad.[7] Trató de captar el registro de esta vida idiosincrática y privada sin hacer de ella una alegoría, ni considerar a Jesusa como representativa. Jesusa era una mestiza nacida a principios del siglo en el istmo de Tehuantepec. Su madre murió prematuramente y la crió su padre, aunque ella nunca se sintió segura de su afecto, y sus relaciones con otras mujeres la llenaban de celos. Desde muy pequeña empezó a trabajar como criada sin sueldo en casas particulares.

Como no sabía leer ni escribir, no tenía manera de comunicarse con su padre cuando éste salía en busca de trabajo. Con todo, durante la Revolución lo siguió al frente de batalla.

El padre la repudia brutalmente y quiere obligarla a casarse con un militar. Trata ella de evitar el casamiento volviendo a Tehuantepec, pero finalmente acepta el matrimonio con Pedro, a pesar de no sentir mucho cariño por él. Vive como soldadera, va a la vanguardia del ejército para preparar la comida de los soldados, se arriesga muchas veces y, cuando Pedro muere en combate, dirige la retirada de la tropa. Aunque tiene la posibilidad de

do de Poniatowska con un más convencional proyecto de historia oral; véase Griselda Vegas Muñoz, *Emilia, una mujer de Jiquilpan* (México, Centro de Estudios de la Revolución Mexicana "Lázaro Cárdenas", A. C., 1984).

[7] Escrito inédito de Poniatowska.

tomar el mando de Pedro prefiere volver a la ciudad de México donde desempeña una serie de oficios, sin perder el gusto por la vida militar. En una ocasión trata de regresar al ejército.

Sería un error interpretar las actividades de Jesusa como pruebas de rasgos de carácter "masculinos"; y no conforme con los estereotipos de masculino y femenino: no es ni María Félix ni Pedro Armendáriz; si se muestra viril en los combates, también cumple el papel maternal al "adoptar" a algunos huérfanos y perros extraviados. En la ciudad de México acepta los trabajos y los amigos que se le ofrecen. Como es analfabeta, su mundo está restringido siempre a lo inmediato. No posee familia propia, por lo que inventa abuelas, hermanos y demás parientes con quien esté a la mano. Trabaja en restoranes y fábricas, en un salón de baile, limpia casas. Impresiona su soledad. Sólo una vez, después de la Revolución, tiene vida de familia, cuando se lleva a vivir con ella a Perico, el hijo de una amiga muerta. Jesusa se preocupa mucho por él; en cambio, él le quita el dinero y huye de su casa. Como sujeto, Jesusa es elusiva; afirma que se siente extraña dondequiera y que repudia lo que queda de su familia, así como repudia su nacionalidad, declarando que "no es mexicana". Este repudio de la familia y de la patria explica en parte sus extrañas creencias religiosas. Al escapar milagrosamente de una balacera, llegó a convencerse de que tenía un protector espiritual; decide pertenecer a la Obra Espiritual, grupo que cree en la reencarnación y en que la vida presente es un proceso de purgación de las vidas pasadas; está guiada por Mesmer y Charcot. El guía de Jesusa es Luz de Oriente, el espíritu de un hombre que la había asesinado en otra vida, pero que ahora la protege.

Por supuesto, Jesusa no inventó esa religión. La emigración a las ciudades, donde el poder de los sacerdotes católicos es menor, había animado a las sectas evangélicas y pentecostales a establecerse en la ciudad de México. No obstante, tiene un gran significado el que Jesusa eligiera la Obra Espiritual. La reencarnación se opone a la identidad fija y la idea humanista de la persona, e introduce un concepto de la inmortalidad muy diferente de la cristiana o de la inmortalidad que alcanzan en el mundo los hombres de genio. Al mismo tiempo, la importancia que tienen para ella los históricos Mesmer y Charcot, así como la mística Luz de Oriente, indican que Jesusa se consideraba ante todo como un medio para el conocimiento esotérico.[8]

---

[8] Según Poniatowska, que obtuvo sus datos de la Secretaría de Gobernación, había 160 templos espiritualistas en el Distrito Federal, aunque afirma que sus devotos nunca rompen completamente con el catolicismo. Dice que la "Obra Espiritual

Hasta no verte, Jesús mío puede interpretarse también comparándolo con los relatos de modernización que empezaron a dominar en el mercado de la literatura popular en los años sesenta. Las nuevas técnicas de la literatura de masas, como la fotonovela y la novela semanal, ofrecían modelos de conducta.[9] Muchas veces, las novelas semanales eran de tipo dialéctico, ofreciendo una moraleja que tenía el fin de propagar unas relaciones humanas más modernas, compatibles con la incorporación de la mujer a la fuerza de trabajo. Empero Jesusa, repudiada por el viejo patriarcado (el padre), no se siente protagonista de la narrativa de la modernización: es decir, los relatos que narran la transformación de una ética comunitaria en una ética individualista de la nación-Estado capitalista.

En cambio, Jesusa se crea una personalidad móvil, pasajera, que no está limitada por lo femenino. La Revolución constituye un paréntesis de libertad entre el viejo estilo de patriarcado que esclavizó a su madre, y el nuevo, que limita su independencia debido a su aislamiento y a su necesidad de sobrevivir. Paradójicamente, a pesar de su confianza en sí misma y de su espíritu vital, a pesar también del sentido de poder que le da la religión, está convencida de la pobreza de la vida moderna, de la degeneración de la gente en la ciudad moderna, y de la insignificancia de los individuos. Se destaca esto de dos reflexiones acerca de la muerte que abren y cierran el libro. El epígrafe que precede al texto dice:

Algún día que venga ya no me va a encontrar; se topará nomás con el puro viento. Llegará ese día y cuando llegue, no habrá ni quien le dé una razón. Y pensará que todo ha sido mentira. Es verdad, estamos aquí de a mentiras: lo que cuentan en el radio son mentiras, mentiras las que dicen los vecinos y mentira que me van a sentir. Si ya no le sir-

---

siempre era oscura y a menudo incomprensible" para ella, y que a los devotos no les gusta que los interroguen. "Hablaban de Allan Kardec, de su padre y protector Manuel Antonio Mesmer, y así descubrí a Franz Anton Mesmer, fundador del mesmerismo y de la célebre 'varilla magnética', así como los experimentos de hipnosis que el doctor Charcot practicó con esquizofrénicos en La Salpetriere." Poniatowska observa que hay diferencia entre espiritualismo de clase media y los *espiritualistas* de las clases bajas. Luz de Oriente es uno de los espíritus mexicanos que obedecen a Roque Rojas (o Padre Elías). Roque Rojas, "quien se volvió el Padre Elías en 1866, es el fundador del *espiritualismo*". Luego, Poniatowska pasa a describir el bautizo de Jesusa y su recepción en esta iglesia, después de lo cual tuvo una visión. Luego, Jesusa abandonaría la iglesia porque la gente la despreciaba (Poniatowska, escrito inédito).

[9] Véase Jean Franco, "The Incorporation of Women: A Comparison of North American and Mexican Popular Narrative", en Tania Modleski, comp., *Studies in Entertainment: Critical Approaches to Mass Culture* (Bloomington, Indiana University Press, 1986).

vo para nada, ¿qué carajos va a extrañar? Y en el taller tampoco.
¿Quién quiere usted que me extrañe si ni adioses voy a mandar?

Al final de la "novela", Jesusa recuerda de nuevo que la muerte
se acerca, pero desea elegir el lugar donde la alcanzará a fin de
no morir en la ciudad, entre vecinos curiosos e indiferentes.

¡Que Dios se acuerde de mí porque yo quisiera quedarme debajo de
un árbol por allá lejos! Luego que me rodearan los zopilotes y ya;
que viniera a preguntar por mí y yo allá tan contenta volando en las tripas
de los zopilotes. Porque de otra manera, se asoman los vecinos a mirar que ya está uno muriéndose, que está haciendo desfiguros,
porque la mayoría de la gente viene a reírse del que está agonizando.
Así es la vida. Se muere uno para que otros se rían. Se burlan de las visiones que hace uno; queda uno despatarrado, queda uno chueco,
jetón, torcido, con la boca abierta y los ojos saltados. Fíjese si no será
dura esa vida de morirse así. Por eso me atranco. La dueña, la Casimira, tendrá que venir a tumbar la puerta para sacarme ya que esté tiesa
y comience a apestar. Me sacarán a rastras, pero que me vengan aquí
a ver y que digan que si esto o si lo otro, no, nadie… nadie… Sólo
Dios y yo. Por eso yo no me quiero morir en el Defe sino por allí en
una ladera, en una barranca como mi papá que murió en el campo
abierto debajo de un árbol. Así me diera Dios licencia de caminar. Es
muy bonito saber la hora de su muerte de uno. Yo se lo pido a Dios
para prepararme y caminar hasta donde sea su voluntad, y allí servirle
de pasto a los animales del campo, a los coyotes, como Pedro el que
fue mi marido. No es que no quiera que me entierren, pero pues
¿quién quiere que me entierre? Dirán: —En caridad de Dios, ya se
murió esta vieja raza.

Jesusa *decide* que la entierren extramuros a fin de ser presa de
las aves, de ser olvidada por la polis; correrá la misma suerte que
su marido y su padre, y todos los muertos anónimos de México.
En su caso, la comunidad y la familia con que las heroínas de Rosario Castellanos y Elena Garro sostuvieron relaciones tan ambiguas, se han desintegrado por completo. Su nombre no sobrevivi-
rá a su muerte, ni siquiera en la limitada posteridad de la familia.
Jesusa renuncia abiertamente a la idea de que la vida de una
persona tenga significado; tampoco se siente superior a la naturaleza. Lo que revela su vida es la soledad radical de las clases subalternas, una soledad que no debe confundirse con el individualismo. Esta soledad tiene que ver con que sea una extraña en la
tierra, con que pertenezca a la vieja raza destruida por la modernidad. Sin embargo, su vida cotidiana es lo que marca el espacio
de esta heterogeneidad, más allá de tantas ideas grandiosas y
abarcadoras como las de clase, raza y patria. La conciencia forma-

da por esta experiencia no es la conciencia de la individualidad ni de la solidaridad femenina, sino más bien una conciencia vaga que se solidariza con los muertos y que la lleva a repudiar tanto al presente como a la propia Poniatowska.

La historia de Jesusa no tiene moraleja. No nos conduce a ninguna conclusión en particular acerca del estado de la nación o de los pobres. No se trata solamente de una biografía espontánea, sino de una relación compleja entre el narrador y su interlocutor, que termina recalcando la disparidad de sus proyectos. Después de comunicar su último deseo a su interlocutora, Jesusa termina su historia con las palabras "Ahora ya no chingue. Váyase. Déjeme dormir".

"Chingar" el insulto mexicano más común, es lo que los hombres hacen siempre a las mujeres. Elena Poniatowska se encuentra en la situación del macho: le extrae información y conocimientos (como dice Gayatri Spivak) a una "informante nativa" que sólo desea dormir. Que la conciencia de Jesusa no pueda hacer más que dormir nos deja con la gran pregunta —la cuestión de cómo puede romperse esa soledad, cómo puede comunicarse Jesusa con alguien que no sean los muertos— de cómo emplearemos su historia. ¿Dejaremos que se pierda en lo efímero del saber popular o mediante la escritura daremos publicidad a estos relatos? Hay muchas semejanzas entre *Los hijos de Sánchez* y *Hasta no verte, Jesús mío* que merecen comentarse, dada su pertinencia para los escritos femeninos del México contemporáneo; ambos destacan el poder del padre. Hasta ahora la definición abarcadora que se ha dado al término de "patriarcado" ha limitado la discusión. Sin embargo, para Consuelo Sánchez, el padre biológico y patriarcal no ocupa el mismo lugar que el padre paternalista del discurso de la modernización. Puede verse que existen diferencias entre la posición del padre en el discurso colonial, la del padre ideal en el discurso nacional, y la del padre como proveedor en las clases subalternas. Es verdad que en todos estos casos el padre es la fuente de poder y autoridad, pero esa autoridad adquiere matices muy distintos cuando se identifica con algún significado social más amplio: la verdad religiosa, la patria o lo moderno.

Cualquier intento de ver a la familia de otra manera que no sea un patriarcado, o como un conjunto de figuras pertenecientes a una alegoría nacional, debe ser utópico o parte de la ciencia ficción. *Cuando el aire era azul*, de María Luisa Puga,[10] que al principio parece una novela utópica, resulta una distopía. Al iniciarse el relato, los habitantes de una comunidad, entre ellos Tomás y

[10] María Luisa Puga, *Cuando el aire era azul* (México, Siglo XXI, 1980).

Marisa, viven en una sociedad posrevolucionaria regida por principios igualitarios. A Tomás le preocupan la burocracia y el estancamiento de la sociedad, así como su relación con Marisa. A pesar de las relaciones de igualdad entre hombres y mujeres, surgen los celos y la desconfianza; con el tiempo, Marisa y Tomás se separan y se juntan con otros compañeros.

Sin embargo, María Luisa Puga parece dar por un hecho que todas las relaciones son heterosexuales, que la juventud es menos corrupta que la vejez, que un hombre —Tomás— registrará la historia de la sociedad utópica, la sociedad del "aire azul", corrompida por la influencia de un "país vecino" que introduce una sociedad de consumo y varias formas de opresión insidiosas, porque en él la preocupación principal era volver aceptable la visión del mundo que se consideraba racional, y en la cual era primordial que la comunidad aceptara su situación, su dependecia moderada y la libre empresa.

Esta novela trata de la actualización de la alegoría nacional, una puesta al día que no cuestiona la heterosexualidad en ninguno de los órdenes: el utópico o el distópico.

Las genealogías, de Margo Glantz,[11] es un intento distinto de concebir una relación padre-hija que no es una relación de poder. En esta biografía, la primera generación de judíos rusos exilados son distintos culturalmente de la generación de la autora, integrada a la cultura mexicana. En este caso, la discrepancia entre las culturas no permite que Margo Glantz se considere un sujeto único, sino que le conduce a reconocer formas de vivir que son suyas por herencia, aunque al mismo tiempo le son ajenas. Lo que demuestra el libro de Glantz es la diferencia en la familia que produce la experiencia del exilio. Su padre tenía un café pero también era literato y escribía en yiddish, idioma minoritario. Glantz propone convertirse en la Telémaco de este Ulises, la heredera de una tradición que no provenía de una posición de poder, sino del exilio.[12]

El padre "no tiene territorio". No puede hacerse de él una metáfora del Estado o del poder del Estado, pues representa a una voz que está fuera·de la cultura dominante. A través de él encuentra Margo Glantz los hilos que le permiten tejer la historia familiar, una historia que será siempre incompleta y que sólo puede captarse durante paseos por calles que ya han cambiado, a través

---

[11] Margo Glantz, *Las genealogías* (México, Martín Casillas, 1981).
[12] Véase Gilles Deleuze y Felix Guattari, "What is a Minor Literature?" en *Kafka: Towards a Minor Literature*, Dana Polan, trad. (Minneapolis, University of Minnesota Press, 1986).

de fragmentos de escritura, por medio de relatos transmitidos por las generaciones mayores. Aunque Margo Glantz toma un camino muy diferente del de María Luisa Puga, también representa a la familia como un espacio para la sobrevivencia, en el que se cuestionan y niegan los valores ideológicos dominantes.

Sin embargo, varias novelas contemporáneas impugnan y desautorizan esta posición del padre. En la popularísima *Arráncame la vida*,[13] de Ángeles Mastretta, situada en los años treinta y cuarenta, el general Andrés Ascencio, hombre muy mujeriego, se casa con Catalina, una muchacha de apenas 15 años; durante mucho tiempo Cata parece ser una esposa dócil a pesar de ser testiga de la crueldad, corrupción y falta de humanidad del general. La novela presenta la otra cara del mito del macho, pues la personalidad autoritaria del general genera un resentimiento oculto y el deseo de venganza que sólo puede satisfacerse cuando ha muerto y está enterrado. En ese momento Catalina vislumbra el futuro, "casi feliz". En la alegoría antinacional, la mujer se libera cuando muere el macho.

La novela de Ángeles Mastretta, escrita en primera persona, presenta la vida privada, que es otra cara de la pública: en una época en la cual los héroes revolucionarios se han degenerado; y lo heroico consiste en la conquista de las mujeres y el asesinato de los rivales. No obstante, existen diferentes maneras de minar al patriarcado. En *Mejor desaparece*, de Carmen Boullosa, el mito patriarcal se escribe como si fuera una fantasía gótica.[14] Según la autora, se trata de una novela de "parricidio", que describe una familia en la que la madre ha muerto. Todas las hijas tienen nombres de flores, como partes de una naturaleza que rápidamente va desapareciendo. El padre, quien intenta imponer su ley, ya no es capaz de emitir un discurso coherente. En un momento dado, se obsesiona por la limpieza; en otro, permite que la casa sea invadida por las ratas. En las paredes de la casa aparecen garabatos indescifrables, tan imposibles de comprender como los documentos jurídicos que el padre envía a sus hijos. En otras palabras, el "padre" se ha vuelto un espacio intolerablemente contradictorio, y los sujetos ya no se colocan en forma natural dentro del orden simbólico. Al comienzo de la novela, el padre introduce en la casa una "cosa", un objeto repugnante, que sólo se puede recoger sosteniéndolo en una caja de cartón y que aparece en los lugares más inesperados. La autora explica esta "cosa" como la "muerte de la madre". "Para mí, como escritora, no hay duda de que es la

---

[13] Ángeles Mastretta, *Arráncame la vida* (México, Océano, 1985).
[14] Carmen Boullosa, *Mejor desaparece* (México, Océano, 1987).

presencia de la madre muerta que cruelmente cuida a sus hijas desde la tumba."[15] Si esto es así, entonces la madre es el desorden que, a través de los hijos, destruye el orden y la lógica patriarcales y acaba por impedirles la entrada al hogar de la familia.

UNA ESFERA PÚBLICA FEMINISTA

A la luz de estas novelas recientes, *Hasta no verte, Jesús mío* acaso cierre en lugar de inaugurar una época. Pocos años después de su publicación, en 1975, en la ciudad de México se celebró el Año Internacional de la Mujer, organizado por las Naciones Unidas. En dicha conferencia se reunieron mujeres sobresalientes y de las clases altas para analizar el papel de la mujer en la sociedad. En mitad de las discusiones surgió una nota discordante cuando Domitila, esposa de un minero boliviano, y otras mujeres de las clases inferiores trataron de apoderarse del micrófono.[16] Este recordatorio de las diferencias de clase y raciales dentro del movimiento feminista fue tomado muy a pecho por los movimientos de mujeres en la América Latina. Por ello, cuando se fundó en México en 1977 la revista *Fem*, ésta se declaró ajena a todo partidismo, abierta a todas las opiniones y, al mismo tiempo, se alineó con las luchas políticas, en especial las de las clases subordinadas. Se insistió en esto en unos editoriales que especificaban la posición de la revista en relación con los movimientos de liberación nacional en la América Latina, así como con respecto a las cuestiones propiamente feministas. Para 1980, cuando *Fem* organizó mesas redondas acerca de "Feminismo, cultura y política", la junta editorial colectiva se sintió capaz de esbozar los requerimientos de una teoría feminista que tendría vigencia en los países del Tercer Mundo. Y, en uno de los debates organizados por la revista, Teresa de Barbieri propuso la posibilidad de plantear como programa el de "crear una teoría para el capitalismo latinoamericano subdesarrollado, sin la cual no puede desarrollarse el feminismo en la metrópoli".[17]

El surgimiento del feminismo como fuerza de la esfera pública fue un síntoma de la unión general de las fuerzas políticas y so-

---

[15] Carmen Boullosa, en una entrevista, "*Mejor desaparece es un mundo loco*", *La Jornada* (14 de noviembre de 1987) núm. 148, p. 8.

[16] Véase Moema Viezzer, comp., "*Si me permiten hablar*", *testimonio de Domitila, una mujer de las minas de Bolivia* (México, Siglo XXI, 1977).

[17] Teresa de Barbieri, "La producción teórica feminista", *Fem* (feb.-mar. de 1981), 4(17):7-11.

ciales durante los últimos veinte años. Como preludio, en toda Latinoamérica se emprendió una lucha para acabar con las guerrillas y limitar las posibilidades de la izquierda. La derrota de dichas guerrillas (salvo en Nicaragua y en El Salvador) no significa que se haya dado una democratización, sino más bien que existe cierto pluralismo (aunque en algunos países apenas lo toleran los militares y las mafias de narcotraficantes).

El estado de terror contra los movimientos de guerrilla no se limitó a los rebeldes armados y afectó profundamente a la población civil, llevando a las mujeres a un círculo de terror. Esto lo demostró de manera trágica el sino de una de las fundadoras de *Fem*, Alaíde Foppa, guatemalteca que residía en México y que fue secuestrada a fines de los años ochenta, sin duda porque sus hijos participaban en la guerrilla.[18] Alaíde era poeta y crítica literaria; en un aislamiento relativo había captado la necesidad de formar una red de mujeres que pudiera enfrentar los problemas específicos de las latinoamericanas. Luego de iniciar una serie de programas radiofónicos, fundó, junto con Margarita García Flores, la revista *Fem*. Pero a medida que aumentaba la participación de las mujeres en los movimientos políticos y guerrilleros, ellas fueron descubriendo que ya no podían esperar impunidad o inmunidad de la contrainsurgencia. Nada protegió a Alaíde: ni el que procediera de la clase alta, ni su edad, ni su calidad de madre. Con todo, no fue la única: en Argentina, varias de las Madres del movimiento desaparecieron, y en Chile el ejército vencedor trató a las estudiantes con la misma brutalidad que a los hombres.[19]

Así pues, aumentaron los riesgos para las izquierdistas, en el mismo momento en que empezaban a surgir como fuerza de la esfera pública. La situación se complicó todavía más debido a los grandes cambios demográficos. La emigración masiva de los habitantes de las zonas rurales a las ciudades y a los Estados Unidos alteró el equilibrio entre el país y la ciudad; los regímenes opresores y militares del Cono Sur y de Centroamérica no sólo arrasaron a los grupos políticos, los intelecutales y los sindicatos, sino que enviaron al exilio a muchos otros. Simultáneamente aparecieron nuevas fuerzas sociales: movimientos indígenas que protestaban por la pérdida de sus tierras, movimientos de poder negro en Brasil, las Madres de la Plaza de Mayo, y las comunidades básicas relacionadas con la teología de la liberación. Al-

[18] Véase número especial de *Fem* dedicado a Alaíde Foppa (ago.-sept. de 1982), vol. 6, núm. 24.
[19] Véase de Jean Franco, "Killing Priests, Nuns, Women, and Children", en Marshall Blonsky, comp., *On Signs* (Baltimore, Johns Hopkins University Press, 1985).

gunos problemas de la vida diaria, como el alojamiento, el control de la natalidad, las violaciones y los derechos humanos, provocaron nuevos tipos de movimientos políticos. Por primera vez empezaron a funcionar centros de mujeres en las principales ciudades latinoamericanas.[20] Así, la rígida homogeneidad de la modernización, disfrazada de pluralismo de los medios masivos de comunicación, y muchas veces apoyada por los gobiernos militares, se enfrentó a nuevas clases de heterogeneidad.

En estas circunstancias, es pertinente el interrogante acerca de la posición de las mujeres, pues precisamente cuando afirman tener una "identidad", se encuentran en un mundo en el cual ésta es impugnada, en el que todos los "terrenos" son sospechosos, en el que, además, las clases subalternas encuentran que los medios masivos de comunicación cuentan sus historias cada vez con más frecuencia. Sobre todo en México, el mercado de la literatura para masas ha adquirido una gran fuerza. Además, las novelas de dibujos y las "fotonovelas" ya no siempre difunden historias de amor para las masas, sino que llegan a presentar imágenes de mujeres que han roto con la familia tradicional. En otras palabras, la emancipación se vuelve el requisito deseado para ingresar a la fuerza de trabajo.[21]

Por esto ha sido tan importante que las novelistas contemporáneas —no sólo de México, sino de toda Latinoamérica— pasen los límites de lo doméstico. Las argentinas Luisa Valenzuela y Marta Traba, las uruguayas Cristina Peri Rossi y Armonía Sommers, la colombiana Albalucía del Ángel, y la puertorriqueña Rosario Ferré; Magali García Ramis, María Luisa Puga, Elena Poniatowska, todas ellas parodian los mitos nacionales, recorren el mundo y denuncian el exilio radical de las mujeres, que dejan la familia tradicional.[22] Ya no dominan en sus novelas "papito,

---

[20] Sobre los nuevos movimientos sociales, véase Carlos Monsiváis, *Entrada libre: Crónicas de la sociedad que se organiza* (México, 1988).

[21] Una táctica adoptada por las feministas para contrarrestar estas corrientes es la publicación de otra tira cómica, *Esporádica*. Debo esta información a Cynthia Steele, quien vigila minuciosamente las publicaciones mexicanas. También hay otros videos colectivos, como Colectivo Cine Mujer, en la ciudad de México.

[22] Véase especialmente a Luisa Valenzuela, *La cola del lagarto* (Buenos Aires, 1983); Marta Traba, *Homérica Latina* (Bogotá, Carlos Valencia, 1979); Albalucía del Ángel, *Estaba la pájara pinta, sentada en su verde limón* (Bogotá, Instituto de Cultura Colombiana, 1975); Magali García Ramos, *Felices días Tío Sergio* (San Juan, Editorial Antillana, 1986); Rosario Ferré, *Maldito Amor* (México, Nueva Imagen, 1986); Cristina Peri Rossi, *La nave de los locos* (Barcelona, Seix Barral, 1984). Aquí no se pretende hacer una evaluación, ni esta lista es representativa de los escritos de mujeres. Se trata exclusivamente de novelas que parodian la alegoría nacional.

mamita y yo", sino alianzas precarias y muchas veces peligrosas a través de las generaciones y las clases sociales.[23]

En un congreso sobre la escritura de las mujeres, Elena Poniatowska declaró que la literatura de las mujeres forma parte de la literatura de los oprimidos.[24] No todos los asistentes estuvieron de acuerdo con ella; sin embargo, la tradición de los movimientos femeninos en Latinoamérica siempre ha consistido en hablar del feminismo en relación con otros aspectos políticos y sociales. No sólo se trata de la liberación individual, sino de la democratización y la justicia social. Como este libro trata sobre todo de la representación en la narrativa, las verdaderas luchas de las mexicanas se han visto sólo de pasada. No obstante, conviene tener presente que las obras literarias que he mencionado son intervenciones en una nueva fase de la discusión, al mismo tiempo que parte de un proceso de lucha más amplio cuyo resultado todavía no se determina.

[23] Véase Elena Poniatowska, "La literatura de las mujeres es parte de la literatura de los oprimidos", en un número especial de *Fem* sobre la crítica literaria (feb.-mar. de 1982), vol. 6, núm. 21.

[24] Sin embargo, Cynthia Steele, en "Commited Feminism and Feminist Commitment in the Criticism of Latin American Literature" (escrito inédito), muestra cómo las escritoras dependen de las labores domésticas y comenta las relaciones de la escritora de clase alta con la sirvienta, que parecen traspuestas a narrativas "testimoniales" como las de Poniatowska.

ÍNDICE ONOMÁSTICO

León, fray Luis de: 120
Leonard, Irving A.: 31n
Leslie, Donald M.: 49n
Lewis, Oscar: 9, 190, 201-217, 219, 220, 221
Lewis, Ruth: 9, 205n, 207n
Lezamis, José de: 32n
Lockhart, James: 13n
Lombardo de Miramón, Concepción: 128,
López, Juana Francisca: 106n
López Velarde, Ramón: 132n
Lorravaquio Muñoz, sor María Magdalena de: 44, 78-79
Lovitt, Carl R.: 49n
Lubetkin, Marilyn O.: 9, 146n
Lukacs, George: 181n
Ludmer, Josefina: 9, 77n, 80
Lyotard, Jean-François: 208-209

Macías, Anna: 20n, 138n, 140n, 191n
Macleod, Murdo J.: 182n
Madero, Francisco I.: 153
Magdaleno, Mauricio: 125n, 156n, 190
Mahoma: 149
Malinche, la: 19-20, 160, 169, 171-172, 178, 185, 188
Malintzin: *véase* Malinche
Manuel, fray: 97
Maravall, Antonio: 58n, 83
Marcus, Georges E.: 127n
María, virgen: 40, 84, 85-86, 95
Marina, doña: *véase* Malinche
Martín, Luis: 78n, 94n
Martínez, José Luis: 130n
Marx, Karl: 149, 150
Masiello, Francine: 9
Massumi, Brian: 29n, 72n
Mastreta, Ángeles: 227
Matto de Turner, Clorinda: 129
Maximiliano de Habsburgo: 114, 219
Maza, Francisco de la: 52n
Medina, Toribio: 92n
Mella, Julio Antonio: 143
Mendelson, Johanna S. R.: 116n
Méndez de Cuenca, Laura: 136, 137
Méndez Plancarte, Alfonso: 52n, 55n, 60n, 63n
Mendieta Alatorre, Ángeles: 139n, 140n
Mercado, Tununa: 9
Merrim, Stephanie: 15n
Mesmer, Franz Anton: 222, 223n
Mesmer, Manuel Antonio: 223n

Meyer, Jean: 175
Miller, Beth: 19n, 129n, 170n
Miller, Nancy K.: 9, 24n
Miller, Yvette E.: 173n, 219n
Milton, John: 64
Mistral, Gabriela: 140, 141, 143, 160
Mitchel, Hannah: 181n
Mitchel, Juliet: 144n
Mitchel, Stanley: 181n
Moctezuma: 20, 102
Modleski, Tania: 22n, 24n, 174n, 223n
Modotti, Tina: 143, 144n
Moi, Toril: 23
Moisés: 81, 142, 146-148, 155, 157
Molloy, Sylvia: 136
Monsiváis, Carlos: 9, 144n, 189n, 230n
Mora, Gabriela: 173n
Mora, María de la Encarnación: 99-100
Morse, Richard: 83
Mulvey, Laura: 193n
Muriel, Josefina: 29n, 31n, 42n, 44n, 50, 79n, 89n
Myers, Kathleen Ann: 9, 29n, 34n, 35n, 38n, 41n, 43n, 44n

Napoleón: 149, 150
Navarro, Juan R.: 126n
Nefertiti: 149, 150
Negt, Oskar: 190
Newman, Kathleen: 9
Nice, Richard: 23n
Nicholson, Jack: 192n
Nicóstrata: 78
Nietzsche, Friedrich: 165-166, 169
Novo, Salvador: 152
Núñez de Miranda, Antonio: 32, 33, 59, 71-73, 75n, 79

Obregón, Álvaro: 21, 138 140, 176
Olmedo, fray Plácido de: 37n, 41
Onetti, Juan Carlos: 170
Oppenheim, James: 161n
Orcolaga, Josefa: 98
Orcolaga, Micaela: 98
Orfila Reynal, Arnaldo: 202n
Orozco, José Clemente: 146, 159
Ortega, Eliana: 77n, 136n
Ortega y Medina, Juan Antonio: 54n
Ortiz, Juan: 95, 102
Ortiz Rubio, Pascual: 156
Osborne, John: 66n
Oster, Patrick: 203n
Otte, Enrique: 13n

ÍNDICE GENERAL

Esta edición, cuya tipografía y formación realizó *Mario D. Medina* en el Taller de Composición Electrónica del Fondo de Cultura Económica, y cuyo cuidado estuvo a cargo de *Alejandra García Hernández*, se terminó de imprimir en el mes de abril de 1994 en los talleres de Impresora y Encuadernadora Progreso, S. A. de C. V. (IEPSA), Calz. de San Lorenzo, 244; 09830, México, D. F. Se tiraron 2 000 ejemplares.